utb 4650

Eine Arbeitsgemeinschaft der Verlage

Böhlau Verlag · Wien · Köln · Weimar
Verlag Barbara Budrich · Opladen · Toronto
facultas · Wien
Wilhelm Fink · Paderborn
A. Francke Verlag · Tübingen
Haupt Verlag · Bern
Verlag Julius Klinkhardt · Bad Heilbrunn
Mohr Siebeck · Tübingen
Nomos Verlagsgesellschaft · Baden-Baden
Ernst Reinhardt Verlag · München · Basel
Ferdinand Schöningh · Paderborn
Eugen Ulmer Verlag · Stuttgart
UVK Verlagsgesellschaft · Konstanz, mit UVK/Lucius · München
Vandenhoeck & Ruprecht · Göttingen · Bristol
Waxmann · Münster · New York

Studieren, aber richtig
Herausgegeben von Theo Hug, Michael Huter und Otto Kruse

Die Bände behandeln jeweils ein Bündel von Fähigkeiten und Fertigkeiten. Das gesamte Paket versetzt Studierende in die Lage, die wesentlichen Aufgaben im Studium zu erfüllen. Die Themen orientieren sich an den wichtigsten Situationen und Formen des Wissenserwerbs. Dabei werden auch das scheinbar Selbstverständliche behandelt und die Zusammenhänge erklärt.

Weitere Bände:
Otto Kruse: Lesen und Schreiben (UTB 3355)
Klaus Niedermair: Recherchieren und Dokumentieren (UTB 3356)
Theo Hug, Gerald Poscheschnik: Empirisch Forschen (UTB 3357)
Steffen-Peter Ballstaedt: Visualisieren (UTB 3508)
Jasmin Bastian, Lena Groß: Lerntechniken und Wissensmanagement (UTB 3779)
Mautner: Wissenschaftliches Englisch (UTB 3444)

Informationen, Materialien und Links: star.huterundroth.at

Melanie Moll, Winfried Thielmann

Wissenschaftliches Deutsch

Wie es geht und worauf es dabei ankommt

UVK Verlagsgesellschaft mbH · Konstanz
mit UVK/Lucius · München

Dr. Melanie Moll ist Direktorin der »Deutschkurse bei der Universität München e. V.«.
Prof. Dr. phil. habil. Winfried Thielmann hat die Professur Deutsch als Fremd- und Zweitsprache an der Technischen Universität Chemnitz inne.

Bibliografische Information der Deutschen Nationalbibliothek
Die Deutsche Nationalbibliothek verzeichnet diese Publikation in der Deutschen Nationalbibliografie; detaillierte bibliografische Daten sind im Internet über http://dnb.d-nb.de abrufbar.

Das Werk einschließlich aller seiner Teile ist urheberrechtlich geschützt. Jede Verwertung außerhalb der engen Grenzen des Urheberrechtsgesetzes ist ohne Zustimmung des Verlages unzulässig und strafbar. Das gilt insbesondere für Vervielfältigungen, Übersetzungen, Mikroverfilmungen und die Einspeicherung und Verarbeitung in elektronischen Systemen.

© Verlag Huter & Roth KG, 2017. www.huterundroth.at
Lizenznehmer: UVK Verlagsgesellschaft mbH, Konstanz

Satz und Layout: Claudia Wild, Konstanz
Einbandgestaltung: Atelier Reichert, Stuttgart
Coverillustration: Graf+Zyx
Druck und Bindung: Pustet, Regensburg

UVK Verlagsgesellschaft mbH
Schützenstr. 24 · 78462 Konstanz
Tel. 07531-9053-0 · Fax 07531-9053-98
www.uvk.de

UTB-Band Nr. 4650
ISBN 978-3-8252-4650-1 (Print)
ISBN 978-3-8463-4650-1 (EPUB)

Inhaltsübersicht

1. **Wo bin ich hier bloß gelandet?**
   Von der Schule zur Universität 15

2. **Warum reden die alle von Wissenschaft und sagen nicht, was das ist?**
   Charakteristika des Unternehmens Wissenschaft 29

3. **Warum reden die so kompliziert?**
   Gemeinsprache – Fachsprache – Wissenschaftssprache 37

4. **Warum verstehe ich nur Bahnhof?**
   Wissenschaftliche Texte lesen, Dozenten verstehen 53

   Exkurs: Wissenschaftliches Erkenntnis- und Wissensforum, S. 63–66

5. **Wie soll ich bloß diese Seiten vollkriegen?**
   Wissenschaftliche Fragestellung und Einleitung 85

6. **Wer schreibt hier eigentlich was warum für wen?**
   Textkommentierung, -gliederung und -verknüpfung 103

7. **Was soll dieser ganze Zitierkram?**
   Zitat – Paraphrase – Bezugnahme 129

8. **Was ist denn jetzt richtig?**
   Begriffsbestimmung und Definition 157

9. **Wie funktioniert das eigentlich, das Argumentieren?** 175

10. **Warum denn so pingelig?**
    Sachlichkeit – Objektivität – Verständlichkeit – Präzision 209

Inhaltsverzeichnis

Vorwort		11
1	**Wo bin ich hier bloß gelandet?**	
	Von der Schule zur Universität	15
1.1	Institutionen	16
1.2	Schule	17
	1.2.1 Wissen in der Schule	17
	1.2.2 Lehrer	18
1.3	Universität	19
	1.3.1 Studierende	20
	1.3.2 Lehrende an Universitäten	21
	1.3.3 Universitäre Lehre	23
	1.3.4 Universitärer Umgang mit Wissen	25
2	**Warum reden die alle von Wissenschaft und sagen nicht, was das ist?**	
	Charakteristika des Unternehmens Wissenschaft	29
2.1	Was ist Wissenschaft?	31
2.2	Wissenschaftliche Praxis	33
	2.2.1 Wissenschaftsethische Prinzipien	33
	2.2.2 Innere Widersprüche von Wissenschaft	34
3	**Warum reden die so kompliziert?**	
	Gemeinsprache – Fachsprache – Wissenschaftssprache	37
3.1	Gemeinsprache, Diskurs und Text	38
3.2	Fachsprache und der sogenannte Nominalstil	39
3.3	Wissenschaftssprache	44
4	**Warum verstehe ich nur Bahnhof?**	
	Wissenschaftliche Texte lesen, Dozenten verstehen	53
4.1	Wie lese ich einen wissenschaftlichen Text?	54
	4.1.1 Langzeitglühung – Erweiterung bestehenden Wissens	55
	4.1.2 Spezielle Relativitätstheorie – Lösung eines bekannten Problems	61

	4.1.3 Funktionale Syntax – radikal Neues	66
4.2	Warum verstehe ich meine Dozenten nicht?	74
	4.2.1 Die sprachliche Seite von Hochschullehre	75
	4.2.2 Der volle Fahrstuhl – in zwei Richtungen denken	76
	4.2.3 In der Streitzone: Nur an Einzelfällen beobachtet	80

5 Wie soll ich bloß diese Seiten vollkriegen?
Wissenschaftliche Fragestellung und Einleitung 85

5.1	Mit dem Anfang anfangen?	86
	5.1.1 Darstellen	86
	5.1.2 Anwenden	91
	5.1.3 Abwägen	91
	5.1.4 Kritisieren	92
	5.1.5 Nochmal: Mit dem Anfang anfangen?	92
5.2	Begründen – begründen – begründen	93

6 Wer schreibt hier eigentlich was warum für wen?
Textkommentierung, -gliederung und -verknüpfung 103

6.1	Funktion und Form eines wissenschaftlichen Textes	104
	6.1.1 Gegenstand und Fragestellung	105
	6.1.2 Adressatenbezug, Autorenrolle und Leserorientierung	106
	6.1.3 »Ich« / »wir« / »man« und Ersatzformen	109
	6.1.4 Gliederung	116
6.2	Sprachliche Mittel der Textkommentierung, -gliederung	
	und -verknüpfung	119

7 Was soll dieser ganze Zitierkram?
Zitat – Paraphrase – Bezugnahme 129

7.1	Formen und Funktionen der Wiedergabe	133
	7.1.1 Verwendung von Fachliteratur zur Präsentation	
	des Forschungsstandes	133
	7.1.2 Verwendung von Fachliteratur zur Einführung	
	von verwendeten Begriffen	134
	7.1.3 Verwendung von Fachliteratur zur Absicherung	
	und Stärkung der eigenen Position	134
	7.1.4 Verwendung von Fachliteratur zum Aufbau einer eigenen	
	Argumentation bzw. zur Kritik an wiedergegebenen Positionen	135

	7.1.5 Zitat, Paraphrase und Bezugnahme	136
7.2	Wie komme ich vom fremden zum eigenen Text?	137
7.3	Redewiedergaben: sprachliche Mittel und formale Gestaltung	140
	7.3.1 Sachlich-neutrale Wiedergabe mit Verben	141
	7.3.2 Sachlich-neutrale Wiedergabe mit Präpositionen / Partikeln	142
	7.3.3 Wiedergabe mit dem Hinweis auf die wissenschaftliche Tätigkeit	143
	7.3.4 Wiedergabe mit argumentativer Einstufung	143
	7.3.5 Gewichtende und bewertende Wiedergabe mit Verben	146
7.4	Redewiedergabe und die Verwendung des Konjunktivs	148
7.5	Formale Gestaltung und bibliographische Angaben	151
	7.5.1 Graphische Hervorhebung von Zitaten	151
	7.5.2 Veränderungen von Zitaten	152
	7.5.3 Zitate als einzelne Wörter oder Teilsätze	154
7.6	Bibliographische Angaben	154

8 Was ist denn jetzt richtig?
Begriffsbestimmung und Definition ... 157

8.1	Was tun wir, wenn wir definieren und Begriffe bestimmen?	158
	8.1.1 Definition und Begriffsbestimmung	158
	8.1.2 Vom irrigen Glauben an die »richtige« Definition	161
	8.1.3 Konsequente und präzise Verwendung von Begriffen	163
8.2	Sprachliche Mittel des Definierens und der Begriffsbestimmung	164

9 Wie funktioniert das eigentlich, das Argumentieren? ... 175

9.1	Was tun wir, wenn wir argumentieren?	176
9.2	Schriftliches und mündliches Argumentieren	177
9.3	Wissenschaftliches Argumentieren: Streit und Auseinandersetzung	179
9.4	Checkliste für das wissenschaftliche Argumentieren	181
9.5	Argumentationsstrategien	183
9.6	Einfache sprachliche Mittel des Argumentierens	183
9.7	Sprachliche Mittel des konzessiven Argumentierens	185
9.8	Begründen und Grund-Folge-Relationen	188
9.9	Gegenüberstellen und Vergleichen	192
9.10	Weitere sprachliche Mittel des Argumentierens	202

10 Warum denn so pingelig?
Sachlichkeit – Objektivität – Verständlichkeit – Präzision 209
10.1 Sachlichkeit, Objektivität und sachbezogene Darstellung 212
10.2 Sprachliche Mängel, die Verständlichkeit und Präzision beeinträchtigen 213
    10.2.1 Nachlässiger Umgang mit Ausdruckskombinationen 214
    10.2.2 Strukturen von Mündlichkeit in schriftlichen Texten 221
    10.2.3 Nachlässiger Umgang mit Verweisen, Bezugnahmen und Verknüpfungen 223
    10.2.4 Nachlässiger Umgang mit den kleinen Zeichen 224
10.3 Abschwächungen, Relativierung und vorsichtige Kritik 226
10.4 Wie werden verständliche Sätze gebaut? 231
10.3 Formulierungen überarbeiten 235

Literaturverzeichnis 237

Vorwort

Liebe Leserin, lieber Leser,

wir freuen uns sehr, auf dem Wege dieser Einführung mit Ihnen über einen Gegenstand sprechen zu können, den wir sehr lieben und dem wir viel unserer Zeit widmen: das wissenschaftliche Deutsch, die deutsche Wissenschaftssprache. Wissenschaftssprache ist kein irgendwie ›komplizierter‹ Stil, sondern ein Werkzeug für wissenschaftliches Denken und Handeln, das zentrale Instrument für die Erlangung neuer Einsichten und Erkenntnisse.

Dies ist auch der Grund, warum wir diese Einführung geschrieben haben: Wir meinen nämlich, dass Wissenschaftssprache in vielen anderen Einführungen – und auch in universitären Einführungsveranstaltungen – gerne als eine Stilfrage behandelt wird mit dem Ergebnis, dass weder die Studierenden noch die Lehrenden richtig glücklich werden: Die Studierenden nicht, weil sie den Eindruck haben, dass von ihnen etwas erwartet wird, was sie nicht leisten können. Die Lehrenden nicht, weil sie den Eindruck haben, dass die Studierenden nicht verstehen wollen, worauf es an der Universität ankommt.

Deswegen – und das werden Sie sofort merken – ist dieses Buch kein ›Rezeptbuch für gutes wissenschaftliches Schreiben‹. Denn wir sind davon überzeugt, dass es für verständliche Wissenschaftssprache nur ein Rezept gibt: a) verstehen, wie Wissenschaft ›tickt‹ und von da her verstehen, worauf es Wissenschaftlern[1] ankommt, wenn sie sich mündlich oder schriftlich über ihre Gegenstände äußern; b) sich aus genau diesem Verständnis heraus selbst wissenschaftlich zu artikulieren. Dabei möchten wir Sie unterstützen.

Was diese Dinge betrifft, ist noch kein Meister vom Himmel gefallen. Wir haben das genauso lernen müssen wie Sie. Und daher wenden wir uns auch gleichermaßen an Erstsemester wie Studierende, die vielleicht schon im Master sind: Weil wir wissen, dass man über diese Dinge immer wieder nachdenken muss. Dies gilt natürlich ganz besonders auch für unsere Leserinnen und Leser, die aus dem Ausland zu uns gekommen sind.

---

[1] Wir verwenden zur Bezeichnung von Personengruppen grundsätzlich das sogenannte generische Maskulinum.

Wir beginnen aus diesen Gründen auch nicht gleich mit Wissenschaftssprache, sondern denken mit Ihnen erst einmal über den Unterschied zwischen derjenigen Institution, aus der sie (vielleicht gerade) gekommen sind, der Schule, und derjenigen, in die Sie jetzt hineinwachsen sollen, der Universität, nach. Dann sprechen wir mit Ihnen über eine der spannendsten menschlichen Unternehmungen überhaupt, die Wissenschaft, bevor wir uns der Frage zuwenden, wie Wissenschaftler sich der Sprache bedienen. Dabei schauen wir ihnen genau zu, d. h. wir besprechen Ausschnitte aus wissenschaftlichen Texten und Vorlesungen. Anschließend versuchen wir, Ihnen zu zeigen, wie Sie sich selbst wissenschaftlich artikulieren können.

Im sprachpraktischen Teil finden Sie zahlreiche Beispiele aus wissenschaftlichen Texten, die Ihnen eine erste Orientierung ermöglichen. Hier sehen Sie, wie wichtige sprachliche Formulierungsaufgaben von Experten bewältigt werden.[2] Außerdem haben wir umfangreiche Redemittellisten zusammengestellt, die die Ausdrucksvielfalt der Wissenschaftssprache Deutsch veranschaulichen. Sie sollen als Anregungen und Unterstützung beim wissenschaftlichen Formulieren dienen. Die Auswahl der Beispiele und der gelisteten Ausdrücke und Ausdruckskombinationen ist funktional, d. h., es werden charakteristische sprachliche Handlungsformen (wie z. B. argumentieren, paraphrasieren, definieren), Leserorientierung und Textorganisation sowie zentrale Textteile (wie z. B. Einleitungen) berücksichtigt.

Die verwendeten Beispiele sind authentisch und stammen aus mehreren Korpora wissenschaftlicher Texte (Korpus Graefen [1996]; Korpus Thielmann [o. J.]; Korpus Moll [o. J.]; DWDS). Dabei wird die Disziplin, aus der das jeweilige Beispiel stammt, in Klammern am Ende des Beispiels aufgeführt. Wenn keine Disziplin genannt wird, handelt es sich um verkürzte und leicht umformulierte Quellen. Wenn es sich um Beispiele aus studentischen Arbeiten handelt, ist dies eigens vermerkt. Beispiele, die aus der Zeit vor der Rechtschreibreform stammen, sind in der damals üblichen Schreibweise aufgeführt. Die Zusammenstellung der Ausdrücke und Ausdruckskombinationen ist empirisch basiert und rein auf die wissenschaftliche Verwendung ausgerichtet. Die Listen sind also im lexikographischen Sinne

---

2 Martin Weidlich sei für wertvolle Anregungen und weiterführende Überlegungen im sprachpraktischen Teil gedankt.

nicht vollständig. Zur vereinfachten Darstellung werden verschiedene Abkürzungen und Variablen verwendet.[3]

Das Buch richtet sich an Studierende aller Disziplinen, da es fachübergreifende wissenschaftssprachliche Strukturen behandelt. Es ist nicht nur zum Selbststudium geeignet, sondern kann auch in Lehrveranstaltungen zum wissenschaftlichen Arbeiten und Schreiben eingesetzt werden. Sie können das Buch als Ganzes studieren, Sie können aber auch einzelne Themen auswählen und punktuell nachschlagen, wenn Sie Hilfe beim Formulieren benötigen oder sprachliche Anregungen suchen. Aber beachten Sie auch hier: Die schönste Redemittelliste hilft Ihnen nichts, solange Sie sich nicht damit auseinandergesetzt haben, wie wissenschaftliches Denken und Handeln funktioniert.

Wir würden uns sehr freuen, wenn diese Einführung dazu beitragen könnte, dass Sie Ihre Dozenten wie auch wissenschaftliche Texte besser verstehen und dass Sie sich bei der Teilnahme an universitären Lehrveranstaltungen wie auch beim Verfassen Ihrer schriftlichen Arbeiten sicherer fühlen. Wir würden uns auch freuen, wenn sich ein wenig von dem Vergnügen, das wir beim Verfassen dieser Einführung hatten, Ihnen mitteilen würde.

Melanie Moll und Winfried Thielmann

---

3 – N, D, A, G: Kasus eines Substantivs oder Adjektivs, im Nominativ (N), Dativ (D), Akkusativ (A), Genitiv (G)
  – F: Variable für Forscher bzw. Autor; FF: mehrere Forscher
  – X, Y: Variablen für verschiedene Gegenstände
  – T: Variable für eine Theorie oder eine theoretische Aussage

1 Wo bin ich hier bloß gelandet?
Von der Schule zur Universität

1.1 Institutionen
1.2 Schule
    1.2.1 Wissen in der Schule
    1.2.2 Lehrer
1.3 Universität
    1.3.1 Studierende
    1.3.2 Lehrende an Universitäten
    1.3.3 Universitäre Lehre
    1.3.4 Universitärer Umgang mit Wissen

Einschreibeformulare, Studentenwerksbeitrag, Krankenversicherung, Module, Tutor, Bachelor, Campusfinder, Studienordnung, Leistungspunkte, Prüfungsordnung, Dozent, Übungsleiter, Prüfungsleistung, elektronischer Semesterapparat, Bibliotheksausweis, Mensa, Wohnheim, WG, Prüfungsvorleistung, Miete, Untermiete, Job …

Sie haben vor Kurzem mit Ihrem Studium begonnen und sind glücklich, sich zumindest einen ersten Weg durch das Chaos zu Studienbeginn gebahnt zu haben. Zugleich haben Sie sich die Universität irgendwie anders vorgestellt und das Studieren auch. Sie haben den Eindruck, nicht genau zu wissen, was von Ihnen erwartet wird, obwohl es zu Anfang an jeder Ecke eine Informationsveranstaltung gegeben hat und Sie gar nicht mehr wussten, wohin Sie all diese Informationen noch stecken sollten.

Sie sind von einer Institution, die Sie gut kennen, nämlich der Schule, in eine Institution geraten, die irgendwie anders ›tickt‹, wobei es Ihnen nicht so klar ist, wie. Dies ist ein ausgezeichneter Zeitpunkt, über diesen Wechsel zwischen Institutionen nachzudenken.

1 Wo bin ich hier bloß gelandet?

1.1 Institutionen

➔ **Institutionen scheinen so ziemlich das Langweiligste zu sein, worüber man überhaupt nachdenken kann. Sie werden aber sehr bald feststellen, dass Sie nicht nur an der Universität, sondern auch anderswo umso erfolgreicher handeln können, je besser Sie die Institution verstehen.**

Stellen Sie sich vor, zwei Leute haben täglich denselben Weg in die Stadt und wieder zurück; der eine hat ein Auto, der andere nicht. Man bildet eine Fahrgemeinschaft und teilt sich die Kosten. Das ist bereits – eine Institution: eine Einrichtung, mit der sich gemeinsame Ziele besser verfolgen lassen. Nun haben aber Institutionen die Eigenschaft, dass sie sich gerne verdichten: Vielleicht gründen die beiden Leute irgendwann eine Mitfahrzentrale mit 25 Angestellten. Dann wird die Institution sozusagen sichtbar. Und zugleich passiert etwas sehr Merkwürdiges: Der Zweck der Mitfahrzentrale ist es, dass Menschen möglichst billig von A nach B kommen. Der Zweck der Betreiber der Mitfahrzentrale ist es hingegen, möglichst viel Geld zu verdienen. Dies ist ein Widerspruch. Und in der Mitfahrzentrale arbeiten Leute, die noch völlig andere Zwecke verfolgen, die mit dem der Mitfahrzentrale nicht das Geringste zu tun haben: Krankenversicherung für die Mitarbeiter abführen, Büroräume reinigen, Betriebsratssitzung organisieren … Außerdem: Die beiden Leute von der ursprünglichen Fahrgemeinschaft wissen alles über ihre Institution, was es zu wissen gibt. Aber wenn Sie zu einer Mitfahrzentrale gehen, weiß deren Mitarbeiter, der Agent der Institution, mehr über die Institution als Sie, der Kunde, oder – wie man auch sagt – Klient. Institutionelle Agenten wissen normalerweise mehr als institutionelle Klienten – ein asymmetrisches Verhältnis, das für Sie als Klienten nicht von Vorteil ist. Es ist mithin typisch für Institutionen,

- dass sie von Widersprüchen geprägt sind (die Mitfahrer möchten niedrige Gebühren bezahlen; die Betreiber der Mitfahrzentrale möchten einen so hohen Gewinn wie möglich machen);
- dass es in ihnen nicht nur um den Zweck der Institution geht (Büroreinigung, Krankenversicherung für die Mitarbeiter);
- dass es zu asymmetrischen Verhältnissen zwischen Agenten und Klienten der Institution kommt.

1.2 Schule[1]

Sie waren mindesten zwölf Jahre Klient einer Institution, die sie von der Klientenseite her sehr gut kennen: der Schule. Was ist der Zweck der Institution Schule? Nun, dasjenige Wissen zu vermitteln, von dem die Gesellschaft glaubt, dass es wichtig ist. Und warum? Weil alte Menschen sterben, junge heranwachsen, und es mit der Gesellschaft immer irgendwie weitergehen muss. Die Schule ist einer derjenigen Orte, in denen sich die Gesellschaft, der wir alle angehören, erneuert, reproduziert. Über das Wissen, das dort weitergegeben wird, wird in unserer Gesellschaft immer wieder gestritten. Was in der Schule gelernt wird, bestimmen in Deutschland die Kultusministerien der Bundesländer, in Österreich das Unterrichtsministerium und in der Schweiz die Kantone. Letztlich hat also eine Behörde darüber bestimmt, was Sie in der Schule gelernt haben. In Lehrplänen ist genau erfasst, was die Lehrer zu unterrichten haben.

1.2.1 Wissen in der Schule

Dieses Wissen, von dem die Gesellschaft glaubt, dass es für Sie notwendig ist, ist Ihnen in der Schule verabreicht worden. Sicher hat Sie davon das eine oder andere, vielleicht sogar das meiste, nicht interessiert. Warum nicht? Nun: Man kann ja problemlos durchs Leben gehen ohne zu wissen, wie man die Hypotenuse eines rechtwinkligen Dreiecks berechnet, wie das Perfekt von *dicere* geht oder wie es um die Bodenqualität in Brandenburg bestellt ist. Im Prinzip haben Sie sich Fähigkeiten (z. B. Englisch sprechen und schreiben) aneignen und Dinge (z. B. die Formel für die Berechnung der Hypotenuse eines rechtwinkligen Dreiecks) lernen müssen. Und das Lernen war umso mühsamer, je weniger der ›Stoff‹ irgendetwas mit Ihnen zu tun hatte, je weniger dieses Wissen in Antworten auf Ihre eigenen Fragen bestand. Das ist eigentlich Schule: Stundenlang Antworten auf Fragen kriegen, die man sowieso nie hatte, und sich diese Antworten merken müssen. Sie stellen aber auch fest: Dass es im Prinzip um die Schule so bestellt ist, liegt sozusagen in der Natur der Institution Schule. <u>Solange Gesellschaften Schulen betreiben, werden Schüler Antworten auf Fragen bekommen, die sie nie gestellt haben</u>, und sie werden lernen, denjenigen Antworten auf Fragen zu geben, die die Antworten schon wissen.

---

[1] Unsere Überlegungen zur Institution Schule folgen dem – auch heute noch sehr lesenswerten – Buch *Muster und Institution* von Konrad Ehlich und Jochen Rehbein (1986).

Den Lehrern, also den Agenten der Institution, obliegt es, sicherzustellen, dass das Wissen bei Schülern ankommt. Manche Lehrkräfte können das besser als andere. Aber letztlich machen alle Lehrer Schule, und am verdächtigsten sind diejenigen, die so tun, als täten sie genau das nicht.

Dass Schule in ihren Grundzügen so funktioniert (und auch funktionieren *muss*), führt bei den Schüler zu einem bestimmten Verhältnis zum Wissen: Das Wissen hat vielfach nichts mit einem selbst zu tun und wird gelernt, um Erwartungen zu erfüllen. Dabei und darüber hinaus gibt es eine Menge schultypischer Verfahren des Umgangs mit Wissen: auswendig lernen (ohne zu verstehen) und üben; aber auch abschreiben und spicken.

Dass die Schule Antworten auf Fragen gibt, die die Schüler nicht stellen, ist ein Widerspruch der Institution Schule, der nicht aufzulösen ist – es sei denn, man löst die Schulen selbst auf. Schüler begegnen diesem Widerspruch ihrerseits durch bestimmte Methoden des kurzfristigen Auswendiglernens oder durch ›taktisches‹ Melden im Unterricht, damit die Mitarbeitsnote stimmt.

1.2.2 Lehrer

Lehrer sind eine besondere Art institutioneller Agenten. Ihr gewöhnlicher Bildungsweg sieht folgendermaßen aus: Schule – Universität – Schule. Lehrkräfte bleiben der Institution Schule treu, sie wechseln nur die Seiten. Dies führt zu einer interessanten Erscheinung: An der Universität sind manche Lehramtsstudenten überrascht, dass sie über das Schulwissen hinaus noch Wissen erwerben sollen – wo sie doch schon alles wissen, was man für die Schule braucht. Ihre Erwartung ist, dass sie auf der Universität lernen, wie sie agentenseitig dasjenige Wissen, das sie sowieso schon haben – also das Schulwissen – am besten vermitteln. Mit anderen Worten: Das Verhältnis zum Wissen ist bei vielen Lehrern (natürlich nicht allen) genauso äußerlich wie bei den Schülern. Die Schule, in der es doch zentral ums Wissen geht, ist von Widersprüchen geprägt, die sowohl bei den Klienten (den Schülern) als auch bei den Agenten (vielen Lehrern) zu einem äußerlichen Verhältnis zum Wissen führen. Wenn wir von einem ›äußerlichen Verhältnis zum Wissen‹ reden, meinen wir ein Wissen, das der Wissende bestenfalls irgendwie hat, das ihn aber nicht eigentlich angeht.

→ Institutionen sind immer von inneren Widersprüchen geprägt, die den Zweck, für den es die Institution gibt, unterlaufen. Nirgendwo ist das Verhältnis zum Wissen gleichgültiger und äußerlicher als in der Schule. –

Nirgendwo finden sich so viele gefährliche und so resistente Bakterien wie in den Krankenhäusern.

1.3 Universität

Während es sehr einfach ist, den Zweck der Institution Schule anzugeben, ist das bei Universitäten schwieriger. Diese Schwierigkeit liegt darin, dass das Wissen, um das es an Universitäten geht, eine andere Qualität hat als das Schulwissen. Schulwissen, hatten wir gesagt, wird von Ministerien als verbindlich festgelegt. Wer aber verfügt darüber, was an den Universitäten gelehrt wird?

Im Artikel 5.3 des Grundgesetzes steht: »Kunst und Wissenschaft, Forschung und Lehre sind frei.« Das heißt: Über das, was an Universitäten gelehrt wird, verfügt niemand anders als die Lehrenden selbst. Und wenn ihnen jemand sagen will, was sie lehren sollen, können sie sich auf die im Grundgesetz garantierte Freiheit der Lehre berufen. Wie kann das funktionieren?

Das Wissen, das sie in der Schule vermittelt bekommen haben, ist ein Wissen, von dem alle überzeugt sind, dass es wahr ist. Es ist *gesichertes Wissen*.

Der Zweck der Universitäten ist ein anderer, und zwar zweifach: Über das gesicherte Wissen hinauszugehen (durch wissenschaftliche Forschung) und Sie dazu zu gewinnen, dies auch zu tun (Lehre). Lehre ist *nicht* Unterricht. Praktisch alle Lehrenden an der Universität betreiben Wissenschaft, d. h. sie sind bemüht, neues Wissen herauszufinden. Und praktisch jeder Lehrende möchte Sie dazu in die Lage versetzen, selbst einmal über gesichertes Wissen hinauszugehen. Universitäten sind also in derjenigen Zone des gesellschaftlichen Wissensstoffwechsels angesiedelt, in der die Grenze zwischen Bekanntem und Unbekanntem, Altem und Neuem, ständig verschoben wird. Und ihr Zweck besteht darin, Sie genau in dieses Geschäft einzuführen und Sie – im Idealfall – ebenfalls zu Wissenschaftlern zu machen.

Nun kann man sich das ja leicht vorstellen: Jemand, der etwas Neues herausfindet, addiert oft nicht einfach etwas zu bestehendem Wissen hinzu. Das Neue kann doch gerade darin bestehen, dass jemand herausfindet, dass etwas, von dem alle geglaubt haben, es sei richtig, in Wirklichkeit falsch ist. Dann muss derjenige, der das Neue vertritt, sich mit denjenigen auseinandersetzen, die das Alte hochhalten. Wissenschaft ist daher ganz wesentlich ein Streitgeschäft; Universitäten sind Orte wissenschaftlicher Auseinandersetzung.

Als Institutionen, die nicht in der Verbindlichkeitszone, sondern in der Streitzone des Wissens angesiedelt sind, sind Universitäten besonders dem neuen Wissen verpflichtet.[2] Dennoch gibt es – je nach Fach – eine größere oder kleinere Menge an Wissensbeständen, die Sie nicht in der Schule hatten und die im Fach verbindlich sind. Man spricht hier von *kanonisierten* Wissensbeständen, die vor allem im Grundstudium Gegenstand sind.

1.3.1 Studierende

Bevor Sie sich an der Universität eingeschrieben haben, haben Sie sich für ein bestimmtes Fach, eine bestimmte Fächerkombination entschieden. Manche haben sich ihre Entscheidung sehr lange überlegt, andere haben diese Entscheidung eher spontan getroffen. Im Gegensatz zur Schule, wo Sie keine (oder nur eingeschränkte) Wahl hatten, haben Sie mit Ihrer Entscheidung für ein Studienfach eine selbständige Wahl getroffen. Dies hat folgendes zur Konsequenz: Wenn Sie mit Ihrer Entscheidung, mit Ihrer Wahl nicht glücklich werden, sollten Sie das Fach wechseln. Denn Sie werden es an einer Universität nicht weit bringen, wenn Sie den Gegenständen kein Interesse entgegenbringen.

Während Sie in der Schule durchgängig auf der Klientenseite waren, müssen Sie während Ihres Studiums nicht dort bleiben: Als studentische Hilfskraft können Sie für die Belange einer Professur tätig werden, als Tutor schon während Ihrer Studienzeit lehren. Prinzipiell steht Ihnen an einer Universität der Weg zur wissenschaftlichen Karriere offen.

Als Student sind Sie vom ersten Semester an eine Persönlichkeit, die für ihre eigene wissenschaftliche Entwicklung selbst verantwortlich ist. Die Lehrenden erwarten von Ihnen Interesse an den Gegenständen und dürfen das auch, da Sie ja mit der Fachwahl Interesse bekundet haben (falls Sie das von Ihnen gewählte Fach nicht lieben, siehe oben).[3]

---

[2] Dies unterscheidet sie grundlegend von Fachhochschulen, deren Hauptaufgabe es ist, auf einem hohen Niveau gesicherte Wissensbestände für die Praxis zu vermitteln.

[3] Dozenten sind immer wieder verblüfft, dass manche Studierende sich scheuen, Interesse zu bekunden, Fragen zu stellen etc., weil sie fürchten, von ihren Kommilitonen als ›Streber‹ wahrgenommen zu werden. Das Umgekehrte ist der Fall: Wer Sie als ›Streber‹ wahrnimmt, weil Sie sich für Ihr Fach interessieren, ist noch nicht an der Universität angekommen. Übrigens: Man übt sich in den wissenschaftlichen Umgang mit Wissen am besten dadurch ein, dass man sich mit anderen Interessierten über die Gegenstände unterhält. Und das muss durchaus nicht immer bei Mineralwasser geschehen.

Da von Ihnen Interesse am Fach und seinen Gegenständen erwartet wird, ist es auch nicht mehr damit getan, dass Sie ein schulisches Verhältnis zum Wissen beibehalten. Jetzt müssen Sie die Dinge etwas angehen, die Dinge müssen anfangen, in Ihnen zu leben. Wie soll das gehen? Indem Sie von jemandem, der Wissen von anderen (Lehrenden) fraglos übernimmt, zu jemandem werden, der selbst Fragen stellt.

→ Sie werden sich an Ihrer Universität umso wohler fühlen, je schneller Sie begreifen, dass Sie aufhören müssen, Schüler zu sein. Dies bedeutet vor allem, dass Sie es dem Wissen gestatten, in Ihnen zu wohnen und sich in Ihnen zu entwickeln. Dies wird unweigerlich mit Ihnen passieren, wenn Sie auf Ihre Gegenstände neugierig sind und beginnen, eigene Fragen zu stellen.

1.3.2 Lehrende an Universitäten

Die Lehrenden, die Ihnen an der Universität begegnen, sind keine Schullehrer. Es sind Menschen, die Wissenschaft treiben und ihnen genau dies vermitteln möchten. Manche stehen noch ganz am Anfang ihrer Karriere, manche sind bereits in ihrem Fach etabliert. Diese haben in ihrem Fach einen Namen, d.h. sie sind anderen Wissenschaftlern, die sich mit denselben oder ähnlichen Gegenständen befassen, bekannt. Sie sollten einschätzen können, wer vor Ihnen steht:

Tutoren sind Studierende in höheren Semestern, die mit Ihnen z.B. die Inhalte von Vorlesungen nacharbeiten. Für diese Aufgabe sind sie in der Regel von Professoren, denen sie als wissenschaftlich engagierte und interessierte Studierende aufgefallen sind, ausgewählt worden. Tutoren sind zwar für Sie da, schätzen es aber nicht, wenn Sie nur ins Tutorium kommen, weil Sie sich z.B. die Lösungen von Übungsaufgaben »abholen« wollen, die Sie nicht selbst bearbeitet haben. Bereits in diesen Veranstaltungen gilt: Sie werden umso mehr davon profitieren, je intensiver Sie sich mit den Gegenständen bereits auseinandergesetzt haben.

Wissenschaftliche Mitarbeiter sind entweder vorwiegend in der Lehre oder zu gleichen Teilen in Forschung und Lehre beschäftigt. Sie halten typischerweise Seminare und Übungen, in den Natur- und Technikwissenschaften auch Praktika ab. Diejenigen wissenschaftlichen Mitarbeiter, die zu gleichen Teilen lehren und forschen, sind meistens auf befristeten sogenannten Qualifikationsstellen beschäftigt und arbeiten entweder an ihrer Promotion (d. h. sie »machen ihren Doktor«) oder an ihrer Habilitationsschrift (dem »zweiten Buch«, das eine wichtige Voraussetzung dafür ist, Professor werden zu können). Bei wissenschaftlichen Mitarbeitern haben Sie es also überwiegend mit Menschen zu tun, die in die Wissenschaft hineinwollen oder bereits dort weitgehend angekommen sind. Es sind Leute, die ihre Gegenstände so lieben, dass sie ihr ganzes Leben damit verbringen wollen, etwas über sie herauszufinden. Ob es ihnen nun gelingt oder nicht, diese Liebe auch sichtbar werden zu lassen: Wissenschaftliche Mitarbeiter haben häufig nur wenig Verständnis dafür, dass sich jemand für ein Fach entschieden hat, ohne dessen Gegenstände – also etwa Differentialgleichungen, die Harmonik Béla Bartóks, die deutsche Satzstruktur, das Verhalten elektromagnetischer Wellen, das Bündnissystem Bismarcks oder die Kriechfestigkeit von Magnesium-Druckgusslegierungen – auch zu lieben oder zumindest ein ehrliches Interesse dafür aufzubringen.

Juniorprofessuren wurden vor etwa fünfzehn Jahren eingeführt, um den klassischen Weg zur Professur (Promotion und Habilitation) abzukürzen. Juniorprofessoren haben befristete Stellen inne und stehen zwischen wissenschaftlichen Mitarbeitern und Professoren.

Professoren haben einen sehr langen Qualifikationsweg, auch heute noch meistens Promotion und Habilitation (oder inzwischen auch Juniorprofessur) hinter sich. Das durchschnittliche Habilitationsalter liegt bei etwa 40 Jahren. Nach der Habilitation bewirbt man sich als Privatdozent auf freie Professorenstellen in dem Bereich, für den man die *venia legendi* (die Erlaubnis, Vorlesungen zu halten) besitzt. Während dieser Bewerbungszeit müssen Privatdozenten an derjenigen Universität, an der sie sich habilitiert haben, weiter lehren, um sich die *venia* zu erhalten. Und da sie das müssen, muss man ihnen nichts dafür bezahlen. Der Privatdozent doziert eben privat. Wenn er daran scheitert, eine Professur zu bekommen, muss er sich umorientieren. Die Professoren, die vor Ihnen stehen, haben all dies hinter sich: eine wissenschaftliche Laufbahn, eine der spannendsten und zugleich riskantesten Laufbahnen, die es gibt. Wer sich für so etwas entscheidet, liebt in den meisten Fällen seine Gegenstände nicht nur, er brennt für sie.

Alle diese Lehrenden lehren, was sie für wichtig und richtig halten. Sie lehren sehr oft zu Bereichen, zu denen sie selbst geforscht haben. Sie geben auch ihre eigenen wissenschaftlichen Erkenntnisse – ein Wissen, das oft noch strittig ist – weiter.

In den Medien ist inzwischen oft davon die Rede, dass Lehrende an Universitäten keine pädagogische Ausbildung haben, also eigentlich gar nicht wissen, wie man Unterricht macht, und dass das für die Studierenden ein Problem sei. Lehrende an Universitäten vermitteln aber nicht einfach irgendeinen Stoff mehr oder weniger gut. Sie machen keinen Unterricht. Sie forschen selbst und versuchen, Ihnen einen wissenschaftlichen Blick auf die Gegenstände zu vermitteln, so dass Sie irgendwann selbst Wissenschaft treiben können. Dies geht nur, indem die Lehrenden Ihnen genau das vorleben. Sicher können manche dies besser als andere. Aber es gibt hierfür keine allgemeinen Prinzipien, da schon das Wissen selbst und die Perspektive auf die Gegenstände an die jeweilige Person gebunden sind, in der Mathematik genauso wie in der Soziologie oder Musikwissenschaft.

1.3.3 Universitäre Lehre

Universitäten bilden grundsätzlich nicht aus. Sie sind – auch wenn die Politik dies oft vergisst – keine Ausbildungsinstitutionen. Genau dies unterscheidet sie von Fachhochschulen. Die einzigen universitären Studiengänge, die Ausbildungscharakter haben, sind diejenigen, die auf ein Staatsexamen (z. B. Lehramt, Jura) oder die Approbation (Medizin) hinführen.

Der Zweck universitärer Lehre ist es nicht, Ihnen etwas beizubringen, was Sie »für die Praxis brauchen«. Der Zweck universitärer Lehre ist es, Sie in die Lage zu versetzen, selbständig bestehendes Wissen zu vermehren und die bestehende Praxis zu verbessern. Deswegen können Sie an einer Universität auch nur ganz wenig ›nur‹ lernen; man erwartet von Ihnen, dass Sie die Dinge verstehen und über Verständnis und Neugier ein vertieftes Wissen über sie ausbilden. Daher ist nach wie vor an Universitäten die mündliche Prüfung so wichtig: Denn das vertiefte Wissen, die Selbständigkeit im Denken, zeigen sich ganz besonders im Gespräch, das – anders, als in der Schule – kein Abfragen ist.

→ **Nichts frustriert Lehrende an Universitäten mehr, als nach vielen Semestern statt eines wissenschaftlich gebildeten Menschen, der sich eigenständig über seine Gegenstände äußern kann, nur einen Schüler vor sich zu haben, der Gelerntes gleichgültig abspult.**

1 Wo bin ich hier bloß gelandet?

Dass Universitäten Orte wissenschaftlicher Auseinandersetzung sind, zeigt sich auch in der Lehre, in vielen Fächern schon im ersten Semester, in anderen später. Sie erkennen das daran, dass es, anders als in der Schule, plötzlich gar nicht mehr um das Wissen selbst zu gehen scheint. Plötzlich wird es mindestens ebenso wichtig, *wer* etwas *wann* herausgefunden hat. Es ist von großem Interesse, welche *Auffassung* von einem Gegenstand jemand vertritt oder welcher *Schule* oder welcher *Strömung* er angehört. Dies führt zunächst einmal dazu, dass Sie ständig mit Namen bombardiert werden, mit denen Sie rein nichts verbinden, und schon glücklich sind, wenn Sie wenigstens wissen, wie diese Namen geschrieben werden. Ärgern Sie sich nicht über diese Namen, sondern versuchen Sie, etwas über die Personen, die sie tragen oder getragen haben, herauszufinden. Fangen Sie bei den Lehrenden selbst an, deren Lebensläufe und Veröffentlichungen heute meistens im Internet stehen. Sie werden schnell merken, dass sich das Dunkel ein wenig zu lichten beginnt: Hinter Namen, die Ihre Professorin oder ein wissenschaftlicher Mitarbeiter recht häufig fallen lassen, stehen u. U. Professoren, bei denen sie promoviert und habilitiert haben, Kollegen, mit denen sie zusammen geforscht und publiziert haben, oder die Begründer wissenschaftlicher Schulen und Denktraditionen, denen sie verpflichtet sind. Kein Wissenschaftler existiert im leeren Raum; alle haben ihre Gewährsleute. Wissenschaft ist eine kollektive Unternehmung, in der es nicht weniger menschelt als anderswo – eher mehr.

Je nach Fach erhalten Sie vielleicht recht bald den Eindruck, dass es, wo doch so viele verschiedene Auffassungen zirkulieren, gar nicht mehr darum zu gehen scheint, was wahr und richtig ist. Doch geht es gerade darum: Denn jedem Wissenschaftler erscheint das, was er vertritt, als wahr und richtig. Die Frage ist eben, ob sich seine Auffassung durchsetzen, d. h. irgendwann auch von der Mehrheit der Fachgenossen akzeptiert werden wird.

Von Ihnen wird erwartet, dass Sie nach einiger Zeit einen Teil der Wissenschaftslandschaft überblicken, bestimmte Positionen kennen und Argumente dafür und dagegen haben.

➔ **Wenn Sie auf die universitäre Herausforderung, in die wissenschaftliche Streitzone einzutreten, auch noch nach etlichen Semestern mit der Frage reagieren, was denn richtig ist und was Sie denn für die Prüfung lernen sollen, werden Sie und die Universität nicht miteinander glücklich.**

1.3.4 Universitärer Umgang mit Wissen

Alles, was bisher gesagt worden ist, soll Ihnen helfen, einen neuen, einen der Universität angemessenen Zugang zum Wissen zu gewinnen. Aber wie sieht dieser Zugang konkret aus?

Auf der Schule konnten Sie – im Extremfall – mit folgendem Verfahren überleben: Sie nahmen einen Satz aus einem Lehrbuch (der Sie nicht wirklich interessierte, hier mit *p* bezeichnet), speicherten ihn im Gedächtnis, schrieben ihn unter eine Klausurfrage und vergaßen ihn dann wieder (s. Abb. 1). Wichtig bei diesem Verfahren ist es, die Fragen zumindest so genau zu lesen, dass man weiß, welche Sätze man wohin schreiben soll.

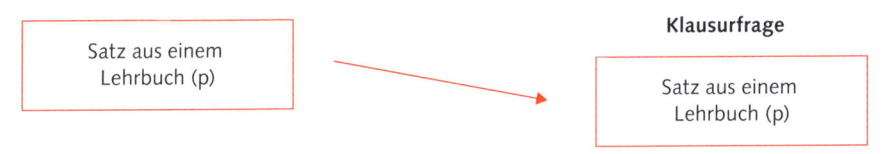

Abb. 1: Verpflanzung von Schulwissen

Auf der Universität sollte Ihr Wissen sozusagen eine Binnenstruktur aufweisen: Sie wissen etwas über einen Gegenstand. Wissen besteht also mindestens aus drei Dingen: Ihnen, dem Gegenstand, und demjenigen, was Sie über den Gegenstand wissen.[4] Sie wissen, dass einem Gegenstand etwas zukommt. Sie halten – in Ihrem Kopf – eine Zukommensrelation aufrecht zwischen dem Gegenstand und demjenigen, was Sie darüber wissen. Aus Ihrer Perspektive sieht das so aus wie in Abb. 2.

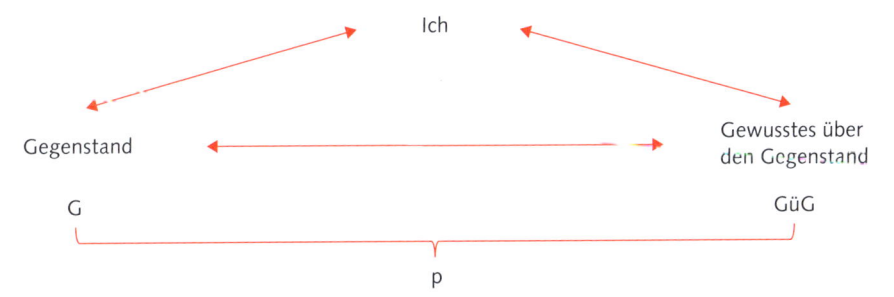

Abb. 2: Wissen aus der Perspektive des Wissenden

---

4 Diese Bestimmung davon, was Wissen ist, findet sich in dem Aufsatz *Wissen, kommunikatives Handeln und die Schule* (1977) von Konrad Ehlich und Jochen Rehbein – zwei Namen, die Sie jetzt schon zum zweiten Mal erwähnt finden.

1 Wo bin ich hier bloß gelandet?

Sie sehen: Aus dem Satz p, den Sie vielleicht in der Schule als ganzen auswendiggelernt und unter eine Klausurfrage geschrieben haben, ist etwas geworden, das Sie selbst angeht. Dass man etwas auf diese Weise weiß, ist eine ganz wichtige Bedingung für das, worauf es wirklich ankommt: die Vernetzung der Gegenstände im Wissen. Was ist damit gemeint? Damit ist gemeint, dass Ihr Wissen sich zunehmend folgendermaßen ausprägt: Sie wissen nicht nur mehrere $GüG_n$ über ein und denselben Gegenstand, sondern Sie wissen diesen Gegenstand auch als $GüG_a$ über einen anderen Gegenstand G_a. Das hört sich sehr theoretisch an, ist aber ganz einfach.

Irgendwann hatten Sie einmal zwei Lieblings-T-Shirts, von denen Sie eines bei 60 Grad gewaschen haben, weswegen Sie jetzt nur noch über ein Lieblings-T-Shirt (G) verfügen, von dem Sie wissen, dass es nur bei 30 Grad gewaschen werden kann (GüG). Über die Firma H (G_a) wissen Sie, dass diese Ihr Lieblings-T-Shirt hergestellt hat ($GüG_{a1}$). Außerdem haben Sie über H (G_a) in der Zeitung gelesen, dass die in südostasiatischen Sweat-Shops produzieren lassen ($GüG_{a2}$), weswegen Sie keine weiteren T-Shirts von diesem Hersteller mehr kaufen. Aber Ihr Lieblings-T-Shirt tragen Sie weiter, bis es auseinanderfällt. Dies ist eine vernetzte Wissensstruktur, von der wir hier nur einen kleinen Teil anschaulich machen:

Die Grafik stellt folgendes dar: Sie wissen über Ihr Lieblings-T-Shirt (G), dass es nur bei 30 Grad gewaschen werden kann (GüG). Das, was sie über einen völlig anderen Gegenstand G_a wissen, nämlich die Firma H, ist zugleich etwas, was G betrifft, nämlich, dass H ihr Lieblings-T-Shirt hergestellt hat ($GüG_{a1}$). Mit diesem Wissen verbunden ist aber noch etwas anderes, was Sie über H wissen: dass der in Sweat-Shops produziert ($GüG_{a2}$). Außerdem wissen Sie über den Satz p_{a2} (H produziert in Sweat-Shops), dass er in der Zeitung gestanden hat. Hierdurch wird der Satz p_{a2} zu einem eigenen Gegenstand G_b Ihres Wissens, dem das gewusste $GüG_b$ (steht in der Zeitung) zukommt. Das Interessante an dieser vernetzten Wissensstruktur ist, dass die Frage, was Gegenstand (G) und Gewusstes über den Gegenstand (GüG) ist, davon abhängt, wo Sie in dieses Netz einsteigen. Wenn Sie den Zeitungsbericht zum Ausgangspunkt nehmen, wird u. U. das, was in der Grafik G_b ist, zu G. Das Netz lässt sich sozusagen ganz verschieden ausschreiten.

Wie sieht Ihr Wissen hinsichtlich der folgenden schulischen Gegenstände aus: *irrationale Zahl, Weimarer Republik, Zellkern, Interferenz, Sonett*? Falls Sie das nicht in der Lieblings-T-Shirt-Weise entwickeln können – das ist nicht schlimm. Es ging Sie ja nichts an, Sie haben das ›nur gelernt‹.

1.3 Universität

```
                          ich
                         ↗   ↖
                        ↙     ↘
Lieblings-T-Shirt (G) ←——————→ kann nur bei 30 Grad gewaschen werden
        G ←                    GüG
                                ↘
                                 ↘
  H          ←————————→         ist Hersteller von (G)
  ↑                              GüGa1
  ↓
  H          ←————————→         lässt in Sweat-Shops produzieren
  Ga                             GüGa2
         ⎵_____⎵
                    ↗ Pa2
  Pa2      ←————————→           steht in der Zeitung
  Gb                             GüGb
```

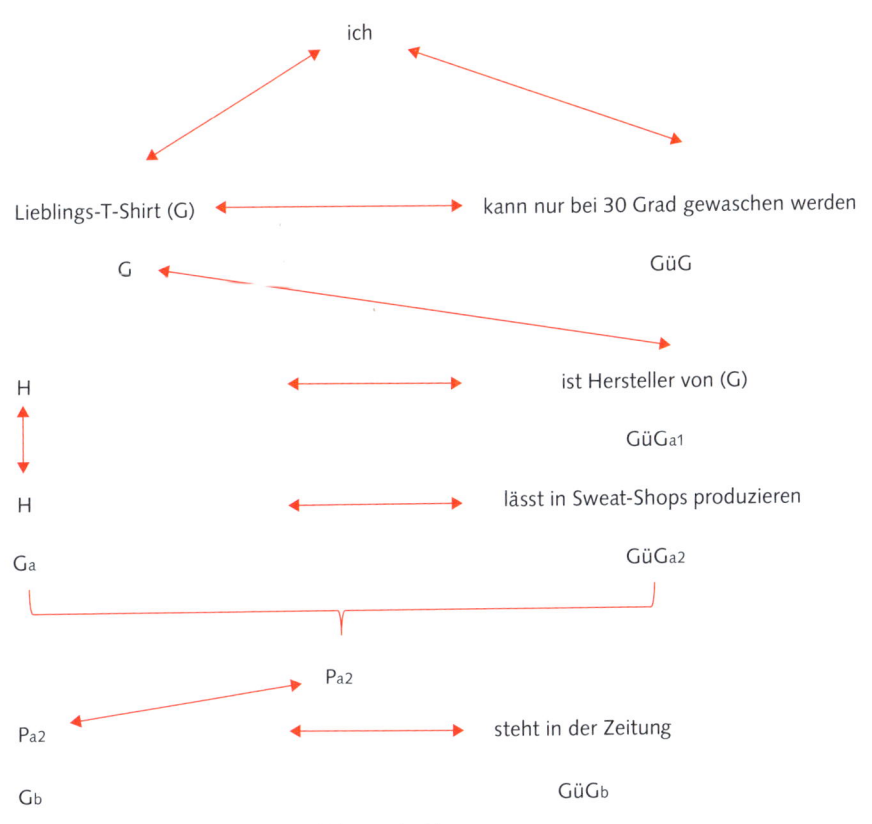

Abb. 3: Beispiel für eine vernetzte Wissensstruktur

→ **Alles, was uns unmittelbar angeht, wissen wir auf eine Weise, die der ›Lieblings-T-Shirt-Struktur‹ ähnelt: komplex, vernetzt, in jeder Richtung beschreitbar. Alles ›nur Gelernte‹ wissen wir hingegen oft nicht als Netz oder Komplex, sondern als Bruch- und Versatzstück. Das ›neue Verhältnis zum Wissen‹, über das wir bisher schon öfter gesprochen haben und das Sie auf der Universität brauchen, besteht genau darin, sich die neuen Gegenstände auf eine Weise anzueignen, wie man sich all das angeeignet hat, was einen angeht.[5]**

---

5 Es ist heute viel von der Wissens- oder auch von der Informationsgesellschaft die Rede. Was damit in der Regel gemeint ist, ist die leichte Zugänglichkeit von Wissen durch moderne

Kommunikationstechnologien. Diese Sprechweise ist aber irreführend. Denn Wissen ist nach wie vor eine Angelegenheit der Köpfe. Über das, was Sie nicht im Kopf haben, können Sie auch nichts googeln. Und wenn Sie über einen Gegenstand nicht genügend wissen, können Sie die Informationen, die Ihnen das Netz bietet, auch bei besten Übertragungsraten nicht bewerten und einordnen.

2 Warum reden die alle von Wissenschaft und sagen nicht, was das ist?
Charakteristika des Unternehmens Wissenschaft

2.1 Was ist Wissenschaft?
2.2 Wissenschaftliche Praxis
    2.2.1 Wissenschaftsethische Prinzipien
    2.2.2 Innere Widersprüche von Wissenschaft

Einführung in das wissenschaftliche Arbeiten, Wissenschaftlerin, sozialwissenschaftliche Fakultät, Sprachwissenschaft, Naturwissenschaften, Geisteswissenschaften, wissenschaftliche Argumentation, wissenschaftliches Vorgehen, Wissenschaftlichkeit – es wird kaum ein Wort geben, das Sie auf der Universität öfter hören werden als das Wort Wissenschaft. Zugleich erscheint Ihnen vielleicht die Bedeutung dieses Wortes verschwommen zu sein. So haben Sie z. B. in einer Veranstaltung, die »Einführung in das wissenschaftliche Arbeiten« heißt, erfahren, wie sie mit den Ideen anderer Wissenschaftler, ihrem geistigen Eigentum, umzugehen haben, indem Sie korrekt zitieren, d. h. zwischen eigenen und fremden Gedanken sauber trennen. Sie haben gelernt, ein Literaturverzeichnis anzulegen. Aber was Sie – und dies ist ein häufiges Problem solcher Veranstaltungen – vielleicht nicht gelernt haben, ist, was Wissenschaft ist. Vielleicht haben Sie bereits eine Seminararbeit oder Ihr Protokoll eines Praktikumsversuchs zurückbekommen und haben den Eindruck, dass von Ihnen, unfairerweise, etwas erwartet wird, was Sie in den Einführungsveranstaltungen gerade nicht mitbekommen haben. Sie haben irgendwie den Eindruck, dass man Ihnen genau dasjenige schuldig bleibt, was man von Ihnen erwartet: nämlich zu wissen, was Wissenschaft ist. Der Grund dafür liegt darin, dass viele Dozenten der Auffassung sind, dass Sie lernen, Wissenschaft zu betreiben, wenn man Ihnen Wissenschaft sozusagen vorlebt. Eine solche Auffassung hat in den deutschsprachigen Ländern eine sehr lange Tradition. Sie geht auf Wilhelm von Humboldt (1767–1835) zurück: die Einheit von Forschung und Lehre. Hinter dieser Auffassung steckt eine ganz einfache Einsicht: man kann nicht alles aus Büchern lernen. Sie können Bücher über Gitarrespielen, Karate oder Tangotanzen lesen. Aber lernen können Sie Gitarre, Karate oder Tango nur mit einem Lehrer, der ihnen Gitarre, Karate oder Tango vormacht, vorlebt.

Das Wissen, das Wissenschaftler produzieren, steht in Büchern und Aufsätzen. Aber die Wissenschaft nicht. Die müssen Sie sich sozusagen abgucken wie Sie sich einen Akkordwechsel auf der Gitarre abgucken. Dies ist auch der Grund, warum es nichts bringt, auf die Frage, was Wissenschaft ist, eine Definition zu geben. Was Gitarrespielen ist oder Karate, kann Ihnen eine Definition nicht sagen. Wir versuchen dennoch, Ihnen nun eine Vorstellung davon zu vermitteln, was Wissenschaft ist, und zwar unabhängig davon, ob Sie nun Informatik, Literaturwissenschaft oder Soziologie studieren.

2.1 Was ist Wissenschaft?

Was alle Wissenschaftler eint, ist die Neugier. Sie sind neugierige Menschen, die über bestimmte Dinge etwas Neues herausfinden möchten. Die Dinge, über die sie etwas herausfinden möchten, sind ihre Gegenstände. Wissenschaftler sind Menschen, die zu Gegenständen, die sie lieben und auf die sie neugierig sind, Fragen haben.[1] Was Wissenschaftler von anderen Menschen unterscheidet, die ebenfalls neugierig sind und Fragen haben, ist, dass sie ihre Fragen auf eine besondere Weise stellen und zu beantworten versuchen. Hierzu einige Überlegungen:

Die Fragen, die ein Wissenschaftler hat, kommen nicht aus dem Nichts, sondern bereits aus der Wissenschaft. Hierzu folgendes Beispiel: Wie Sie wissen, sind Viren sehr klein, viel kleiner als Bakterien. Als man wusste, dass es Krankheiten gibt, die nicht durch Bakterien verursacht werden, begann man nach anderen Erregern zu suchen. So wusste man bereits recht gut über Viren Bescheid, bevor man sie sichtbar machen konnte.

Die Fragen, die ein Wissenschaftler hat, setzen immer schon ein bestimmtes Verständnis des Gegenstandes, eine bestimmte »Lesart« des Gegenstandes voraus: Stellen Sie sich zwei Wissenschaftler vor, von denen der eine die grammatischen Regeln des Deutschen erforscht und der andere Verhandlungstaktiken und -strategien. Für den ersten reicht es völlig aus, wenn er Sprache als eine Menge von Wörtern verschiedener Klassen begreift, die nach bestimmten Regeln verändert und angeordnet werden. Für den zweiten ist ein solches Verständnis von Sprache nicht ausreichend, da er zum Beispiel mitberücksichtigen muss, dass Sprache etwas ist, was sich zwischen Sprecher und Hörer ereignet.

Die Fragen, die ein Wissenschaftler hat, zusammen mit den Gegenständen, die er befragt, geben immer auch schon einen Weg der Beantwortung vor: Wenn Sie wissen wollen, ob ein bestimmter Stoff den Blutdruck senkt, müssen Sie anders vorgehen, als wenn sie wissen wollen, bei welcher Temperatur eine bestimmte Legierung schmilzt: In einem Fall müssen sie viele Versuche – zuerst an Tieren und dann an vielen Menschen – durchführen; im anderen die Legierung schmelzen und die Temperatur messen.

Aus diesen ersten Überlegungen, die die Wissenschaftler, also die Agenten des Unternehmens Wissenschaft, betreffen, ziehen wir nun einige Folgerungen.

---

1 Die moderne Wissenschaft ist offen: Kein Gegenstand ist tabu.

2 Warum reden die alle von Wissenschaft und sagen nicht, was das ist?

Wissenschaft ist eine gemeinsame, eine kollektive Unternehmung: Da die Fragen, die ein Wissenschaftler hat, immer schon aus der Wissenschaft kommen – es gibt eben zu jedem Zeitpunkt Dinge, die man schon weiß, und solche, die man noch nicht weiß –, steht ein Wissenschaftler immer im Austausch mit anderen Wissenschaftlern. Seine Fragestellungen kommen aus der Wissenschaft, und er speist seine Erkenntnisse wieder in die Wissenschaft ein.

Wissenschaft ist eine konkurrenzielle Unternehmung: Stellen Sie sich vor, mehrere Wissenschaftler arbeiten separat an derselben Fragestellung. Wer die Frage zuerst beantwortet, hat die Fragestellung für alle anderen überflüssig gemacht. – Wer in der Wissenschaft eine Frage zuerst beantwortet hat, besitzt die *Priorität* (›Zuerstheit‹). Im Sport gibt es Gold, Silber und Bronze; in der Wissenschaft beißen die Hunde nicht den letzten, sondern bereits den zweiten.

Wissenschaft ist eine streitende Unternehmung: Da hat jemand die Schmelztemperatur einer bestimmten Legierung bestimmt, und ein anderer weist ihm nach, dass sein Temperaturmessverfahren nicht exakt war. Der Wissenschaftler, für den Sprache aus Wörtern und Regeln besteht, kommt mit demjenigen nicht überein, für den Sprache etwas ist, mit dem ein Sprecher auf einen Hörer einwirkt. Ein Wissenschaftler, dem man die Priorität bei dem Nachweis der blutdrucksenkenden Wirkung einer Substanz zuerkannt hat, verliert seine Professur, weil er Messdaten von einem Konkurrenten gestohlen hat, der dieselbe Fragestellung bearbeitete. – Wissenschaftler mögen im normalen Leben friedliche und oft unscheinbare Menschen sein. Aber in ihrer Profession sind sie Streithammel.

Der wissenschaftliche Streit ist der einzige Garant für belastbare Ergebnisse: Wer kontrolliert die Wissenschaftler? Andere Wissenschaftler. Wissenschaft, als eine kollektive, konkurrenzielle und streitende Unternehmung, ist ihre eigene und einzige Kontrollinstanz.

2.2 Wissenschaftliche Praxis

2.2.1 Wissenschaftsethische Prinzipien

Die bisherigen Überlegungen laufen auch darauf hinaus, dass von Wissenschaftlern erwartet wird, dass sie sich auf eine bestimmte Weise verhalten: nämlich, dass sie bestimmten wissenschaftsethischen Prinzipien folgen. Harald Weinrich hat als erster einige dieser Prinzipien bündig benannt (1985):

Veröffentlichungsgebot: Die beste wissenschaftliche Erkenntnis nützt nichts, wenn sie das stille Kämmerlein oder das Labor nicht verlässt. Wer etwas herausgefunden hat, muss dies auch der Öffentlichkeit zugänglich machen. Dies heißt auch – und darauf werden wir später noch einmal zurückkommen –, dass Wissenschaft prinzipiell öffentlich ist und öffentlich sein muss, um Wissenschaft zu sein.

Rezeptionsgebot: Wer Wissenschaftler ist, ist verpflichtet, die Erkenntnisse, die andere Wissenschaftler zu seinen Gegenständen und Fragestellungen veröffentlichen, zur Kenntnis zu nehmen.

Kritikgebot: Wenn ein Wissenschaftler sich über die Publikation eines anderen ärgert, weil er diese z. B. aus methodischen Gründen für inakzeptabel hält, muss er seine Kritik artikulieren. Wenn er dies nicht tut, hält er möglicherweise wichtige wissenschaftliche Erkenntnisse (nämlich die Erkenntnis der Falschheit der Ergebnisse eines anderen Wissenschaftlers) zurück. Ein solches Verhalten würde das Unternehmen Wissenschaft in seiner Substanz bedrohen, da nicht mehr sichergestellt wäre, dass falsche Resultate, Theorien oder unsinnige Fragestellungen korrigiert würden. Über die von Weinrich formulierten Gebote hinaus ist ein weiteres zentral:

Respekt vor dem geistigen Eigentum anderer: Wer sich die Erkenntnisse anderer zu eigen macht, indem er sie als eigene ausgibt, also ein Plagiat begeht, macht sich gröbsten wissenschaftlichen Fehlverhaltens schuldig. Plagiate können zur Aberkennung wissenschaftlicher Qualifikationen führen und nicht nur Wissenschaftlerkarrieren ruinieren: Karl-Theodor zu Guttenberg und Annette Schavan haben wegen plagiierter Dissertationen beide von ihren Ministerposten zurücktreten müssen.

→ **Auch wenn Sie vielleicht noch nicht Minister sind: Auch durch eine plagiierte Seminararbeit handeln Sie sich eine Menge Ärger ein.**

2.2.2 Innere Widersprüche von Wissenschaft

Wissenschaft ist – das kommt nicht mehr überraschend – selbst institutionell organisiert. Und Institutionen haben – Sie erinnern sich – ihre Widersprüche. Einige wenige davon, die Sie betreffen, möchten wir hier kurz anführen.

Wissenschaft als Schule – der Bologna-Prozess: Universitäten sind Orte, so wurde gesagt, an denen die Lehrenden selbst forschen, also die Wissenschaft voranbringen, und Ihnen in der Lehre nicht nur Wissen vermitteln, sondern auch Wissenschaft vorleben. Seit die Bachelor- und Masterstudiengänge im Rahmen des sogenannten Bologna-Prozesses auf europäischer Ebene (und weitgehend ohne jegliche demokratische Auseinandersetzung) eingeführt worden sind, wird den Lehrenden jedoch das Wissenschaft-Vorleben schwer gemacht: Denn Sie studieren nicht mehr Fächer, sondern Module. In den Studienordnungen ist sehr detailliert vorgegeben, was Sie zu einem bestimmten Zeitpunkt zu welchem Zweck und in welchem Umfang (ein Leistungspunkt entspricht in etwa 30 studentischen Arbeitsstunden) zu lernen haben – wie in einem schulischen Lehrplan. Zwar sind die Studienordnungen von Professoren und wissenschaftlichen Mitarbeitern verfasst, aber sie bringen dennoch ein schulisches Element in die deutschsprachigen Universitäten ein, das es vorher nicht so gab und auf das die Studierenden mit dem Verhalten reagieren, das sie in ihrer Schulzeit als Überlebensstrategie ausgeprägt haben: der Hantierung von Wissen als etwas, was sie im Kern nichts angeht. Trotz dieser Probleme:

→ **Die Lehrenden, die Sie haben, sind praktisch alle wissenschaftlich sozialisiert und versuchen – im Rahmen des Möglichen – Ihnen nach wie vor Wissenschaft vorzuleben, nicht zuletzt auch noch im Gespräch nach der Vorlesung, auf dem Gang und in der Sprechstunde.**

Antiwissenschaftliche Dynamik der Wissenschaftsförderung: Wissenschaft kostet Geld. Sie braucht Menschen, Apparate, Räume. Die zuständigen Wissenschaftsministerien der Länder geben hierfür immer weniger Geld und üben Druck auf die Universitäten (und damit auf die Professoren) aus, zur Finanzierung von Forschung Geld, sogenannte Drittmittel, einzuwerben. Diese können z. B. bei der Europäischen Union (EU), der Deutschen Forschungsgemeinschaft (DFG), Stiftungen oder auch, gerade in den Ingenieurswissenschaften, bei der Industrie beantragt werden. Die Antragstellung – im Verhältnis werden immer nur sehr wenige Anträge bewilligt – verschlingt sehr viel Zeit, die den Professor für ihr eigentliches

Geschäft – die Wissenschaft und Sie – abgeht. Außerdem hat die Wissenschaftsförderung – so wichtig und richtig sie ist – eine eigene, der Wissenschaft im Prinzip entgegengesetzte Dynamik: Über die Anträge entscheiden Gutachter, die – anders ist dies auch nicht möglich – selbst Wissenschaftler sind. Die Gutachter befinden sich mithin zu den Antragsstellern entweder in einem konkurenziellen Verhältnis – dann lehnen sie Anträge gerne ab – oder in einem gemeinschaftlichen Arbeitszusammenhang, was sich für den Antragssteller vielfach positiv auswirkt. Eine solche Struktur begünstigt das in der Wissenschaft Etablierte, den sogenannten *Mainstream*, und wirkt sich nachteilig auf Fragestellungen aus, die radikal anders, *randständig* sind. Aber alles wirklich wissenschaftlich Neue war, als es neu war, randständig.

Drittmittel aus der Wirtschaft werden interessegeleitet vergeben – sogenannte Auftragsforschung. So sehr Deutschland als Exportnation von der engen Zusammenarbeit z. B. der Ingenieurswissenschaften mit der Industrie profitiert – nicht zuletzt von hier kommt ja auch das Geld, das es Ihnen bis heute gestattet, kostenfrei zu studieren –, so ist doch zu sagen, dass die Ergebnisse von Auftragsforschung oft nur den Geldgebern zugutekommen und, da nicht öffentlich, der wissenschaftlichen Kritik (s. o.) zumindest zum Teil entzogen sind. Daher:

→ **Wissenschaft ist zwar immer auch Forschung, aber längst nicht alle Forschung ist Wissenschaft.**

Wissenschaft auf Kosten der Universitäten: Annette Schavan war als Kultusministerin von Baden-Württemberg maßgeblich daran beteiligt, Universitäten zur reinen Angelegenheit der Bundesländer zu machen. Als sie dann unter Angela Merkel zur Bundeswissenschaftsministerin aufstieg, stand sie einem Bereich vor, bezüglich dessen sie sich selbst vorher teilweise entmachtet hatte. Sie reagierte auf diese Situation, indem sie die nicht-universitären Wissenschaftsorganisationen (z. B. Max-Planck-Institute, Helmholtz-Gesellschaft) massiv mit Bundesmitteln förderte. Dies geht nicht nur auf Kosten der Deutschen Forschungsgemeinschaft (DFG), bei der Universitätsprofessoren Drittmittel beatragen können. Die Wissenschaftsorganisationen versuchen auch, sich auf Kosten der Universitäten zu profilieren. Als die Ministerin wegen ihrer plagiierten Dissertation in die Kritik geriet, waren es vor allem Vertreter dieser Organisationen, die massiv Kritik an dem Plagiatsverfahren übten – ein für die Wissenschaft und die Universitäten höchst peinliches und schädliches Agieren.

→ Vielleicht wundern Sie sich, dass es trotz all dieser – in der Sache selbst liegenden – Widersprüche noch Menschen gibt, die Wissenschaft treiben wollen, an das Unternehmen Wissenschaft glauben und sich dafür einsetzen. Dies hängt damit zusammen, dass sie ihre Gegenstände lieben, neugierig sind und zutiefst davon überzeugt sind, dass das Unternehmen Wissenschaft trotz all seiner Widersprüche die einzige Möglichkeit ist, die Menschen haben, zu neuem und belastbarem Wissen zu gelangen.

3 Warum reden die so kompliziert?
Gemeinsprache – Fachsprache – Wissenschaftssprache

3.1 Gemeinsprache, Diskurs und Text
3.2 Fachsprache und der sogenannte Nominalstil
3.3 Wissenschaftssprache

Vielleicht waren Sie etwas verblüfft, dass in einer Einführung in die deutsche Wissenschaftssprache zunächst von allem Möglichen die Rede war, nur nicht von Wissenschaftssprache. Das wird sich ab jetzt ändern, und Sie werden sehen, dass wir in verschiedenen Zusammenhängen immer wieder auf die einleitenden Kapitel zurückkommen werden (daher gegebenenfalls am besten noch einmal zurückblättern, falls Sie gemeint haben sollten, es ginge auch ohne das dort Gesagte).

Wissenschaft – und darum geht es an der Universität von Anfang an – begegnet Ihnen in einem fremden sprachlichen Gewand. Manchmal haben Sie vielleicht den Eindruck, dass Ihre Dozenten gar nicht mehr in der Lage sind, ›normal‹ zu reden und dass die Texte, die Sie zu lesen haben, doch auch ›einfacher‹ geschrieben sein könnten.

Wir möchten Ihnen in diesem und in den folgenden Kapiteln zeigen, wie die deutsche Wissenschaftssprache funktioniert und aus welchen Gründen sie ihre – für Sie vielleicht zunächst befremdliche – Gestalt hat. Wir beginnen in diesem Kapitel mit der Sprache, die jeder versteht, der Gemeinsprache, und behandeln dann Fachsprachen, also sprachliche Formen, die kleineren Gruppen vorbehalten sind. Anschließend befassen wir uns, auf Basis dessen, was wir über Fachsprache gesagt haben, mit Wissenschaftssprache.

3 Warum reden die so kompliziert?

3.1 Gemeinsprache, Diskurs und Text

Was ist Gemeinsprache? Nun, auf das Deutsche bezogen, ist sie dasjenige Deutsch, das jeder versteht. Sie merken, es ist gar nicht so einfach, anzugeben, was das genau ist. Eine kleine Überlegung kann hier vielleicht weiterhelfen: Wir alle müssen essen, trinken und schlafen. Wir wissen auch, dass wir bei Rot stehen bleiben müssen (sonst wären Sie nicht in der Lage, diesen Text zu lesen), wir können alle einkaufen und mit Messer und Gabel essen. Alle diese Dinge zusammen bilden die Elementarpraxis, an der alle Mitglieder dieser Gesellschaft teilhaben und deren Elemente – Dinge, Handlungen, Eigenschaften – sie benennen können. Und es gibt Menschen, die ein ganzes glückliches Leben verbringen können, ohne zu wissen, was eine Prüfungsvorleistung oder ein Leistungspunkt ist – Sie und Ihre Kommilitonen hingegen nicht. Prüfungsvorleistungen und Leistungspunkte sind keine Bestandteile der Elementarpraxis, diese Ausdrücke gehören demzufolge auch nicht zur Gemeinsprache. Das folgende Beispiel aus einem Gespräch ist, wie sicher leicht einzusehen, hingegen gemeinsprachlich:

> Und der jute Mann da der erklärt den Kunden wenn se n Topf öffnen, dürfen sie nie mit kaltem Wasser drüber laufen lassen, sondern müssen oben n janzen Dampf ablassen. Wenn sie kaltes Wasser rüberlaufen lassen, werden öh die Vitamine restlos zerstört. (adaptiert aus Fuchs/Schank (1975, 83, Gespräch Nr. 7).

Wie das Beispiel zeigt: Die Domäne der Gemeinsprache ist das Gespräch, ist das Hier und Jetzt zweier Gesprächspartner, die sich über Belange verständigen, die unmittelbar zuhanden sind.

Damit wir uns im weiteren Verlauf exakter ausdrücken können, führen wir nun eine kleine, aber wichtige Unterscheidung ein: Das, was sprachlich entsteht, wenn sich zwei Menschen, die sich sehen, verständigen, wollen wir mit Ehlich (1983) als *Diskurs* bezeichnen, dasjenige, was entsteht, wenn ein Sprecher einen Hörer sprachlich erreichen möchte, der nicht da ist, hingegen als *Text*. Der Grund, warum Sie sich nicht wohlfühlen, wenn Sie auf eine Mailbox sprechen, ist, dass Sie plötzlich Text produzieren müssen, wo Sie auf Diskurs eingerichtet waren. Anstatt einfach *hier* und *jetzt* sagen zu können, müssen Sie gewährleisten, dass Ihre Nachricht auch noch nach Stunden oder Tagen für den Hörer verständlich ist. Texte sind natürlich oft schriftlich, aber nicht notwendigerweise. Mündliche Texte liegen auch da vor, wo Sprachliches in weitgehend fester Gestalt mündlich reproduziert wird – Witze sind hierfür ein gutes Beispiel.

3.2 Fachsprache und der sogenannte Nominalstil

Immer dort, wo Dinge verhandelt werden müssen, die nicht alle angehen können, gibt es Benennungen, die nicht von allen verstanden werden. Die gesellschaftliche Arbeitsteilung führt zu Teilpraxen, die von größeren oder auch z. T. nur äußerst kleinen Gruppen unterhalten werden. Diese Gruppen verständigen sich über ihre Gegenstände *fachsprachlich*. Fachdeutsch ist ein Deutsch, das Benennungen enthält, die über die Elementarpraxis hinausgehen. Die Fachsprachen der Bäcker, Angler, Strömungsmechaniker, Mediziner oder Volkswirte sind keine eigenen Sprachen, sondern sozusagen fachspezifisch angereichertes Deutsch. Solche Sprachformen bezeichnet man als *Varietäten*.

Für Sie ist vielleicht diese Art der Betrachtungsweise neu, nicht aber der Gegenstand: Es war ja Aufgabe der Schule, Sie in eine Fülle verschiedener Teilpraxen einzuführen. Dabei haben Sie natürlich auch schon etliche fachliche Varietäten kennengelernt.

Wo kommen eigentlich die Benennungen für fachliche Gegenstände her? Betrachten wir hierzu einen Ausschnitt aus einem fachlichen Text.

> Unmittelbar am Rand der 10 mm dicken Platte ist das Gefüge der Legierung AZ91, wie die lichtmikroskopischen Untersuchungen des gegossenen Ausgangszustandes zeigen, feinglobular bzw. feindendritisch erstarrt *(Abb. 2a)*. Zur Plattenmitte hin wird das Gefüge gröber und es tritt deutlich die dendritische Struktur hervor *(Abb. 2b)*.
> (aus: Regener et al. 2003, 722)

Wir machen folgende Beobachtungen:
- es handelt sich um einen Text in deutscher Sprache (45 Wörter, unter Einbeziehung der Abkürzungen *mm, Abb.* und der Referenzbezeichnungen *2a, 2b*);
- in dem Textstück treten Wörter auf, die der Gemeinsprache zugehören (Inhaltswörter: *unmittelbar, Rand, 10, Millimeter (mm) (?), dick, Platte, Gefüge (?), Untersuchung, gießen, Ausgangszustand, zeigen, erstarren, Abbildung (Abb.), Mitte, grob, hervortreten, deutlich*; Funktionswörter: *an, der/die/das, sein, wie, zu, beziehungsweise, hin, werden, es*)[1];
- in dem Textstück treten Wörter auf, die nicht der Gemeinsprache zugehören: *Legierung, AZ91, lichtmikroskopisch, feinglobular, feindendritisch, Struktur*;

---

[1] Inhaltswörter sind Ausdrücke wie *Tisch, essen, schön, leider*; Funktionswörter Ausdrücke wie *doch, es, weil*.

- alle Wörter, die nicht der Gemeinsprache zugehören, sind Inhaltswörter;
- die der Gemeinsprache zugehörenden Inhaltswörter beziehen sich offensichtlich auf Gegenstände, mit denen nicht jeder täglich zu tun hat: bei der »Platte« handelt es sich wohl um eine Metallplatte mit einer präzisen »Dicke«, die »gegossen« worden ist, um etwas an ihr festzustellen;
- selbst wenn man Ausdrücke wie *Gefüge* und *Millimeter* nicht der Gemeinsprache zurechnet, beträgt der Anteil an solchen Wörtern weit weniger als ein Fünftel der Gesamtwortzahl des Textes;
- die Abgrenzung zwischen Wörtern, die der Gemeinsprache zugehören und solchen, die das nicht tun, ist schwierig; sie hat wohl u. a. etwas damit zu tun, inwieweit jemand an einer spezifischen Praxis teilhat: wer regelmäßig mit dem Metermaß hantiert, ist wohl eher geneigt, *Millimeter* (*mm*) als gemeinsprachlich einzustufen;
- selbst wer geneigt ist, einen Ausdruck wie *Gefüge* als gemeinsprachlich einzustufen, kann vielleicht nicht angeben, was unter dem *Gefüge einer Legierung* zu verstehen ist;
- bei den Wörtern, die nicht der Gemeinsprache zugehören, handelt es sich u. a. um Fremdwörter bzw. Wörter mit fremden Bestandteilen (*Legierung, globular*).

Wir vereinbaren nun folgende Sprechweise: Ausdrücke, mit denen Benennungserfordernissen gesellschaftlicher Teilpraxen genügt wird, nennen wir *fachsprachlich*. Einen einzelnen fachsprachlichen Ausdruck nennen wir *Terminus*.

Terminologiebildung ist ein Verfahren, das sozusagen aus sprachlicher Not entsteht. Der deutsche Grundwortschatz – also der Wortschatz, mit dem wir die Elementarpraxis verhandeln können –, hat ca. 10 000 Wörter. Das klingt viel, ist aber sehr wenig: soviel versteht etwa ein zehnjähriges Schulkind.

Die Wörter, die Termini werden sollen, müssen also geschaffen werden. Hierzu gibt es folgende Wortbildungsverfahren:
- **Entlehnung** von Wörtern oder Wortbestandteilen aus anderen Sprachen (lat. *ligare* [»vereinigen«]) -> *Legierung*;
- **Komposition** (*feindendritisch*)
- **Derivation (Ableitung)** (*legieren* -> *Legierung*)
- **Bezeichnung durch Buchstaben- und Zahlenkombinationen** (AZ 91)

Alle diese Verfahren gibt es auch in der Gemeinsprache:
- Entlehnung: *interessant*
- Komposition: *feinherb, Esstisch*

- Derivation: *Verwirrung*
- Bezeichnung durch Buchstaben- und Zahlenkombinationen: *f6, R1, 08-15*

Ein weiteres wichtiges Verfahren der Terminologiebildung ist die *Metapher*. Eine Metapher ist ein Vergleich ohne Vergleichssignal (*wie, als ob*) – ein oft zitiertes Beispiel hierfür ist *Achill war ein Löwe in der Schlacht*. Das bedeutet nicht, dass Achill wirklich ein Löwe war, sondern dass er kämpfte, *als ob* er ein Löwe gewesen wäre (also wild, tapfer etc.). Der Ausdruck *Fachsprache* ist selbst ein Beispiel für eine Metapher: Er suggeriert, dass sich Fachleute so verständigen, *als ob* sie eine eigene Sprache sprächen. Wir wissen jedoch: Auch Fachleute sprechen Deutsch, aber eine fachliche Varietät davon. Auch das Verfahren der Metaphernbildung existiert in der Gemeinsprache – *am Fuß des Berges*.

→ **Fachsprachen bedienen sich insgesamt bei der Terminologiebildung derselben Wortbildungsverfahren, die auch in der Gemeinsprache üblich sind.**

Die Ableitung, die Derivation, die wir schon oben als Wort- bzw. Terminologiebildungsmittel eingeführt haben, ist ein für Fach- und Wissenschaftssprache gleichermaßen einschlägiges Wortbildungsverfahren. Ganz besonders wichtig sind hierbei Substantive, die aus Verben abgeleitet sind, sogenannte *deverbale Ableitungen*:

sprechen	→	*Sprache*
fügen	→	*Gefüge*
erkennen	→	*Erkenntnis*
bilden	→	*Bildung*

Deverbale Ableitungen haben in der Fach- und Wissenschaftssprache zwei wichtige Aufgaben. Die erste Aufgabe, die sie erfüllen, ist die Benennung von fachlichen Gegenständen. Hierzu ein Beispiel aus einem fachlichen Diskurs (s. o.), einer Vorlesung im Fach Maschinenbau:

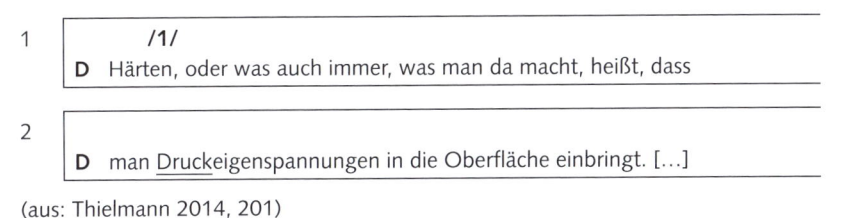

1	/1/
	D Härten, oder was auch immer, was man da macht, heißt, dass

2	
	D man Druckeigenspannungen in die Oberfläche einbringt. […]

(aus: Thielmann 2014, 201)

Der Ausdruck *Druckeigenspannung* ist eine ziemlich komplexe Wortbildung, in der zwei deverbale Ableitungen vorkommen: *Druck* ← *drücken* und *Spannung* ← *spannen*.

Die zweite Aufgabe, die deverbale Ableitungen erfüllen, besteht darin, dass sie eine besonders komprimierte Sprechweise erlauben, deren Prinzip wir hier kurz darstellen. Betrachten wir einmal folgendes Beispiel:

> Es wurde beobachtet, dass sich in der Lösung bei einer Temperatur von unter 20°C Kristalle bilden.

Dieser Satz kommuniziert einen Sachverhalt. Unter Zuhilfenahme der deverbalen Ableitungen *Beobachtung* und *Kristallbildung* lässt sich dieser Sachverhalt so komprimieren (in eckigen Klammern), dass man in demselben Satz noch etwas anderes über ihn sagen kann (unterstrichen):

> [Die Beobachtung einer Kristallbildung in der Lösung bei einer Temperatur von unter 20°C] wurde verschiedentlich bestätigt.

Ein solches Verfahren, bei dem man Sachverhalte dadurch komprimiert, dass man aus Verben deverbale Substantive macht, wird als *Nominalstil* bezeichnet. Studierende meinen oft, Nominalstil schreiben zu müssen, weil das sozusagen fachlich aussieht. Der Nominalstil ist aber kein Selbstzweck, sondern ein Verfahren, Sachverhalte so zu komprimieren, dass man noch zusätzlich etwas über sie sagen kann. Wenn Nominalstil zur ›Vortäuschung von Fachlichkeit‹ eingesetzt wird, kommt häufig Unsinn heraus. Hierzu ein – leicht modifziertes – Beispiel aus einer studentischen Seminararbeit:

> Die Forschungsergebnisse dienen als Grundlage für die Analyse von einem Lehrwerk hinsichtlich des Erwerbs der Satzmodelle mit Blick auf die Vermittlung der Verbformen.

Der Autor möchte ein Lehrwerk für Deutsch als Fremdsprache auf Basis von Forschungsergebnissen analysieren. Das ist löblich, aber die Analyse soll *hinsichtlich des Erwerbs der Satzmodelle* erfolgen. Nun ist es so, dass Lerner des Deutschen als Fremdsprache durchaus Satzmodelle erwerben; Lehrwerke aber nicht. Und wer vermittelt eigentlich die Verbformen? Das Lehrwerk? Sie können einen Lerner des Deutschen als Fremdsprache bis zum Sanktnimmerleinstag vor ein Lehrwerk setzen – vermittelt wird dabei gar nichts, denn das kann nur ein Mensch, z. B. ein

Sprachlehrer. Wir sehen hier, dass der Nominalstil durchaus seine Tücken hat. Denn die deverbalen Ableitungen lassen nicht mehr erkennen, was das *Agens* ist, d.h. wer was tut. In diesem Beispiel kommt als Agens, als Handelnder, nur das Lehrwerk in Frage. Aber Lehrwerke erwerben nichts (sie sind ja nicht geschäftsfähig) und sie vermitteln auch nichts (da sie keine Menschen sind). Wenn Sie eine deverbale Ableitung wie *Vermittlung* im Satz verwenden möchten, ist große Vorsicht geboten, da das Verb *vermitteln* ein großes Vernetzungspotential im Satz hat:

vermittelt

der Lehrer   das Deutsche   an die Schüler

Im Nominalstil wird hieraus *die Vermittlung des Deutschen an die Schüler durch den Lehrer*.

→ **Wenn Sie Nominalstil verwenden, müssen Sie immer darauf achten, den Sachverhalt, den sie so komprimieren, nicht zu verstümmeln. Das geht am besten, wenn Sie den Gedanken, den Sie im Nominalstil ausdrücken möchten, erst einmal ohne Nominalstil formulieren. Sollten Sie dabei entdecken, dass Sie noch gar keinen Gedanken haben, lässt sich durch Nominalstil auch keiner herbeizwingen.**

Vielleicht fragen Sie sich inzwischen, warum zwischen Fach- und Wissenschaftssprache überhaupt ein Unterschied gemacht wird. Der Grund hierfür ist ganz einfach: Genauso wie fachliche Varietäten bestimmte Zwecke bedienen – nämlich die Ausdrucksbedürfnisse arbeitsteilig spezialisierter kleinerer Gruppen – so gibt es Zwecke, die wissenschaftstypisch sind und damit über das Fachliche hinausgehen. Eine Zeitschrift für Flugmodellpiloten ist sicher fachlich (*Laminarprofil, Pendelhöhenruder, CFK-Holm*), aber in der Regel nicht wissenschaftlich. Wissenschaft hingegen ist immer auch fachlich, aber ihre Sprache ist, wie wir nun sehen werden, nicht allein durch Fachlichkeit bestimmt.

3.3 Wissenschaftssprache

Um die Unterschiede zwischen Fach- und Wissenschaftssprache zu erkennen, betrachten wir ein kleines wissenschaftssprachliches Textstück aus der Volkswirtschaftslehre:

> Im totalen Konkurrenzmodell walrasianischer Prägung [= idealer Markt, W. T. und M. M.] fungiert der Geldpreis des Numéraire als Preisindex, eine Größe, die immerhin im Prinzip alle Transaktionen erfasst, während modernere Konzepte sich bloß auf bestimmte Warenkörbe, meist Konsumgüterbündel beschränken. Allerdings weist die Allgemeine Gleichgewichtstheorie andere gravierende Schwächen auf, weshalb sie weitaus schlechter als ihr Ruf ist, vgl. Helmedag 1999. Es wird immer noch daran gearbeitet, Geld in das Modell zu integrieren, vgl. Starr 2012. Dies belegt immerhin, dass der harte Kern des ökonomischen Mainstreams bislang lediglich Naturaltauschvorgänge thematisiert. (Helmedag 2013, 181)

Wir erkennen sofort eine Fülle von Termini – im Folgenden fett markiert:

> Im totalen **Konkurrenzmodell walrasianischer** Prägung [= idealer Markt, W. T. und M. M.] fungiert der **Geldpreis** des **Numéraire** als **Preisindex**, eine Größe, die immerhin im Prinzip alle **Transaktionen** erfasst, während modernere Konzepte sich bloß auf bestimmte **Warenkörbe**, meist **Konsumgüterbündel** beschränken. Allerdings weist die **Allgemeine Gleichgewichtstheorie** andere gravierende Schwächen auf, weshalb sie weitaus schlechter als ihr Ruf ist, vgl. Helmedag 1999. Es wird immer noch daran gearbeitet, Geld in das **Modell** zu integrieren, vgl. Starr 2012. Dies belegt immerhin, dass der harte Kern des **ökonomischen Mainstreams** bislang lediglich **Naturaltauschvorgänge** thematisiert.

Wenn wir genauer hinsehen, erkennen wir, dass es bei den fett markierten Ausdrücken Termini gibt, die die hier interessierenden wissenschaftlichen Gegenstände benennen: *Geldpreis, Numéraire, Preisindex, Transaktion, Warenkorb, Konsumgüterbündel, Naturaltauschvorgänge*. Darüber hinaus gibt es Termini, die nicht wissenschaftliche Gegenstände benennen, sondern Wissenschaftliches selbst:

Mit *Modell* ist ein bestimmtes Verfahren der wissenschaftlichen Erkenntnisgewinnung angesprochen, bei dem man komplexe Verhältnisse in der Wirklichkeit vereinfacht, um Zusammenhänge besser einsehen zu können. In dem Ausdruck *walrasianisch* ist der Name des Volkswirtschaftlers *Walras* versteckt, der für das hier besprochene *Konkurrenzmodell* verantwortlich zeichnet. Mit *Allgemeine Gleichgewichtstheorie* ist ein zentraler wissenschaftlicher Wissenstyp benannt: Theorien sind ein – stets an der Wirklichkeit zu messendes – hypothetisches Zusammenhangswissen, das Wirklichkeit erklärt oder beschreibt. Das Adjektiv *ökonomisch* leistet eine fachliche, eine disziplinäre Einordnung. Der Ausdruck *Mainstream* benennt diejenigen Wissenschaftler, die die herrschende Meinung vertreten (s. Kap. 2.2.2). Die Ausdrücke *Modell* und *Theorie* benennen, wie gesagt, Verfahren (Modell) und Resultate (Theorie) wissenschaftlicher Erkenntnisgewinnung. Sie stehen im Zusammenhang mit den Gegenständen, nach denen die Wissenschaft – hier die Volkswirtschaftslehre – fragt: *Transaktion, Warenkorb, Konsumgüterbündel, Naturaltauschvorgänge*.

Man sieht, dass sich im Bereich der Benennung wissenschaftlicher Erkenntnisgegenstände Fach- und Wissenschaftssprache sozusagen überlappen: Wissenschaftliche Erkenntnisgegenstände sind häufig so speziell, dass sie fachlich benannt werden.[2]

Mit diesen Beobachtungen ist aber noch nicht alles erfasst, was diesem Text sein eigentümliches, ja fremdes Gepräge verleiht. Betrachten wir einmal die folgenden Formulierungen:

> Im totalen Konkurrenzmodell walrasianischer Prägung [= idealer Markt, W. T.] fungiert der Geldpreis des Numéraire als Preisindex, **eine Größe, die** immerhin im Prinzip **alle Transaktionen erfasst**, während modernere **Konzepte** sich bloß **auf** bestimmte Warenkörbe, meist Konsumgüterbündel **beschränken**. Allerdings **weist die Allgemeine Gleichgewichtstheorie** andere **gravierende Schwächen auf**, weshalb sie weitaus schlechter als ihr Ruf ist, vgl. Helmedag 1999. **Es wird immer noch daran gearbeitet, Geld in das Modell zu integrieren**, vgl. Starr 2012. **Dies belegt** immerhin, **dass der harte Kern des ökonomischen Mainstreams** bislang lediglich Naturaltauschvorgänge **thematisiert**.

Eine Größe erfasst Transaktionen; Konzepte beschränken sich auf etwas; eine Theorie weist gravierende Schwächen auf; es wird daran gearbeitet, Geld in ein Modell zu integrieren; ein Sachverhalt belegt einen anderen; der harte Kern des ökonomischen Mainstreams thematisiert etwas – diese Formulierungen sind noch recht nahe an der Gemeinsprache dran, ohne wirklich gemeinsprachlich zu sein. Ungewöhnlich ist zum Beispiel, dass Größen, Konzepte, Sachverhalte oder harte Kerne in der

---

2 Entscheidend ist hier, als was das Benannte fungiert. Sie können in einem Sachbuch über Vierzylindermotoren nachlesen. Da wird mit *Vierzylindermotor* die Sache benannt. Ein Wissenschaftler kann sich mit der Drehmomentoptimierung von Vierzylindermotoren befassen – dann benennt er mit *Vierzylindermotor* seinen Erkenntnisgegenstand.

Funktion des Agens (s. 3.2) auftreten, ohne Handelnde zu sein. Auch mit diesen Formulierungen werden – ähnlich wie durch Termini wie *Modell, Theorie* oder *ökonomisch* – Aspekte, Erkenntnis- und Vorgehensweisen von Wissenschaft selbst ausgedrückt.

In einem sehr interessanten Aufsatz hat Konrad Ehlich (1995) darauf aufmerksam gemacht, dass es gerade solche Formulierungen sind, die ausländischen Studierenden bei der Aneignung der deutschen Wissenschaftssprache die größten Schwierigkeiten bereiten. Aber auch muttersprachliche Studierende haben mit diesen Formulierungen große Probleme. Warum ist das so? Im Alltag mag *man sich auf das wesentliche beschränken*, aber *dass modernere Konzepte sich bloß auf bestimmte Warenkörbe beschränken* ist eine Formulierung, die – obwohl aus gemeinsprachlichen Mitteln aufgebaut – so in der Gemeinsprache nicht vorkommt.

Solche Formulierungen gehören zum eigentlichen Kern dessen, was Wissenschaftssprache ausmacht. Mit ihnen wird das Geschäft des Wissenschaft-Treibens selbst ausgedrückt. Sie sind gemeinsprachen-nah, ohne gemeinsprachlich zu sein. Sie kommen in allen wissenschaftlichen Disziplinen vor. Konrad Ehlich (1995) nennt sie alltägliche Wissenschaftssprache. Das große Problem, das sich bei der Aneignung solcher Formulierungen stellt, ist: Aufgrund ihrer Nähe zur Gemeinsprache sind sie unauffällig. In den späteren Kapiteln dieses Buches wird Ihnen eine Fülle dieser Mittel vorgestellt.

→ Während fachsprachliche Ausdrücke sofort durch ihre Fremdheit auffallen, ist das bei wissenschaftssprachlichen Formulierungen oft nicht so. Die alltägliche Wissenschaftssprache ist unauffällig.

Aufgrund der Beobachtungen, die wir bisher gemacht haben, können wir erste wissenschaftstypische Zwecke erkennen, die durch wissenschaftssprachliche (und eben nicht nur durch fachsprachliche) Mittel bearbeitet werden:
1. Wissenschaft ist auf Erkenntnis aus; die wissenschaftlichen Erkenntnisgegenstände müssen benannt werden können. In unserem Beispiel: *Transaktion, Warenkorb, Konsumgüterbündel, Naturaltauschvorgänge*.
2. Wissenschaft muss die Weisen der Erkenntnisgewinnung und deren Resultate benennen können, z. B. *Modell, Theorie*.
3. Wissenschaft muss ihre eigene Struktur und ihre Organisationsformen benennen können, z. B. *ökonomisch, Mainstream*.
4. Wissenschaft muss ihr Vorgehen und das Verhältnis zwischen ihrem Wissen und den Gegenständen sprachlich ausdrücken können: *Konzepte beschränken*

3.3 Wissenschaftssprache

sich auf etwas, eine Größe erfasst Transaktionen; es wird daran gearbeitet, dass
→ alltägliche Wissenschaftssprache.

Sie haben es vielleicht auch schon bemerkt: Mit allem, was bisher über dieses kleine Textstück gesagt wurde, sind bestimmte Elemente noch gar nicht erfasst. Man merkt das sehr schnell, wenn man versucht wiederzugeben, *was* in diesem Textstück eigentlich gesagt wird. Betrachten wir es daher einfach noch einmal:

> Im totalen Konkurrenzmodell walrasianischer Prägung [= idealer Markt, W. T.] fungiert der Geldpreis des Numéraire als Preisindex, eine Größe, die **immerhin im Prinzip** alle Transaktionen erfasst, **während** modernere Konzepte sich **bloß** auf bestimmte Warenkörbe, meist Konsumgüterbündel beschränken. **Allerdings weist** die Allgemeine Gleichgewichtstheorie **andere gravierende Schwächen auf, weshalb sie weitaus schlechter als ihr Ruf ist,** vgl. Helmedag 1999. Es wird immer noch daran gearbeitet, Geld in das Modell zu integrieren, vgl. Starr 2012. Dies belegt **immerhin**, dass der harte Kern des ökonomischen Mainstreams bislang **lediglich** Naturaltauschvorgänge thematisiert.

Wir stellen fest: *immerhin im Prinzip* ist eine Formulierung, mit der der Autor anerkennt, dass ein Modell (*totales Konkurrenzmodell walrasianischer Prägung*) weitgehend ausreicht. Mit *während* stellt er diesem Modell andere (*modernere Konzepte*) gegenüber, die *bloß* bestimmte Dinge erfassen. Mit *allerdings* relativiert er die Anerkennung des ersten Modells (*totales Konkurrenzmodell walrasianischer Prägung = allgemeine Gleichgewichtstheorie*) und tritt es mit *weist andere gravierende Schwächen auf* und *ist weitaus schlechter als ihr Ruf* geradezu in die Tonne. Abschließend wird gesagt, dass der *Mainstream* – also diejenigen Wissenschaftler, die die für die meisten verbindlichen Fragestellungen verfolgen – unzureichend (*lediglich*) operiert.

Wenn Sie erwartet haben sollten, dass Wissenschaftler in ihren Texten einfach neues Wissen über die Wirklichkeit vortragen, sind Sie jetzt vielleicht enttäuscht. Das Textstück ist in diesem Sinne nicht im Geringsten informativ. Es steht hier nichts drin, was man schwarz auf weiß nach Hause tragen könnte. Das Textstück lässt sich nicht dadurch charakterisieren, dass es dem Leser ein Wissen übermittelt. Im Gegenteil: <u>Dieses Textstück lässt sich nur dadurch charakterisieren, dass der Autor hier etwas tut.</u> Und was tut er? Er <u>erkennt an</u>. Er <u>stellt gegenüber</u>. Er <u>relativiert</u>. Er <u>tritt in die Tonne</u>. Er <u>wirft vor</u>.

→ Wissenschaftliche Texte sind meist keine informativen Texte. Sie finden keinen Zugang zu wissenschaftlichen Texten, wenn Sie darin nach Informationen suchen wie in einem Lehrbuch. Sie finden nur dann einen Zugang, wenn Sie sich stets fragen, was der Autor tut.

Wie kommt es zu dieser merkwürdigen Struktur des Textstücks? Wie schon verschiedentlich gesagt wurde, ist Wissenschaft eine kollektive und zugleich konkurrenzielle Unternehmung. Wissenschaftler sind aufeinander angewiesen. Ihre Fragestellungen kommen aus der Wissenschaft, ihre Erkenntnisse gehen wieder in die Wissenschaft ein. Die Instanz, die dafür sorgt, dass neues Wissen bewertet wird, ist die Wissenschaft selbst – über die Kritik. Der wissenschaftliche Erkenntnisprozess ist ein gemeinsames Ringen um Erkenntnis. Dieses Ringen zeigt sich sprachlich als ein Streiten. Ehlich (1993) bezeichnet die sprachlichen Mittel, mit denen der wissenschaftliche Streit ausgetragen wird, als eristische Strukturen (von *Eris*, der griechischen Göttin der Zwietracht).

Wenn wir herausfinden wollen, worum es in diesem Textstück geht, müssen wir fragen, worum es dem Autor in diesem Streit geht. Der Autor, Fritz Helmedag, ist Professor für Volkswirtschaft. In seinem Aufsatz *Monetäre (Un-)Ordnung als Ursache von Finanzmarktkrisen* (2013), dem das kleine Textstück entstammt, geht es ihm um Folgendes: Die Finanzkrise – an die Sie sich sicher auch noch erinnern – wurde verursacht von den Banken. Sie war eine Angelegenheit von Geld. Nun verstehen wir – ohne Volkswirtschaft studiert zu haben –, was Helmedag *tut*:

> Allerdings weist die Allgemeine Gleichgewichtstheorie andere gravierende Schwächen auf, weshalb sie weitaus schlechter als ihr Ruf ist, vgl. Helmedag 1999. Es wird immer noch daran gearbeitet, Geld in das Modell zu integrieren, vgl. Starr 2012. Dies belegt immerhin, dass der harte Kern des ökonomischen Mainstreams bislang lediglich Naturaltauschvorgänge thematisiert.

In einer Zeit, in der die Finanzmärkte aufgrund von Gelddingen zusammenkrachen, arbeitet der Mainstream der Volkswirtschaftslehre noch daran, Geld in ein zentrales Modell zu integrieren, das *bislang lediglich Naturaltauschvorgänge thematisiert*. Helmedag wirft dem Mainstream seiner eigenen Disziplin vor, über diejenigen Dinge, die absolut notwendig sind – nämlich das Funktionieren von Geld –, nicht Bescheid zu wissen.

Das Wichtige an dem Textstück ist nicht, *dass der harte Kern des ökonomischen Mainstreams bislang lediglich Naturaltauschvorgänge thematisiert*. Das Wichtige an dem Textstück ist, dass Helmedag dem Mainstream seiner Disziplin vorwirft, in einer Zeit, in der die Finanzmärkte zusammenkrachen, nicht über Geld Bescheid zu wissen. Helmedag trägt kein Wissen vor, das man sich merken könnte. Er vertritt eine Position. Er bezieht Stellung. Und er tut dies argumentativ, unter Verweis auf Theorien, Konzepte und die wissenschaftlichen Positionen von anderen. Für seine Position, für die Stellung, die er bezieht und für seine Argumente tritt er als wissenschaftliche Persönlichkeit mit seinem Namen ein.

→ Sie werden sehr viel leichter in wissenschaftliche Texte hineinkommen, wenn Sie erkennen, dass diese Texte von – mehr oder weniger bekannten – Wissenschaftlerpersönlichkeiten verfasst sind, die argumentativ Stellung beziehen und ihre neuen Erkenntnisse streitend vortragen. Heute, wo Wissenschaftler Homepages und Publikationslisten im Netz stehen haben, ist es sehr einfach, herauszufinden, wer das ist, von dem Sie gerade einen Text lesen.[3]

Sicher haben Sie sich auch schon gefragt: Woran sehe ich eigentlich, dass Helmedag dem Mainstream seiner Disziplin völlige Unfähigkeit vorwirft? Denn an dem *lediglich* allein (*dass der harte Kern des ökonomischen Mainstreams bislang lediglich Naturaltauschvorgänge thematisiert*) kann es nicht liegen – vgl. *Ich habe dir nichts angeschafft, ich habe dich lediglich gebeten.* Die Vorwurfsqualität erschließt sich – lediglich – aus dem Argumentationsverlauf: Helmedag sagt – unter Verweis auf Starr (2012) –, dass man immer noch versucht, Geld in die Allgemeine Gleichgewichtstheorie zu integrieren, man also in dieser Theorie noch nicht bei der Geldwirtschaft, sondern erst beim Naturaltausch angekommen ist. Die Vorwurfsqualität dieses Textstücks wird erst offenbar, wenn wir die grundsätzliche Erwartung haben, dass Wissenschaftler sich um Gegenstände kümmern, die wichtig sind – wie hier die Geldwirtschaft.

Diese Beobachtung führt uns auf eine Erkenntnis merkwürdiger Art: Das Textstück entfaltet seine – sprachlich nicht angezeigte – Vorwurfsqualität erst, wenn wir es vor dem Hintergrund von etwas lesen, was man ebenfalls nicht sieht: nämlich

---

3 Nehmen Sie solche Bemerkungen bitte nicht zum Anlass, Wissenschaftler für bessere Menschen zu halten. In der Wissenschaft menschelt es – wie schon einmal gesagt – eher mehr als anderswo. Außerdem: Zwar käme die moderne Welt ohne Wissenschaft nicht weiter, aber ohne die Arbeit all derer, die keine Wissenschaftler sind, gäbe es auch nichts, was die Wissenschaft voranbringen könnte.

einer Erwartung an die Wissenschaft selbst. Der Vorwurf an einen Wissenschaftler oder eine Gruppe von Wissenschaftlern ist ein sehr häufig verwendetes sprachliches Verfahren. Oft speist er sich aus der Verletzung von wissenschaftsethischen Prinzipien, wie wir sie in 2.2.1 dargestellt haben, etwa, wenn ein Wissenschaftler seinen Kollegen vorwirft, Veröffentlichungen nicht rezipiert zu haben (Rezeptionsgebot) oder einer Verpflichtung zur Kritik nicht nachgekommen zu sein (Kritikgebot). Man erkennt den Vorwurf oft erst, wenn man wissenschaftliche Texte vor dem Hintergrund von Erwartungen liest, die alle legitimerweise an die Wissenschaft haben können – etwa, dass sie sich wichtiger Gegenstände annimmt, dass neue Erkenntnisse auch zur Kenntnis genommen werden oder dass geistiges Eigentum respektiert wird usw.

Vorwerfen, *sich Positionieren*, *Begründen* sind sprachliche Verfahren, die man an der Oberfläche häufig nicht erkennt, sondern erst begreift, wenn man durch die wissenschaftlichen Texte die Wissenschaft hindurchsieht, die mit den Texten gerade betrieben wird. Diese sprachlichen Verfahren, diese sprachlichen Handlungsqualitäten werden sprachlich nicht explizit gemacht. Der wissenschaftliche Leser kann sie den Texten entnehmen, weil er weiß, wie Wissenschaft funktioniert. Diese sprachlichen Handlungsqualitäten werden als Illokutionen (lat. *illocutio* – das nicht Gesagte) bezeichnet. Dass wir Illokutionen häufig gerade nicht explizit machen, sondern sie sich aus dem Handlungszusammenhang verstehen, in dem wir uns mit anderen befinden, ist keineswegs ein Problem. Stellen Sie sich mal das Gegenteil vor. Dann würden wir folgendermaßen reden: *Kannst du dich mal beeilen? Das ist eine Aufforderung.* Oder: *Der Bus kam nicht. Das ist eine Rechtfertigung.* Oder: *Leck mich am Arsch! Das ist keine Aufforderung, sondern eine Beleidigung.*

→ Der Grund, warum die Illokutionen in wissenschaftlichen Texten anfangs so schwer wahrzunehmen sind, liegt darin, dass wir es mit Texten zu tun haben – also die Autoren im Zweifelsfalle nicht fragen können – und dass man es erst lernen muss, eine wissenschaftliche Erwartungshaltung auszubilden, aufgrund derer man die Illokutionen merkt. Daher nie fragen: Was steht in dem Text? Sondern immer fragen: Was macht der Autor gerade.

Die eristischen Strukturen wissenschaftlicher Texte werden wesentlich durch die Illokutionen realisiert. Ausdrücke wie *allerdings*, *bloß*, *lediglich*, *während* geben Hinweise, dass typisch wissenschaftliche Illokutionen vorliegen, aber sie machen diese Illokutionen nicht explizit.

→ Paradoxerweise sind die zentralen Elemente von Wissenschaftssprache Dinge die unauffällig sind, nämlich die Mittel der <u>alltäglichen Wissenschaftssprache</u> (etwa: *ein Konzept beschränkt sich auf*), sowie Dinge, die man kaum sieht, nämlich die <u>eristischen Strukturen</u>, die sich erst vor dem Hintergrund einer wissenschaftlichen Erwartungshaltung vereindeutigen.

Nun haben wir über etliche Seiten ein kurzes wissenschaftliches Textstück bis in den letzten Winkel ausgeleuchtet. Wissenschaftler reden bzw. schreiben, dies dürfte deutlich geworden sein, nicht »kompliziert«, sondern komplex, da sie gleichzeitig immer die Sache selbst sowie die Wissenschaft bedienen und im Blick haben müssen. Auch wenn es unter Wissenschaftlern natürlich auch, wie überall, Schwafler gibt: Wer einem Wissenschaftler den Vorwurf macht, er rede/schreibe zu kompliziert, muss den Nachweis erbringen, dass sich exakt dasselbe auf demselben Raum einfacher sagen ließe. Wir wagen die Prognose: Wenn Sie regelmäßig zu solchen Nachweisen in der Lage sind, sind Sie in der Wissenschaft angekommen.

4 Warum verstehe ich nur Bahnhof?
Wissenschaftliche Texte lesen, Dozenten verstehen

4.1 Wie lese ich einen wissenschaftlichen Text?
    4.1.1 Langzeitglühung – Erweiterung bestehenden Wissens
    4.1.2 Spezielle Relativitätstheorie – Lösung eines bekannten Problems
    4.1.3 Funktionale Syntax – radikal Neues
4.2 Warum verstehe ich meine Dozenten nicht?
    4.2.1 Die sprachliche Seite von Hochschullehre
    4.2.2 Der volle Fahrstuhl – in zwei Richtungen denken
    4.2.3 In der Streitzone: Nur an Einzelfällen beobachtet

Wenn Sie das letzte Kapitel gelesen haben, können Sie sich die im Titel gestellte Frage leicht beantworten: Wenn Sie anfangs mit wissenschaftlichen Texten Probleme haben, gibt es hierfür drei gute Gründe:

Wissenschaftliche Texte sind immer auch fachlich, d. h. sie enthalten Benennungen, die nur von vergleichsweise kleinen Gruppen verstanden werden.

Wissenschaft muss immer sich selbst ausdrücken können, weswegen in wissenschaftlichen Texten nicht nur von den Erkenntnisgegenständen (*Naturaltausch*), sondern auch von methodischen Herangehensweisen (*Modell, lichtmikroskopische Untersuchung*) und Wissensformen (*Hypothese, Theorie*) sowie dem Verhältnis zwischen Vorgehen, Wissen und den Gegenständen die Rede ist (*es wird daran gearbeitet, das Konzept beschränkt sich auf*) → alltägliche Wissenschaftssprache.

Wissenschaft als streitender Wettbewerb um Erkenntnisse drückt sich in den – an der Oberfläche der Texte oft kaum sichtbaren – eristischen Strukturen aus, die sich erst vor einer wissenschaftlichen leserseitigen Erwartungshaltung vereindeutigen.

    In diesem Kapitel wollen wir uns zunächst zusammen einige wissenschaftliche Textauszüge unter diesen Gesichtspunkten ansehen. Anschließend wollen wir anhand einiger Ausschnitte aus Vorlesungen besprechen, wie wissenschaftliches Deutsch in der universitären Lehre aussieht. Denn wenn Sie einen Zugang zu wissenschaftlichen Texten haben – den Sie sich auch im stillen Kämmerlein erarbeiten können – und verstehen, worauf es Ihren Dozenten ankommt, trauen Sie sich auch, in einer Vorlesung eine Frage zu stellen oder im Seminar mitzuarbeiten (s. a. Kapitel 9).

4.1 Wie lese ich einen wissenschaftlichen Text?

Abgesehen von Handbuch- und Fachlexikonartikeln sind wissenschaftliche Texte – wir sagen dies noch einmal mit aller Deutlichkeit – keine informativen Texte. Wissenschaftliche Aufsätze und Monographien (Bücher, die nur einen Autor haben) werden grundsätzlich nicht geschrieben, um irgendetwas Neues einfach mitzuteilen. Wissenschaftler schreiben ihre Texte, um ein neues Wissen gegen bestehende Erkenntnisse durchzusetzen. Dabei treten sie natürlich den jeweiligen anderen Kollegen, die die bestehenden Erkenntnisse hochhalten, auf die Füße. Auch hier gilt – wie überall im Leben: Wer austeilt, muss auch einstecken können. Und: Florett im Haupttext, Streitaxt in der Fußnote – das kleine Textstück, das wir im letzten Kapitel besprochen haben, war eine solche.[1]

Während Sie hoffentlich bei einem literarischen Text nie fragen, was der Autor damit sagen wollte oder warum er den Text geschrieben hat (dann hätte er ja einen Text geschrieben, dessen Zweck es wäre, die Antwort auf diese Frage zu kommunizieren), müssen Sie bei wissenschaftlichen Texten immer fragen, worum es dem Autor geht. Hierfür sind u. a. folgende Situationen denkbar (die Liste ist natürlich nicht erschöpfend):

a) Der Autor möchte das bestehende Wissen über einen Gegenstand erweitern. Beispiel: Bisher wissen wir über die Magnesium-Druckgusslegierung AZ91 nicht, ob sie sich bei einer Dauertemperaturbelastung von 1000 Stunden verändert, da die bisherigen Tests viel kürzer waren.

b) Der Autor möchte ein bekanntes Problem lösen. Beispiel: Wir haben bestimmte physikalische Gleichungen, von denen wir wissen, dass sie stimmen. Aber wenn wir die auf gegeneinander bewegte Systeme anwenden, gehorchen sie nicht denjenigen Transformationsgleichungen, die wir kennen, sondern solchen, die nicht nur radikal anders sind, sondern die wir auch nicht verstehen (dies war der Ausgangspunkt für Einsteins Spezielle Relativitätstheorie).

c) Der Autor ist mit bestehenden Lösungen unzufrieden und schlägt etwas radikal Neues und Anderes vor. Beispiel: Die anderen glauben, dass es damit getan ist, Formalismen zu entwickeln, die die Struktur sprachlicher Äußerungen beschreiben. Ich aber sage Euch, dass das nirgendwohin führt, da in Euren Formalismen weder Sprecher noch Hörer berücksichtigt sind.

---

1 Wenn man schon, wie der Volkswirt Helmedag dies tut, die eigene Disziplin für bankrott erklärt, dann schicklicherweise nicht im Haupttext.

Sie können sich vorstellen, dass das Verärgerungspotential bei den wissenschaftlichen Kollegen von a) bis c) stark wächst. Denn im Fall a) ergänzt der Autor ›nur‹ Bestehendes; im Fall b) bietet er eine Lösung zu einem Problem an, an dem sich andere auch abmühen, und ist vielleicht sogar der Erste; im Fall c) stellt er sich gegen alle anderen. Aber bereits Fall a) ist keineswegs harmlos. Denn für den Fall, dass sich – die im Automobilbau sehr wichtige – Legierung AZ91 beim Langzeittemperaturtest tatsächlich verändert, ist dies nicht nur wichtiges Wissen; die Kollegen, die nicht darauf gekommen sind, diese Frage selbst zu untersuchen (z. B. nach der Maxime: Was soll sich da schon groß tun?), ärgern sich natürlich darüber, und prüfen den Aufsatz besonders genau.

Inzwischen sind Sie – hoffentlich – abgebrüht genug, einen weiteren Widerspruch, nämlich den zentralen Widerspruch des Unternehmens Wissenschaft selbst, zu verkraften: In der Wissenschaft geht es ausschließlich um neues Wissen, aber nirgendwo hat es das neue Wissen schwerer als in der Wissenschaft.

Im Folgenden möchten wir Ihnen zeigen, wie sich die Situationen a) bis c) in wissenschaftlichen Texten sprachlich zeigen. Unser Ziel ist es hierbei, Sie in die Lage zu versetzen, wissenschaftliche Texte aus einer wissenschaftlichen Haltung heraus zu lesen.[2] Darüber hinaus versuchen wir immer wieder unter der Überschrift »Weiterführende Beobachtungen«, Sie auf sprachliche und andere Eigentümlichkeiten hinzuweisen, die für wissenschaftliche Texte charakteristisch sind.

4.1.1 Langzeitglühung – Erweiterung bestehenden Wissens

Wir befassen uns nun ausführlicher mit dem Beispiel, mit dem wir Situation a) illustriert haben, also dem Fall, dass ein Autor bestehendes Wissen über einen Gegenstand erweitern möchte. Der Aufsatz, den wir uns näher anschauen wollen, stammt aus der Materialwissenschaft. Er erschien in der Zeitschrift *Materialwissenschaft und Werkstofftechnik*.

---

[2] Studierende verwenden oft Leuchtmarker bei der Lektüre wissenschaftlicher Texte mit dem Ergebnis, dass dann der ganze Text farblich ausgestaltet ist. Wenn Sie hingegen mit wissenschaftlich reifendem Verstand lesen, werden Sie feststellen, dass Sie immer weniger anstreichen und immer mehr versucht sind, Kommentare an den Rand zu schreiben – ein Verlangen, dem Sie unbedingt nachgeben sollten.

4 Warum verstehe ich nur Bahnhof?

→ In den meisten Disziplinen sind heute wissenschaftliche Zeitschriften das wichtigste Medium zur Kommunikation neuer Erkenntnisse.[3] Eingereichte Aufsätze werden entweder durch Redaktionsmitglieder begutachtet oder – in vielen Fächern heute Standard – nach Vorprüfung durch die Redaktion einem Peer Review unterzogen. Bei dem Peer-Review-Verfahren wird der Aufsatz (ohne Nennung des Autors) i. d. R. an zwei wissenschaftliche Kollegen geschickt mit Bitte um Begutachtung. Diese erstellen Gutachten mit Empfehlungen an die Redaktion (sehr gut, kann so gedruckt werden; kann gedruckt werden, wenn bestimmte Dinge nachgebessert sind; ist abzulehnen).[4] Die Redaktionen wissenschaftlicher Zeitschriften wie auch die von ihnen beauftragten Gutachter sind wichtige Instrumente wissenschaftlicher Qualitätssicherung. Sie sichern auch die Hierarchiefreiheit von Wissenschaft: Wenn Sie im sechsten Semester einen Aufsatz einreichen, wird der auch gedruckt, wenn er gut ist (im Gegensatz vielleicht zu der mittelmäßigen Arbeit eines Universitätsprofessors, der neben dem überfälligen Drittmittelantrag noch rasch einen Aufsatz zusammengebastelt hat).

Der Titel des Aufsatzes, den wir nun besprechen wollen, lautet *Mikrostrukturelle Veränderungen von Magnesium-Druckgusslegierungen nach langzeitiger thermischer Beanspruchung* (Regener et al. 2003). Was sagt dieser Titel aus? Konrad Feilchenfeldt, ehemaliger Professor für Neuere Deutsche Literatur an der LMU München, brachte die Leistung von Titeln in der Wissenschaft einmal folgendermaßen auf den Punkt, indem er sagte: »Es gibt zwei Möglichkeiten für einen Titel. Entweder: ›Unser Wandertag‹. Oder: ›Als die Lehrerin sich ein Bein brach‹.« Es ist klar: Dieser Titel gehört in die zweite Kategorie. Denn es ist unwahrscheinlich, dass Doris Regener und ihre Kollegen so titeln würden, wenn sich die Magnesium-Druckgusslegierungen nach langzeitiger thermischer Beanspruchung nicht verändern würden, oder, in den Kategorien von Feilchenfeldt, sich die Lehrerin nach solcher

---

[3] In vielen Geisteswissenschaften sind Monographien hingegen auch heute noch mindestens ebenso wichtig wie wissenschaftliche Zeitschriften, da es oft um die Kommunikation komplexer Zusammenhänge geht, die innerhalb des kleinen Formats eines wissenschaftlichen Artikels oder Aufsatzes nicht darstellbar sind.

[4] In den meisten Fällen schickt die Redaktion dem Autor die Gutachten (ohne Nennung von deren Autoren) zu. Dieses Verfahren stellt sicher, dass die Gutachter ihre Kritik deutlich – manchmal sehr deutlich – äußern können. Dies hat wiederum zur Folge, dass wissenschaftliche Autoren rasch lernen, ein dickes Fell zu entwickeln.

Ankündigung nicht das Bein bräche. Ein ›Unser Wandertag‹-Äquivalent sähe hingegen etwa so aus: ›Langzeitige thermische Beanspruchungen von Magnesium-Druckgusslegierungen‹.

Dem Aufsatz ist eine Kurzzusammenfassung, ein sogenanntes *Abstract* vorangestellt. Dort liest man:

> Die Erweiterung des Anwendungsbereiches von Magnesium-Druckgusslegierungen im Automobilbau erfordert die Entwicklung neuer Legierungen, aber auch die umfassende Beurteilung vorhandener Legierungen unter verschärften Beanspruchungsbedingungen. Unter derartigen Bedingungen ist auch der Einsatz bei höheren Temperaturen zu verstehen, bei dem ein Kriechen des Werkstoffs zum Versagen des Bauteils führen kann.
> Da die Gefügestabilität der Werkstoffe maßgeblich von der thermischen Belastung abhängt, werden im vorliegenden Beitrag die Legierungen AZ91, AM50 und AE42 einer 1000 h-Langzeitglühung bei 150 °C und 200 °C unterworfen und die Veränderungen des Gefüges und der Härte im Vergleich zum druckgegossenen Ausgangszustand untersucht.
> Die Ergebnisse zeigen starke Unterschiede in der Gefügestabilität der Legierungen AZ91 und AM50 einerseits und der Legierung AE42 andererseits. (Regener et al. 2003, 721)

Wir erfahren sozusagen gleich die Pointe: drei wichtige im Automobilbau verwendete Legierungen mit den Rezepturen AZ91, AM50 und AE42 verändern sich stark, wenn sie einer längeren Erhitzung (1000 Stunden sind etwa so lang wie die Wintersemesterferien) ausgesetzt sind. Um etwas darüber zu erfahren, *was* genau sich in den Materialien verändert und *wie* sie im Detail behandelt – geglüht – wurden, muss man natürlich den Aufsatz ganz lesen.

Dem Abstract schließt sich eine – wesentlich detailliertere – *Einleitung* an, die deutlich eristisch gehalten ist. Wir lesen daraus einen Abschnitt, in dem wir einige wichtige Ausdrücke und Formulierungen gefettet haben:

> Allerdings **gehen die Meinungen** über die Stabilität der Ausscheidungen **weit auseinander**, auch über die der in der Legierung AZ91 existierenden intermetallischen Phase $Mg_{17}Al_{12}$ [5]. **Dies lässt sich nicht zuletzt damit begründen**, dass **die Untersuchungen zur Beurteilung des Werkstoffverhaltens bei höherer Temperatur bisher nicht ausreichend sind**, um eine endgültige Klärung herbeizuführen. **Insbesondere fällt die kurze Dauer der Kriechversuche auf, die meist nur zwischen 100 und 200 Stunden liegt**. **Das Ziel dieser Arbeit ist daher** eine vergleichende Untersuchung der mikrostrukturellen Veränderungen von Magnesium-Druckgusslegierungen nach einer langzeitigen thermischen Beanspruchung. (Regener et al. 2003, 721 f.)

Wir sehen deutlich: Bezüglich der Stabilität der Legierungen gibt es verschiedene *Meinungen, die weit auseinandergehen* – »[5]« ist offenbar Verweis auf eine im Literaturverzeichnis aufgeführte Arbeit, in der diese Meinungen wiedergegeben werden. Mit *dies* – einem Zeigwort, einer sogenannten Deixis – wird auf den gesamten vorhergehenden Satz Bezug genommen. Dass also die Meinungen bezüglich der Stabilität der Legierungen weit auseinandergehen, lässt sich *damit begründen*, dass bisherige *Untersuchungen nicht ausreichend sind*. Es wurde also bisher unzureichend geforscht, weswegen es bezüglich einer Frage, über die man noch nichts weiß, auch verschiedene Meinungen gibt. Und nun kommen Doris Regener und ihre Kollegen, denen auch *die kurze Dauer der bisherigen Kriechversuche* aufgefallen ist, und haben die Idee, gleich mal Nägel mit Köpfen zu machen und die Materialien fünf Mal so lang wie bisher zu glühen. Das Textstück *das Ziel dieser Arbeit ist daher* [= von der unzureichenden Forschung her] *eine vergleichende Untersuchung…* ist die Stelle, an der die Autoren das neue Wissen, das sie vorzutragen haben, sozusagen in den unzureichenden Zustand der Forschung hineinpflanzen. Das ist eine ›Hoppla-hier-kommen-wir-Stelle‹ (bei einem Alleinautor eine *Hoppla-hier-komm-ich-Stelle*).

➔ In jedem wissenschaftlichen Text gibt es mindestens eine, wenn nicht mehrere ›Hoppla-hier-komm-ich-Stellen‹. Solche Stellen sind die Nahtstellen zwischen dem alten und dem von den Autoren neu vorgetragenen Wissen. Sie sind meistens sprachlich unauffällig (vgl. ›das Ziel dieser Arbeit ist daher‹ oder ›im Gegensatz hierzu haben wir es uns zum Ziel gesetzt‹ etc.), aber zugleich der Knack- und Angelpunkte jeder wissenschaftlichen Arbeit. Sie verdienen es, am Rand mit einem Ausrufezeichen markiert zu werden.

Stellen Sie sich einen Leser vor, der Materialwissenschaftler ist und bezüglich der Legierung AZ91 ähnlich tief empfindet wie Regener et al., aber der Auffassung war, dass sich in der Legierung nach 200 Stunden Glühung nichts mehr tut. Und der sich nun eines Besseren belehren lassen muss. Was macht der? Der liest das nächste Kapitel mit der Überschrift *Experimentelles*[5], um nachzusehen, ob die Autoren auch ordentlich gearbeitet haben. Da wir das sowieso nicht beurteilen können,

---

5 Oft werden solche Kapitel auch mit *Methoden* überschrieben.

schenken wir uns diesen Schritt und lesen einen Abschnitt aus *Ergebnisse und Diskussion*[6] (Wiedersehen macht Freude):

> Unmittelbar am Rand der 10 mm dicken Platte ist das Gefüge der Legierung AZ91, wie die lichtmikroskopischen Untersuchungen des gegossenen Ausgangszustandes zeigen, feinglobular bzw. feindendritisch erstarrt *(Abb. 2a)*. Zur Plattenmitte hin wird das Gefüge gröber und es tritt deutlich die dendritische Struktur hervor *(Abb. 2b)*. Rasterelektronenmikroskopische Untersuchungen *(Abb. 3)* zeigen eine **signifikante Gefügeveränderung** durch die langzeitige thermische Beanspruchung. (Regener et al. 2003, 722)

Sie erinnern sich – es handelt sich um denjenigen Abschnitt, den wir bereits im letzten Kapitel im Zusammenhang von Fachsprache besprochen haben. Nun zeigt er sich in einem ganz neuen Licht: Was hier steht, war 2003 brandneues Wissen. Nach 42 Tagen Langzeitglühung zeigt eine Platte, die aus der Legierung AZ91 gegossen wurde, unter dem Lichtmikroskop bestimmte Strukturen. Unter dem Rasterelektronenmikroskop sieht man mehr, nämlich eine *signifikante Gefügeveränderung*. In dieser – an Nüchternheit kaum zu überbietenden – Formulierung steckt viel: Der Jubel darüber, dass sich das Experiment gelohnt hat und man etwas *Signifikantes* sieht, das andere auch sehen können. Die Freude darüber, dass Kollegen, die, ohne sich die Arbeit zu machen, die Meinung vertraten, die Arbeit lohne sich sowieso nicht, nicht recht hatten. Und – man möchte das zumindest hoffen – das Knallen der Sektkorken.

Auch wenn Sie bezüglich der Legierung AZ91 immer noch nicht tief zu empfinden vermögen, verstehen Sie nun vielleicht etwas besser, warum es Leute gibt, die das tun und die den Sektkorken knallen lassen, wenn sich nach 42 Tagen Langzeitglühung etwas ereignet hat: Diese Leute sind Wissenschaftler. Und dass in diesem Text, den wir gerade besprochen haben, sehr viel Wissenschaft steckt – vom Wespennest der Meinungen, der Ignoranz mancher Kollegen, dem Bedürfnis, eine Technik zu verbessern, die Sie alle benutzen und deren Sicherheit Ihnen selbstverständlich ist, bis zum Knallen des Sektkorkens – das haben Sie vielleicht mitbekommen. All dies steckt in den unscheinbaren Formulierungen wie *die Meinungen gehen weit auseinander, die bisherigen Untersuchungen sind nicht ausreichend, insbesondere fällt auf* und, last, but not least, unserem Liebling: *signifikant*.

---

6 Der Aufsatz folgt der – in den Natur-, Ingenieurs- und Sozialwissenschaften etablierten – IMRAD-Struktur: *Introduction – Methods – Results and Discussion*.

Weiterführende Beobachtungen: Zur wissenschaftssprachlichen Fürchterlichkeit der ›Abwechslung im Ausdruck‹

Wir lassen noch einmal Professor Feilchenfeldt in einer wichtigen sprachlichen Angelegenheit zu Wort kommen: Ein Kollege, so Feilchenfeldt, habe einen Sohn gehabt, der in der Schule einen Aufsatz zu schreiben gehabt habe mit dem schönen Titel ›Unser Wohnzimmer‹. Nun habe der Kollege alte Kommoden gesammelt, weswegen sein Sohn in seinem Aufsatz geschrieben habe: ›Wenn man in das Wohnzimmer hereinkommt, steht links eine Kommode. Auch gegenüber steht eine Kommode,‹ u. s. w. Bei dem zweiten Satz habe der Lehrer an den Rand geschrieben: ›Kommode bereits erwähnt‹. Betrachten wir noch mal mit dem strengen Blick des Schullehrers den folgenden Passus von Regener et al.:

> Unmittelbar am Rand der 10 mm dicken Platte ist das **Gefüge** der Legierung AZ91, wie die lichtmikroskopischen Untersuchungen des gegossenen Ausgangszustandes zeigen, feinglobular bzw. feindendritisch erstarrt *(Abb. 2a)*. Zur Plattenmitte hin wird das **Gefüge** gröber und es tritt deutlich die dendritische Struktur hervor *(Abb. 2b)*. Rasterelektronenmikroskopische Untersuchungen *(Abb. 3)* zeigen eine signifikante **Gefüge**veränderung durch die langzeitige thermische Beanspruchung. (Regener et al. 2003, 722)

Drei Mal *Gefüge* in drei aufeinanderfolgenden Sätzen! Es gibt sicher Menschen, deren stilistisches Empfinden das stört und die sich vielleicht freuen, durch Vergabe schlechter Schulnoten im Aufsatz ein solches Empfinden artikulieren zu können. *Aber diese Menschen sind das nicht, was Regener et al. sind und was Sie werden sollen: Wissenschaftlich denkende und sich ebenso artikulierende Menschen.*

Das, was Regener et al. untersuchen, ist die innere Struktur, die Mikroarchitektur von Legierungen. Diesen Erkenntnisgegenstand bezeichnen sie mit der deutschen deverbalen Ableitung *Gefüge* und halten ihn fest. Denn nur wenn sie ihn sprachlich ganz festhalten, können sie ihm das neue Wissen zusprechen.

→ Wenn Sie später wissenschaftliche Texte schreiben und über Erkenntnisgenstände sprechen, müssen Sie diese sprachlich festhalten. Und Sie müssen sie gut festhalten, damit sie Ihnen nicht wegrutschen und damit es klar ist, was der Erkenntnisgegenstand ist und was das neue Wissen ist, das dem Erkenntnisgegenstand zugesprochen wird. Das funktioniert so nur, wenn Sie immer denselben Ausdruck verwenden. Ein Journalist schreibt Angela Merkel – die Bundeskanzlerin – die CDU-Vorsitzende, weil er es so gelernt hat. Sie schreiben bitte Gefüge – Gefüge – Gefüge, weil Sie für sich und den

Leser den Erkenntnisgegenstand festhalten wollen. ›Kommode bereits erwähnt‹ gilt nur dort, wo man es mit dem präzisen Bezug auf die Wirklichkeit nicht so genau nimmt.

4.1.2 Spezielle Relativitätstheorie – Lösung eines bekannten Problems

Wir befassen uns nun mit der Situation, dass ein Wissenschaftler eine Lösung zu einem Problem vorträgt, an dem sich mehrere Wissenschaftler gleichzeitig abarbeiten. Der Text, den wir in diesem Zusammenhang diskutieren, ist zwar schon recht alt, aber er war zu seiner Zeit sehr wirkungsmächtig: Es handelt sich um den Aufsatz *Zur Elektrodynamik bewegter Körper*, den Albert Einstein 1905 in den *Annalen der Physik* veröffentlichte und der das beinhaltet, was heute als Spezielle Relativitätstheorie bekannt ist. Damit die Einleitung des Aufsatzes, deren Anfang wir hier diskutieren wollen, besser verständlich ist, erläutern wir kurz die wissenschaftliche Problemkonstellation:

Physiker gelten zu Recht als merkwürdige Menschen, die sich zum Beispiel Gedanken machen, was jemand sieht, der irgendwo herumsteht und einem Lichtstrahl hinterherblickt. Noch sehr viel interessanter finden sie es jedoch, was ein anderer sieht, der im Gegensatz zu dem ersten dem Lichtstrahl in einem ICE hinterdreinjagt. Um das beschreiben zu können, braucht man sogenannte Transformationsgleichungen, die man auf die Gleichungen, die den ersten Fall beschreiben, anwendet. Am Anfang des 20. Jahrhunderts hatte man die – bereits sehr bewährten – Maxwellschen Gleichungen, die das Verhalten elektromagnetischer Wellen (also auch des Lichts) hervorragend beschrieben. Für die Physiker dieser Zeit war es selbstverständlich, dass man zwischen Ruhe und Bewegung (dem Mann auf der Erde, dem Mann im ICE) unterscheiden konnte und dass das Licht sich in einem – ruhenden – Medium, dem sogenannten Äther, ausbreitete. Das einzige Problem war: Wenn man die üblichen Transformationsgleichungen (für den ICE-Fall) auf die Maxwellschen Gleichungen anwendete, kam Unsinn heraus. Und noch schlimmer: Die von dem Physiker Lorentz gefundenen Transformationsgleichungen, die mit den Maxwell-Gleichungen tatsächlich funktionierten, ließen sich nicht physikalisch interpretieren. Ein solcher Zustand, in dem Bewährtes plötzlich auf Absurdes zu führen scheint, ist in der Wissenschaft mehr als nur ein Problem. Man kann hier mit Fug und Recht von einer Krise sprechen. In diese Krisensituation[7] schreibt Einstein 1905 seinen Aufsatz hinein.

---

7 Gut nachzulesen in Simonyi (1990, 397ff).

4 Warum verstehe ich nur Bahnhof?

Wir lesen den Anfang der Einleitung, wieder mit einigen markierten Formulierungen:

> Daß die Elektrodynamik Maxwells – **wie dieselbe gegenwärtig aufgefaßt zu werden pflegt** – in ihrer Anwendung auf bewegte Körper zu Asymmetrien führt, welche den Phänomenen nicht anzuhaften scheinen, ist bekannt. Man denke z. B. an die dynamische Wechselwirkung zwischen einem Magneten und einem Leiter. **Das beobachtbare Phänomen hängt hier nur ab von der Relativbewegung** von Leiter und Magnet, **während nach der üblichen Auffassung die beiden Fälle**, daß der eine oder der andere dieser Körper der bewegte sei, **streng voneinander zu trennen sind**. Bewegt sich nämlich der Magnet und ruht der Leiter, so entsteht in der Umgebung des Magneten ein elektrisches Feld von gewissem Energiewerte, welches an den Orten, wo sich Teile des Leiters befinden, einen Strom erzeugt. Ruht aber der Magnet und bewegt sich der Leiter, so entsteht in der Umgebung des Magneten kein elektrisches Feld, dagegen im Leiter eine elektromotorische Kraft, welcher an sich keine Energie entspricht, die aber – Gleichheit der Relativbewegung bei beiden ins Auge gefaßten Fällen vorausgesetzt – **zu elektrischen Strömen von derselben Größe und demselben Verlaufe Veranlassung gibt**, wie im ersten Falle die elektrischen Kräfte. (Einstein 1905, 891)

Mit dem ersten Satz identifiziert Einstein das Problem (*bekannte Asymmetrien bei der Anwendung der Maxwell-Gleichungen auf bewegte Körper*), an dem sich viele Physiker seiner Zeit abarbeiteten. Interessant ist der Einschub *wie dieselbe gegenwärtig aufgefaßt zu werden pflegt*. Denn durch diesen Einschub wird aus der Benennung des Problems nichts weniger als ein Fundamentalangriff auf den Mainstream: ›So, wie ihr größtenteils die Maxwellschen Gleichungen auffasst, müssen die ja bei der Anwendung auf bewegte Körper zu Problemen führen‹. Dieser Anfang ist – wir sind ja inzwischen an die Unscheinbarkeit der sprachlichen Oberfläche gewöhnt – nichts weniger als eine Hoppla-hier-komm-ich-Stelle in der Form eines Donnerknalls. Denn er sagt ja nichts anderes als: ›Ihr erkennt die Lösung des Problems nicht, weil ihr selber das Problem seid!‹ Dieses Problem, also das Problem des Mainstreams, wird im Folgenden illustriert. Man muss nichts von Physik verstehen, um das Problem zu begreifen: Wenn ich einen Draht gegenüber einem Magneten bewege, entsteht ein Strom. Wenn ich auf dieselbe Weise einen Magneten gegenüber einem Draht bewege, entsteht auch ein Strom. Beide Ströme sind gleich, denn *das beobachtbare Phänomen hängt nur von der Relativbewegung ab*, indem es *zu elektrischen Strömen von derselben Größe und demselben Verlaufe Veranlassung gibt*. Nach *der üblichen Auffassung* (also derjenigen des Mainstreams) sind aber *die beiden Fälle* (Draht gegen Magnet bzw. Magnet gegen Draht bewegt) *strikt zu trennen* und werden, wie Einstein detailliert ausführt, sehr verschieden beschrieben. Was Einstein hier, und zwar kommentarlos, durch ein sehr pointiertes Arrangement deutlich macht, ist – und auch damit sind wir inzwischen vertraut – die Verletzung eines sehr allgemeinen wissenschaftlichen Prinzips durch die Wissenschaft selbst. Das Prinzip heißt *entia non sunt multiplicanda* (›man soll das, was ist, nicht vervielfachen‹, also aus einem Phänomen nicht zwei oder mehrere machen) und ist auch unter dem Namen ›Ockhams Rasiermesser‹ bekannt. In diesem Fall: Wenn ein Strom nur von der Relativbewegung von Draht und Magnet abhängt, kann es nicht sein, dass es unterschiedliche Beschreibungen gibt, je nachdem, ob man den Magneten oder den Draht als ruhend betrachtet.

Auch hier treffen wir wieder auf die – uns inzwischen bekannte – Situation, dass wissenschaftliche Texte sich oft nur erschließen, wenn man versucht, durch sie die Wissenschaft hindurchzusehen, die mit ihnen gerade betrieben wird.

Wir kommen nun nicht umhin, uns mit einigen der Erkenntnisprinzipien und Wissensformen von Wissenschaft zu befassen, die wir hier nun in einem Exkurs bereitstellen. Falls Sie diesen Abschnitt später einmal nachschlagen möchten – wir haben ihn in der Übersicht am Anfang dieser Einführung besonders hervorgehoben.

Exkurs

Wissenschaftliche Erkenntnis- und Wissensformen

Sie alle erinnern sich sicher noch an das Ohmsche Gesetz »R gleich U durch I«, das Sie in der Schule im Physikunterricht gelernt haben. Dieses Gesetz ist eine kleine physikalische Theorie. Es wurde im Experiment gefunden. Es gilt unter bestimmten Bedingungen (die Verkabelung im Stromkreis darf nicht zu warm werden). Es macht Voraussagen: Wenn Sie einen Stromkreis haben, werden Sie immer den Widerstand aus der gemessenen Stromstärke und der gemessenen Spannung berechnen können. Es gestattet Ihnen, einen Wirklichkeitsausschnitt (Stromkreis) in Anwendungen beherrschbar zu machen. Physikalische Theorien sind im Prinzip alle so (Thielmann 1999). Sie formulieren Gesetzmäßigkeiten, die Dinge betreffen, die sich messen lassen. Ein Physiker kann einen derartigen Zusammenhang auch als Hypothese formulieren und im Experiment überprüfen, ob die Messungen der Hypothese nicht widersprechen.[8]

→

---

8 Das Ohmsche Gesetz wurde *induktiv* durch Experimente gewonnen, das heißt, man hat von einer begrenzten Zahl von Experimenten darauf geschlossen, dass R immer U durch I ist. Aus der Formel R = U/I lässt sich *deduktiv*, d.h. durch mathematische Umformung, die Gleichung I = U/R gewinnen. Diese lässt sich wiederum – als Hypothese – im Experiment testen.

4 Warum verstehe ich nur Bahnhof?

← Exkurs

Wenn die Messungen der Hypothese widersprechen, ist diese falsifiziert.⁹ Eine Hypothese ist wissenschaftlich nur dann verwertbar, wenn klar angegeben werden kann, unter welchen Bedingungen sie falsch wird (das ist das sogenannte Falsifikationskriterium von Karl Popper 1935).¹⁰

Betrachten wir einmal einen völlig anderen Erkenntnisgegenstand, nämlich das Erlernen des Deutschen durch Nichtmuttersprachler. Spracherwerbsforscher haben herausgefunden, dass es hier bestimmte Gesetzmäßigkeiten gibt, die recht exakt beschrieben werden können (Clahsen/Meisel/Pienemann 1983). Diese Gesetzmäßigkeiten, die als sogenannte Spracherwerbsstufen formuliert sind, haben in etwa den Status einer physikalischen Theorie: Sie machen Voraussagen – die man etwa auch für den Sprachunterricht nutzen kann. Sie sind gut bestätigt, lassen sich aber auch prinzipiell gut falsifizieren. Sie haben nur einen Nachteil: Niemand weiß bisher, *warum* es sich so verhält. Während Physiker – im Prinzip – zufrieden sind, wenn sie wissen, *wie* sich die Dinge verhalten, möchten andere Disziplinen oft noch mehr wissen: Sie möchten auch einsehen, warum die Dinge sich mit Notwendigkeit so verhalten. Man möchte nicht nur wissen, *wie* es zum ersten Weltkrieg kam, sondern auch, *warum* er ausgebrochen ist. Man möchte nicht nur wissen, *wie* sich ein literarischer Text prinzipiell lesen lässt, sondern *warum* er vielleicht am besten auf eine bestimmte Weise gelesen werden sollte.¹¹ Auch unsere Materialwissenschaftler Regener et al. haben nach 1000 Stunden Langzeitglühung nicht einfach nur die Unterschiede in der Belastbarkeit der Legierung AZ91 gemessen, sondern sich die Mikrostruktur (den atomaren Feinbau) der Legierung angesehen, um zu begreifen, *warum* es zu den Veränderungen der Belastbarkeit gekommen ist.

Dies hat zur Konsequenz, dass die Fragen, die verschiedene wissenschaftliche Disziplinen an ihre Gegenstände haben, in ihrer Struktur sehr verschieden sind, und damit die Antworten auch.

Bestätigte Theorien sind Gedankengebäude, die beschreiben und vorhersagen, *wie* sich ein Wirklichkeitsausschnitt verhält bzw. verhalten wird, und mitunter gleichzeitig eine Erklärung dafür liefern, warum es sich so verhält. Unabhängig vom Fach gibt es →

---

9 Hypothesen sind Vermutungen über die Wirklichkeit. Sie lassen sich nicht beweisen (das geht nur in der Mathematik). Im bestmöglichen Fall widerspricht die Wirklichkeit der Hypothese nicht.

10 Die Hypothese, dass Gott die Welt erschaffen hat, ist keine wissenschaftliche, da sich nicht angeben lässt, unter welchen Bedingungen sie falsch wird.

11 Wir versuchen hier auch nicht, Ihnen irgendwelche Regeln und Gesetzmäßigkeiten von wissenschaftlichem Deutsch zu vermitteln, sondern Sie in die Lage zu versetzen, sich dieses Deutsch aus der Einsicht in die wissenschaftliche Notwendigkeit seiner Gestalt anzueignen.

← Exkurs

bestimmte Dinge, die bei der Theorie- wie bei der Hypothesenbildung unbedingt zu vermeiden sind. Ein Vermeidungsprinzip, Ockhams Rasiermesser, haben wir schon kennengelernt: *Entia non sunt multiplicanda*. Es kann nicht sein, dass ein und derselbe Sachverhalt auf völlig verschiedene Weisen beschrieben wird.[12] Ein weiteres ziemlich durchgängiges Prinzip ist: Wissenschaftliche Theorien sind nicht normativ – sie schreiben der Wirklichkeit nicht vor, wie sie zu sein hat. Und, ganz wichtig, Hypothesen und Theorien, bei denen es sich nicht angeben lässt, unter welchen Bedingungen sie falsch werden, sind wissenschaftlich wertlos (Falsifikationskriterium). Und schließlich: ex post-Theorien (Theorien im Nachhinein, Thielmann 2003) sind ebenfalls wissenschaftlich wertlos. Ein einfaches Beispiel: Sie schauen nachts auf die Straße und sehen, dass die Straße nass ist. Sie erklären sich das damit, dass es geregnet hat. Dann bekommen sie folgende Struktur:

Es hat geregnet.	→	Die Straße ist nass.
Theorie		Befund
W	W	W
F	W	W

Sie machen also zu einem wahren Befund (die Straße ist nass) im Nachhinein eine Theorie (es hat geregnet), aus der der Befund folgen soll (→). Nun ist es aber in der Logik so, dass, wenn man von etwas Falschem auf etwas Wahres schließt, der Schluss immer wahr ist (Der Schluss ›Alle Hexen können auf Besen reiten. Rea ist eine Hexe, also kann sie auf Besen reiten‹ ist völlig korrekt, auch wenn es keine Hexen gibt, die auf Besen reiten.) In unserem Beispiel mit der nassen Straße: Es kann auch ein Sprengwagen vorbeigefahren, ein Swimming-Pool ausgelaufen sein etc. Jede ex-post-Theorie ist wissenschaftlich wertlos, solange sie nicht eigens anhand anderer Befunde überprüft wurde (Sie schauen z. B. auf die Bäume, ob deren Blätter feucht im Mondlicht glänzen, was ein Indiz für Regen wäre).

Zwei weitere wichtige wissenschaftliche Wissensformen sind das Narrativ und die Interpretation. Das Narrativ (die Erzählung) bringt Ordnung in zeitliche Abläufe; die Interpretation ist zugleich Erkenntnisverfahren und Resultat desselben. Narrativ und Interpretation scheinen in der Wissenschaft ihre spezifischen Disziplinen zu haben

→

---

12 In der Sprachwissenschaft ist es zum Beispiel nicht unüblich, davon auszugehen, dass der Ausdruck *schon* in *es ist schon spät* ein anderer ist als das *schon* in *du hast schon recht, aber ….* Auch hier lässt sich Ockhams Rasiermesser ansetzen.

4 Warum verstehe ich nur Bahnhof?

← Exkurs

(etwa Geschichte und Literaturwissenschaft). In Wirklichkeit sind sie in vielen Disziplinen zu Hause und meistens auch theoretisch angeleitet (durch die Evolutionstheorie wird Natur zur erzählbaren Geschichte; die Bilder, die durch bildgebende Verfahren etwa in der Hirnforschung oder in der Elementarteilchenphysik entstehen, bestehen nicht ›für sich‹, sondern bedürfen der Interpretation, die ihrerseits theoriegeleitet erfolgt).

Häufigkeiten und Wahrscheinlichkeiten, wie sie mit verschiedenen Methoden in den verschiedensten Disziplinen erhoben werden, sind sehr wichtige Orientierungshilfen. Aber hier ist grundsätzlich Vorsicht geboten: So ist etwa die Anzahl der jährlich in Deutschland durch das Rauchen verursachten Todesfälle für sich bedeutungslos, solange sie nicht zu anderen Zahlen (etwa Todesfälle durch Verkehrsteilnahme, Sport oder Fast-Food-Ernährung) ins Verhältnis gesetzt wird.[13]

Die Lektüre des Anfangs der Einleitung von Einsteins bahnbrechendem Aufsatz »Zur Elektrodynamik bewegter Körper« hat uns noch einmal vor Augen geführt, dass wissenschaftliche Texte mit einer wissenschaftlichen Erwartungshaltung gelesen werden wollen. Wir gehen nun mit einer solchen Erwartungshaltung an den letzten wissenschaftlichen Textauszug, den wir in diesem Kapitel besprechen wollen.

4.1.3 Funktionale Syntax – radikal Neues

In diesem letzten Abschnitt über wissenschaftliche Textlektüre befassen wir uns mit dem Fall, dass jemand – ohne dass es, wie bei Einstein, in seinem Fach eine Krisensituation gegeben hätte – etwas Radikal Neues vorschlägt. Wir lesen hierzu den Anfang der Einleitung des – recht langen – sprachwissenschaftlichen Beitrags

---

13 Mitunter werden Sie an der Universität eine Grundsatzdiskussion mitbekommen, die sich als ›die Quantitativen gegen die Qualitativen‹ beschreiben lässt, also quantitativ, mit Messungen und Zahlen operierende ›harte‹ Wissenschaften (etwa Physik und Ingenieurswissenschaften) gegen die ›weichen‹, qualitativen, mit Begriffen, Narrativen und Interpretationen operierenden Disziplinen. Wie Sie an den Beispielen, die wir bisher diskutiert haben, leicht nachvollziehen können: Diese Diskussion ist unsinnig. Die Physik ist die Königsdisziplin quantitativer Wissenschaften, aber das, was Einstein in seinem Aufsatz tut, ist die Anwendung von Ockhams Rasiermesser nicht auf Zahlen, sondern auf Begriffe (Auffassungen davon, was passiert, wenn sich ein Leiter in einem Magnetfeld bewegt). Quantitativ und qualitativ sind unterschiedliche Zugänge zur Wirklichkeit, aber das, was die dahinter liegende Wissenschaft ausmacht, ist für alle Disziplinen gleich: Ein Streit um die Wahrheit nach den Prinzipien des Denkens.

Funktionale Syntax: Prinzipien und Prozeduren von Ludger Hoffmann, der 2003 in dem – vom Autor selbst herausgegebenen – Sammelband *Funktionale Syntax. Die pragmatische Perspektive* erschienen ist.

→ Sammelbände sind – neben Zeitschriftenaufsätzen und Monographien – vor allem in den Geisteswissenschaften nach wie vor ein wichtiges Publikationsmedium. Sie haben Herausgeber, die oft auch selbst Beiträger sind, und versammeln Beiträge verschiedener Autoren zu einem Thema oder einem thematischen Zusammenhang. Sie entstehen häufig im Zusammenhang mit wissenschaftlichen Tagungen (sogenannte Tagungsbände) oder auch dadurch, dass ein Wissenschaftler mehrere einschlägig ausgewiesene (d. h. durch Veröffentlichungen in diesem Bereich bewährte) Kollegen um Beiträge zu einem Thema oder Themenbereich bittet. Für den Leser sind sie eine wertvolle Hilfe bei der Orientierung, was die Wissenschaft über einen Gegenstand oder Themenbereich im Moment gerade denkt bzw. zu einem bestimmten Zeitpunkt gedacht hat.[14]

Auch hier sprechen wir erst einmal kurz über den Gegenstandsbereich. Ludger Hoffmann schreibt über Syntax – also Satzlehre. Wenn Sie sich noch an Termini wie Subjekt, Prädikat, Objekt, Apposition oder Attribut erinnern können – diese Termini benennen syntaktische Begriffe.

Wir lesen nun den Anfang der Einleitung – Kürzungen sind mit […] bezeichnet:

Syntax gilt als Kern der Grammatik, als Zentrum formorientierter Sprachanalyse. Sinn und Gegenstandsbereich werden allerdings kaum diskutiert. Zu beantworten sind insbesondere folgende Fragen:
(F1) Wie verhält sich Syntax zu den Zwecken von Sprache?
(F2) Was ist ihre maximale, was ist ihre minimale Beschreibungseinheit?
[…]
Einen Konsens in diesen Fragen gibt es nicht. […] Syntax wird formal autonom, funktionsbezogen, semantikabhängig oder parallel zur Semantik betrieben. Unterschied-

---

14 In der heutigen Peer-Review-Zeit gelten Sammelbände vor allem Wissenschaftsadministratoren als nicht mehr zeitgemäß, aber letztere haben ja auch weniger Zeit, sich durch das tatsächliche Lesen wissenschaftlicher Texte davon zu überzeugen, dass für deren Qualität nach wie vor die wissenschaftlichen Autoren selbst verantwortlich sind und nicht die Publikationsorte.

> lichen Voreinstellungen, die nicht widerlegbar sind, entsprechen unterschiedliche Datenzugänge und Datenumfänge, Erklärungsansprüche und Kategorisierungen. (Hoffmann 2003, 18)

Bereits der erste Satz ist – nicht überraschend – eine Hoppla-hier-komm-ich-Stelle: *Syntax gilt als Kern der Grammatik* bedeutet wissenschaftssprachlich: Die meisten Sprachwissenschaftler, die Grammatik betreiben (also der Mainstream), sind der Auffassung, dass die Befassung mit Satzstrukturen den Kernbereich von Grammatik ausmacht. Wer sagt so etwas? Doch nicht jemand, für den dies selbstverständlich ist, sondern jemand, der sich von solcher Selbstverständlichkeit, und damit von dem Mainstream, distanzieren will. Das Verb *gelten* hat in der Wissenschaft eine besondere Bedeutung: Entweder bestätigend, affirmativ: *Im Bereich kleiner Geschwindigkeiten gelten die Gesetze der Newtonschen Mechanik*. Oder distanzierend: *X gilt als Y*, also: ›Die meisten sind der Auffassung, dass es so ist, aber ich sehe das skeptisch‹. Wir haben es hier mit einer typisch wissenschaftlichen Illokution zu tun: einer streitenden Positionierung. Nimmt man diesen ersten Satz zusammen mit dem zweiten, also: *Sinn und Gegenstandsbereich werden allerdings kaum diskutiert*, so ergibt sich eine interessante Konstellation: Diejenigen, für die Syntax Kernbereich der Grammatik ist (also der Mainstream), diskutieren nicht, was der Gegenstand von Syntax ist und warum man Syntax macht. Fundamentaler kann ein Vorwurf an die Fachgenossen kaum sein: ›Euch allen ist Syntax heilig, aber eigentlich wisst ihr nicht, was euer Gegenstand ist und warum ihr diesen Gegenstand erforscht!‹. Wir erinnern uns, dass Einstein lediglich – nach dem Prinzip Ockhams Rasiermesser – eine landläufige Auffassung seiner Fachkollegen bezüglich eines allgemein bekannten Problems gerügt hatte. Hoffmann wirft seinen Kollegen hingegen komplette Ignoranz bezüglich ihres Gegenstandsbereichs und des Sinnes ihrer Bemühungen vor.

Dieses Verfahren ist eine Strategie: Wer etwas fundamental Neues zu sagen hat – und das ist hier so – bringt sich durch einen solchen Rundumschlag gegen die Fachgenossen sozusagen selbst in Zugzwang. Diese wiederum wollen dann schon sehen, ob derjenige, der ihnen so auf die Zehen tritt, auch liefern kann.

Die ersten beiden Fragen, die Hoffmann stellt (es gibt insgesamt zehn), buchstabieren das *Warum* von Syntax (ihr Verhältnis zu den Zwecken von Sprache) und ihren Gegenstandsbereich (wird Syntax von Wörtern gemacht oder auch von Wortendungen wie in *fragst*?) aus. Anschließend werden verschiedene Arten, Syntax zu betreiben, gelistet: *formal autonom* (= ohne Bezug z. B. auf Fragen der Wortbedeutung), *funktionsbezogen* (= mit einem formalistischen Funktionsbegriff), *semantikabhängig* (= abhängig von der Wortbedeutung), *parallel zur Semantik* (= im Zusammenhang mit der Wortbedeutung). Die Liste von – offenen – Fragen wie auch die Liste der verschiedenen, hier als nicht in der Sache begründet dargestellten Weisen, Syntax zu betreiben, verhält sich also begründend zu dem eingangs geführten Rundumschlag: Dass Fragen wie diese offen geblieben sind und es so viele verschiedene Weisen gibt, Syntax zu betreiben, zeigt deutlich, dass sich die Fachkollegen nicht darüber im Klaren sind, wovon und zu welchem Zweck sie Syntax betreiben.

Mit dem folgenden Satz tut Hoffmann etwas sehr Interessantes und in der Wissenschaft durchaus Seltenes: Er gibt eine wissenschaftstheoretische Begründung[15], warum sich die Dinge so verhalten: *Unterschiedlichen Voreinstellungen, die nicht widerlegbar sind, entsprechen unterschiedliche Datenzugänge und Datenumfänge, Erklärungsansprüche und Kategorisierungen.*

Dieser Satz hat es schon grammatisch in sich – wissenschaftliche Autoren schreiben (Ausnahmen bestätigen die Regel), wie Sie schon gesehen haben, sehr wohlüberlegt und dicht. Um diesen Satz grammatisch verstehen zu können, schauen wir uns seine Struktur an (wir machen also ein bisschen Syntax). Als Sie Englisch gelernt haben, haben Sie sicherlich gemerkt, dass die englische Satzstruktur einfach ist: Der Satz beginnt mit dem Subjekt, gefolgt von Prädikat und Objekt: *Peter ate the cake.* Im Deutschen ist das anders: Das sogenannte Vorfeld – die Position vor dem Prädikat – kann vom Subjekt (*Er kommt*), vom Objekt (*Den habe ich heute noch nicht gesehen*) oder vom Adverbial (*Heute kommt er nicht*) eingenommen werden. Wenn der Satz mit dem Objekt eröffnet wird, tritt das Subjekt – wie Sie an den Beispielen sehen (*ich, er*) nach dem Prädikat auf. Das ist auch bei dem Satz so, den wir hier diskutieren. Er beginnt mit dem Objekt, und nicht nur das – das Objekt ist auch noch komplex. Es ist durch ein sogenanntes Attribut (Attribution ist ein Verfahren, Satzglieder wie Subjekt und Objekt mit zusätzlicher Information auszustatten), hier einen Attributsatz (*die nicht widerlegbar sind*), erweitert:

Vorfeld	Prädikat	
Objekt Unterschiedlichen Voreinstellungen, die nicht widerlegbar sind,	entsprechen	**Subjekt** unterschiedliche Datenzugänge und Datenumfänge, Erklärungsansprüche und Kategorisierungen.

---

15 Wir erinnern daran, dass auch Begründen eine Illokution ist.

4 Warum verstehe ich nur Bahnhof?

Es entsprechen also *die* unterschiedlichen Datenzugänge und Datenumfänge, Erklärungsansprüche und Kategorisierungen *den* unterschiedlichen Voreinstellungen, die nicht widerlegbar sind. Oder: Unterschiedliche Voreinstellungen, die nicht widerlegbar sind, haben unterschiedliche Datenzugänge, Datenumfänge, Erklärungsansprüche und Kategorisierungen zur Folge.

➜ Das, was wir hier gerade betreiben, ist etwas, das man beim Lesen von schwierigeren Stellen wissenschaftlicher Texte gelegentlich machen muss: Bevor man auch nur irgendetwas versteht, muss man erst einmal das herstellen, was die Juristen eine ›grammatische Lesart‹ nennen, d. h. man muss sich zum Beispiel darüber klar werden, was eigentlich Subjekt und was Objekt ist. Dann fängt man an, wie wir das hier gerade auch getan haben, die Stelle anders zu sagen, zu reformulieren, um sich über ihre Struktur klar zu werden. Wenn die Struktur verstanden ist, kann man auch mit dem Verstehen des Inhalts beginnen. Umgekehrt geht das nicht: Inhalte sind an Strukturen gebunden, ohne strukturelles Verständnis ist ein Verständnis von Inhalten nicht möglich.

Nachdem wir nun die Struktur verstanden haben, wenden wir uns dem Inhalt zu. Es ist hier also – in der Lesart, die wir gerade hergestellt haben – davon die Rede, dass Wissenschaftler nicht widerlegbare Voreinstellungen haben, aus denen unterschiedliche Datenzugänge, Datenumfänge, Erklärungsansprüche und Kategorisierungen resultieren. Was ist hier gesagt? Doch nichts weniger, als dass die Voreinstellungen der Wissenschaftler bestimmen, *wie* man sich Daten (Wirklichkeitsausschnitten) annähert; *wie viele* solcher Daten man braucht, um zu Einsichten zu gelangen; *was* man erklären will und *wie* man das, was man erklärt hat, einordnet.

Und was sind eigentlich *nicht widerlegbare Voreinstellungen*? Es sind *Vorurteile*. Hoffmann sagt also an dieser Stelle nichts weniger als: Die Vorurteile der Wissenschaftler bestimmen, wie sie sich der Wirklichkeit annähern, was sie erklären wollen und wie sie ihre Erklärungen einordnen. Wenn das wirklich stimmt – kann die Wissenschaft dann nicht einpacken? Denn dann wäre Wissenschaft ja eigentlich das Schlimmste: Eine Unternehmung, die nur von Vorurteilen geprägt ist, und bei der sich alles aus diesen Vorurteilen speist.

Hoffmann hat in der Tat völlig recht. Es ist wirklich so. Aber: Wissenschaft ist – wie alles, was Menschen tun – nur so möglich. Unser Blick auf die Dinge ist immer von Vor-Urteilen (Urteile, die wir immer schon im Vorhinein gefällt haben) geprägt[16]. Das ist auch in der Wissenschaft so. Wir erinnern uns: Für die Physiker Anfang des 20. Jahrhunderts war es völlig selbstverständlich, dass man zwischen etwas Ruhendem und etwas Bewegtem unterscheiden konnte – ein Vor-Urteil über die Wirklichkeit, mit dem Einstein aufräumen wollte. Dieses Aufräumen geschieht – wie wir gesehen haben – aber nicht dadurch, dass Einstein das Vorurteil widerlegt. Er *zeigt* – durch Anwendung von Ockhams Rasiermesser –, dass man ohne dieses Vor-Urteil weiterkommt. Älteren Kollegen fiel es schwerer, die Vorstellung von absoluter Ruhe und absoluter Bewegung aufzugeben als jüngeren. Sie können sich daher vorstellen, dass es damals in der Physik ganz schön ›gerumst‹ hat.

→ **Die Preisgabe von Vor-Urteilen ist etwas, was Wissenschaftlern zu verschiedenen Lebensstadien unterschiedlich schwerfällt. Wenn man jung ist, trennt man sich leichter davon, als wenn man älter ist. Die Dynamik von Wissenschaft ist daher immer auch von Generationen geprägt.**[17]

Und was haben diese Beobachtungen mit der Textstelle von Ludger Hoffmann zu tun? Wir erinnern uns: Eingangs wirft Ludger Hoffmann seinen Kollegen vor, sie wüssten nicht, warum sie Syntax treiben und wovon. Dies begründet er damit, dass zentrale Fragen bis heute nicht nur nicht beantwortet, sondern noch gar nicht gestellt worden sind. Dies begründet er noch einmal mit der Verfasstheit des Unternehmens Wissenschaft selbst: Dass die Syntax, als Disziplin, sich in diesem Zustand befindet, liegt daran, dass es diverse nicht widerlegbare Vorurteile über Sprache gibt, die zu unterschiedlichen – aber eben nicht befriedigenden – Weisen geführt haben, Syntax zu betreiben. Mithin: Hoffmann will mit seinem Beitrag erreichen, dass es in der Disziplin Syntax ›rumst‹. Was ist das fundamental Neue an seinem Beitrag? Unter anderem das:

> Gegenstand der Syntax ist die Frage, in welcher Weise die Struktur von Äußerungen als Kombinatorik von Sprachmitteln ihren Beitrag zum Verständigungshandeln zwischen Sprechern und Hörern bestimmt. (Hoffmann 2003, 20)

---

16 Mit diesen Fragen haben sich die Philosophen Martin Heidegger und sein Schüler Hans-Georg Gadamer ausführlich auseinandergesetzt.
17 Dass das Unternehmen Wissenschaft wesentlich auch durch solche Dinge geprägt ist, hat erstmals Thomas S. Kuhn in seinem Hauptwerk *The Structure of Scientific Revolutions* (1962) ausführlich entwickelt und begründet.

Also: Die Disziplin Syntax sollte sich unter anderem mit der Frage befassen, welchen Beitrag die Struktur von Äußerungen bei der Verständigung zwischen Sprecher und Hörer leistet. Finden Sie es erstaunlich, dass die Sprachwissenschaft aufgrund »nicht widerlegbarer Voreinstellungen« dieser Frage bis zum Jahre 2003 nur vergleichsweise wenig Aufmerksamkeit geschenkt hat? Denken Sie sich nichts – wir auch.[18]

Es könnte ja sein, dass Ihnen während Ihres Studiums in Ihrer Disziplin ähnliche Gedanken kommen und Sie sich irgendwann in einer Weise über den Zustand Ihres Faches so ärgern, dass Sie auch gerne einen ›Rums‹ verursachen würden.

Dann sind Sie in der Wissenschaft angekommen.

Weiterführende sprachliche Beobachtungen: ›Wissenschaftlicher Stil‹

Wir haben uns nun mit drei – sehr verschiedenen – wissenschaftlichen Texten aus unterschiedlichen Disziplinen befasst. Sie haben gesehen: Was diese Texte zunächst fremd macht, ist ihre Fachlichkeit. Abgesehen von ihrer Fachlichkeit zeichnen sich diese Texte aber vor allem dadurch aus, dass in ihnen Wissenschaft passiert. Dabei ist es nicht so, dass die Autoren einer Art ›wissenschaftlichem Stilrezept‹ folgen. Dasjenige, dem sie folgen, ist ihr fachlicher Gegenstand, über den sie – und zwar gegen ihre FachkollegInnen – ein neues Wissen durchsetzen wollen. Es hat sich gezeigt, dass die Weise, in der ein Wissenschaftler agiert, maßgeblich davon bestimmt ist, wie sich das Neue, das er zu sagen hat, zu dem bisherigen verhält.

Darüber hinaus dürfte deutlich geworden sein: Gemessen an dem, was diese Texte leisten, ist ihre sprachliche Gestalt so einfach wie nur irgend möglich. Selbst der Satz von Hoffmann, den wir etwas ausführlicher besprochen haben, ist ja nicht eigentlich kompliziert in der sprachlichen Anlage. Seine Komplexität ergibt sich aus der verhandelten Sache. Wissenschaft entsteht nicht dadurch, dass man kompliziert schreibt, sondern dass man wissenschaftstypische Zwecke effektiv bearbeitet. Wir geben hierfür noch einmal einige Beispiele:

---

18 Wir sagen dies in dem Bewusstsein, dass das Unternehmen Wissenschaft in allen Disziplinen – zu jeder Zeit, in der sich Wissenschaftler zu Recht immer wieder über deren Zustand aufregen – eine Fülle von Begriffen, Einsichten und Erkenntnissen hervorgebracht hat, derer wir uns nicht nur selbstverständlich bedienen, sondern ohne die unsere heutige Welt auch nicht möglich wäre. Diese Erkenntnisse stecken nicht nur in dem Auto, mit dem Sie zur Arbeit fahren, in den elektronischen Geräten, die Sie benutzen, sondern auch in der Kultur und Gesellschaftsordnung, in der Sie leben oder in dem Buch, das Sie gerade lesen, wie auch in dem Wissen, das Sie von sich und der Welt haben, und das Ihnen selbstverständlich ist.

Den Erkenntnisgegenstand benennen und ihm neues Wissen zusprechen

Beispiel:
Zur Plattenmitte hin wird das **Gefüge** gröber und es tritt deutlich die dendritische Struktur hervor.

Wie Sie gesehen haben, halten Regener et al. ihren Erkenntnisgegenstand über mehrere Sätze hinweg sprachlich fest (*Gefüge*) und sprechen ihm das neue Wissen – hier Beobachtungen – zu: *wird gröber, es tritt die dendritische Struktur* [des Gefüges] *hervor*.

Das neue Wissen als solches deutlich machen

Beispiel:
Rasterelektronenmikroskopische Untersuchungen *(Abb. 3)* zeigen eine **signifikante Gefügeveränderung** durch die langzeitige thermische Beanspruchung.

Das Neue, die neue Beobachtung, die neue Einsicht wird mit sehr unscheinbaren Formulierungen ›gefeiert‹ wie *signifikant* oder *hier sieht man deutlich, dass*.

Den Forschungsstand (= das bisherige Wissen) als unzureichend kennzeichnen

Beispiele:
Allerdings gehen die Meinungen über die Stabilität der Ausscheidungen weit auseinander, auch über die der in der Legierung AZ91 existierenden intermetallischen Phase $Mg_{17}Al_{12}$ [5]. Dies lässt sich nicht zuletzt damit begründen, dass die Untersuchungen zur Beurteilung des Werkstoffverhaltens bei höherer Temperatur bisher nicht ausreichend sind, um eine endgültige Klärung herbeizuführen. Insbesondere fällt die kurze Dauer der Kriechversuche auf, die meist nur zwischen 100 und 200 Stunden liegt.
–
Daß die Elektrodynamik Maxwells – wie dieselbe gegenwärtig aufgefaßt zu werden pflegt – in ihrer Anwendung auf bewegte Körper zu Asymmetrien führt, welche den Phänomenen nicht anzuhaften scheinen, ist bekannt.
–
Syntax gilt als Kern der Grammatik, als Zentrum formorientierter Sprachanalyse. Sinn und Gegenstandsbereich werden allerdings kaum diskutiert. Zu beantworten sind insbesondere folgende Fragen:

Während Regener et al., wie wir gesehen haben, mit der Formulierung *das Ziel dieser Arbeit ist daher eine vergleichende Untersuchung der mikrostrukturellen Ver-*

änderungen von Magnesium-Druckgusslegierungen nach einer langzeitigen thermischen Beanspruchung eine eigene Hoppla-hier-kommen-wir-Stelle schreiben, sind sowohl bei Einstein wie auch bei Hoffmann Fundamentalkritik am Forschungsstand mit dem Hoppla-hier-komm-ich verschmolzen. Denn beide wollen ja der Wissenschaft nicht nur neue Erkenntnisse hinzufügen, sondern einen Sinneswandel bei den Fachgenossen erreichen.

➔ Auch wenn wir in den späteren Kapiteln konkrete Ratschläge für das wissenschaftliche Schreiben geben, vergessen Sie bitte nicht, dass Sie nur dann ordentlich (d. h. adäquat auf die Zwecke bezogen) wissenschaftlich schreiben werden, wenn Sie wissenschaftlich denken gelernt haben. Gute Wissenschaftsprosa ist keine Stilfrage – in dem Sinne, dass man sie aus Schreibrezepten erzeugen könnte –, sondern eine Frage der Sachkenntnis (kenne ich meinen Gegenstand und kann ihn sprachlich sauber darstellen?) und der Bewusstheit des Blicks für die wissenschaftlichen Perspektiven darauf (Was sagen die anderen über meinen Gegenstand und wie verhalte ich mich dazu?). Die beste Schule für gutes wissenschaftliches Schreiben ist aufmerksames, auf die Sache wie auch die Wissenschaft selbst gerichtetes wissenschaftliches Lesen. Gucken Sie sich die Dinge, die Sie brauchen, immer auch von denen ab, die das gut machen.

Nach diesen Überlegungen zur Lektüre wissenschaftlicher Texte machen wir nun zum Abschluss dieses Kapitels einige Bemerkungen zur Sprache von Dozenten in der Lehre.

4.2 Warum verstehe ich meine Dozenten nicht?

Auch wenn Sie sich um das Fachliche – also die Gegenstände Ihrer Disziplin, das methodische Handwerkszeug – bemühen, haben Sie vielleicht manchmal den Eindruck, dass Ihnen doch einiges entgeht, wenn Sie Ihren Dozenten zuhören.

Wir wollen uns daher in diesem Unterkapitel mit einigen sprachlichen Aspekten universitärer Lehre befassen. Auch hier gilt, was wir schon für wissenschaftliche Texte gesagt haben: Das Fachliche müssen Sie sich natürlich draufschaffen, da führt kein Weg dran vorbei. Das Wissenschaftliche müssen Sie hingegen erlernen, indem Sie die wissenschaftlichen Zwecke und Erwartungen kennenlernen, die in der Wissenschaft sprachlich bearbeitet werden.

4.2.1 Die sprachliche Seite von Hochschullehre

Wir wollen uns hier auf Bemerkungen zu Vorlesungen beschränken – das hier Entwickelte gilt noch mehr von Seminaren, Übungen und Praktika, wo Sie aufgefordert sind, selbst etwas zu sagen.

Eine – sicher berechtigte und nicht ganz falsche – Vorstellung von dem, was in Vorlesungen passiert, ist die folgende: Der Dozent sagt, was man wissen muss. Das schreibt man auf, lernt es, vertieft es und geht dann in die Klausur oder die mündliche Prüfung.

Wir sind nun in der glücklichen Situation, Ihnen zeigen zu können, dass dasjenige, was in Vorlesungen in Deutschland faktisch passiert, weit über diese Vorstellung hinausgeht. Zwischen 2010 und 2014 wurden im Rahmen des von der VolkswagenStiftung geförderten Projekts *Linguistische Profilierung einer europäischen Wissenschaftsbildung* (»euroWiss«)[19] deutsche und italienische Hochschullehre vergleichend untersucht, mit dem sehr interessanten Ergebnis, dass es sich in Italien eher so verhält, wie gerade dargestellt (der Dozent sagt, was man wissen muss), während in der Lehre in Deutschland etwas systematisch anderes passiert: Hier versuchen die Dozenten schon sehr früh, Ihnen nicht nur Wissen zu vermitteln, sondern Sie darüber hinaus auch in die Wissenschaft einzuführen.

Dozenten wollen Ihnen ein vertieftes fachliches Wissen vermitteln[20] und Ihnen gleichzeitig eine wissenschaftliche Perspektive auf dieses Wissen vorleben. Dazu bedienen sie sich bestimmter sprachlicher Verfahren, die wir Ihnen im Folgenden zeigen möchten. Hierzu verwenden wir Daten aus dem oben angesprochenen euroWiss-Projekt.

Vielleicht sind Sie zunächst etwas befremdet, wenn Sie sehen, dass wir das, was die Dozenten sagen, sehr kleinteilig analysieren. Dass wir so vorgehen, hat seinen Grund: Es sind die ›kleinen‹ sprachlichen Erscheinungen, auf die es ganz besonders ankommt, wenn man verstehen möchte, was in einer Vorlesung passiert.

---

19 Das Drittmittelprojekt wurde – unter Federführung von Angelika Redder (Universität Hamburg) – in Kooperation mit der TU Chemnitz (Winfried Thielmann), der Università degli Studi di Bergamo (Dorothee Heller) und der Università degli Studi di Modena e Reggio Emilia (Antonie Hornung) durchgeführt. Zu Drittmittelprojekten s. a. Kapitel 2.2.2.
20 Wie ein solches vertieftes Wissen aussehen könnte, haben wir in Kapitel 1.3.4 dargestellt (Stichwort: Lieblings-T-Shirt).

4.2.2 Der volle Fahrstuhl – in zwei Richtungen denken

Wir diskutieren im Folgenden einen kleinen Ausschnitt aus einer Vorlesung im Fach Maschinenbau – einem Fach, von dem man intuitiv vielleicht eher erwarten würde, dass Dozenten sozusagen ›Wissen zum Aufschreiben‹ vermitteln. Das Thema dieses Ausschnittes ist das Härten von Metallteilen. Nehmen Sie einen Schokoriegel und brechen Sie ihn langsam durch. Sie stellen fest, dass als erstes die Schokoladenschicht oben reißt. Das passiert auch mit einem Metallstab, den sie so belasten – auch dessen Oberfläche wird ›auf Zug‹ belastet. Um zu verhindern, dass die Oberfläche des Metallstabs bei Biegenbelastung reißt, macht man folgendes: Man stellt, indem man Fremdelemente in sie hineindrückt (das ist der Härteprozess), sicher, dass die Oberfläche von sich aus auf Druck belastet ist. Wenn das Metallteil nun auf Biegung belastet wird, reißt die Oberfläche nicht, da sie ja – von sich aus auf Druck belastet – durch die Biegebelastung entlastet wird.

In dem Vorlesungsausschnitt, den wir hier besprechen wollen, macht der Dozent zunächst einmal das, was man von ihm erwarten würde: Er spricht über das Härten von Metallteilen und gibt eine fachsprachliche Definition, die man sich aufschreiben und lernen kann[21]:

[1]

	/1/
D [v]	härten. Härten, oder was auch immer, was man da macht, heißt, dass man

[2]

	/2/
D [v]	Druckeigenspannungen in die Oberfläche einbringt. ⌣Hier steht minus •
D [nv]	*ergänzt ein Minuszeichen, markiert*

(aus: Thielmann 2014, 201)

---

21 Was Sie hier sehen, ist das Transkript eines Diskurses. Die Zahlen links oben in eckigen Klammern nummerieren die Partiturflächen; die Zahlen in Schrägstrichen die sprachlichen Handlungen. *D* steht für Dozent, [v] für verbal, [nv] für nonverbal. Falls Sie sich wundern sollten, dass gesprochene Sprache so aussieht – nehmen Sie sich einmal im Gespräch auf und transkribieren Sie ein paar Äußerungen. Sie werden feststellen: Sie reden auch so.

4.2 Warum verstehe ich meine Dozenten nicht?

Kurz darauf fährt der Dozent folgendermaßen fort:

[3]

	/3/	/4/
D [v]	/ • Wie ist n das Härten? Stellt euch vor, primitiv

[4]

D [v]	ausgesprochen, der Fahrstuhl ist voll • und da kommt noch einer rein, der

[5]

	/5/	/6/
D [v]	nicht ganz so schlank ist. Das ist Härten. • • Und der da reinkommt, der nicht

[6]

D [v]	ganz so schlank ist, ist das Kohlenstoffatom, was da in die Oberfläche in das
D [nv]	*gestikuliert*

[7]

D [v]	Gitter — habt ihr bestimmt gehört, wisst ihr besser als ich — was da
D [nv]	

[8]

	/7/
D [v]	reinkommt. Das ist drin und schon habt ihr Druck.

(aus: Thielmann 2014, 201f)

Was der Dozent hier tut, ist offensichtlich: Er bricht die fachsprachliche Definition, die er zunächst gegeben hat, herunter. Was für Verfahren benutzt er dabei? Mit *stellt euch vor* veranlasst er die Studierenden dazu, sich auf eine – voraussichtlich nicht fachliche – Veranschaulichung vorzubereiten, was er mit *primitiv ausgesprochen* noch unterstreicht. Mit *der Fahrstuhl ist voll, und da kommt noch einer rein, der nicht ganz so schlank ist* charakterisiert der Dozent eine Alltagssituation, die von den Studierenden als Analogie auf das zu beziehen ist, worum es eigentlich geht: *das ist Härten*. Recht komplex ist die nächste Äußerung /6/, die wir uns auch einmal strukturell ein wenig ansehen wollen. Im Prinzip ist das eine ähnliche Analyse wie oben. Wir müssen nur noch systematisch einen Satzanfangsrahmen (SAR), den zweiten Prädikatsteil und das Nachfeld nach dem zweiten Prädikatsteil berücksichtigen:

SAR	Vorfeld	Prädikat	Mittelfeld	Zweiter Prädikatsteil	Nachfeld
Und	der da reinkommt, der nicht ganz so schlank ist,	ist		das Kohlenstoffatom,	was da in die Oberfläche in das Gitter – habt ihr bestimmt gehört, wisst ihr besser als ich – was da reinkommt.
und	Das schon	ist habt	ihr Druck.	drin	

Wir sehen Folgendes: Der Dozent nimmt mit *und der da reinkommt, der nicht ganz so schlank ist*, das vorher Gesagte im Vorfeld seiner Äußerung noch einmal auf und sagt anschließend darüber etwas – überraschend – Neues: *ist das Kohlenstoffatom*. Im Nachfeld wird *Kohlenstoffatom* durch den Relativsatz *was da in die Oberfläche in das Gitter ... was da reinkommt* noch zusätzlich erläutert. Die nächste Äußerung schließt mit einem Zeigwort, einer Deixis an: *das*. Mit diesem Ausdruck zeigt der Dozent noch einmal zurück auf *das Kohlenstoffatom* und sagt über diesen Gegenstand etwas Neues: *ist drin und schon habt ihr Druck*.

Wie Sie sehen, ist der Dozent bemüht, die fachsprachliche Definition von *Härten* nicht einfach nur gemeinsprachlich noch einmal zu sagen. Vielmehr versucht er, das Verständnis der Studierenden zu fördern, indem er den Härteprozess durch eine anschauliche Analogie (beleibter Herr kommt in den vollen Fahrstuhl rein) in kleinen Schritten erklärt. Was besonders auffällt: Durch die Vorfeldbesetzungen *und der da reinkommt, der nicht ganz so schlank ist* und *das* macht der Dozent sehr deutlich, wovon er spricht, bevor er über seinen Gegenstand das jeweils Neue sagt. Wir haben es hier mit einem Ausschnitt aus einer Vorlesung zu tun, in dem der Dozent die Studierenden aktiv zum Mitvollzug anregen möchte. Er tut dies durch die Ankündigung *stellt euch vor*, die Ausweisung des Kommenden als nicht fachlich (*primitiv gesprochen*), durch eine originelle Analogie (Kohlenstoffatom im Metallgitter = beleibter Mann im vollen Fahrstuhl), durch Wiederaufnahme von Redegegenständen (*und der da reinkommt, der nicht ganz so schlank ist*) und durch Zeigen auf Redegegenstände: *das*. Alle diese Dinge funktionieren jedoch nur, wenn Sie zu einem solchen geistigen Mitvollzug bereit sind und nicht die ganze Zeit darauf warten, ›etwas zum Mitschreiben‹ gesagt zu bekommen. In den Daten des euro-Wiss-Projektes haben wir sehen können, dass Dozenten in allen Fächern versuchen, mit diesen und ähnlichen Verfahren die Studierenden zum Mitvollzug anzuregen, das Wissen im Diskurs entstehen zu lassen.

Das Problem hierbei ist: Auch wenn ein Dozent diese Dinge ausgezeichnet macht – sich etwas vorzustellen und deiktischen Verweisen wie *das* zu folgen, verlangt Aufmerksamkeit, die Sie über 90 Minuten hinweg aufbringen müssen. Sie werden aber feststellen, dass Sie umso besser mit Vorlesungen zurechtkommen, je mehr Sie aktiv versuchen, solchen Angeboten zum Nachvollzug und zum Begreifen zu folgen. Dies könnte auch zu einer anderen Art der Mitschrift führen:

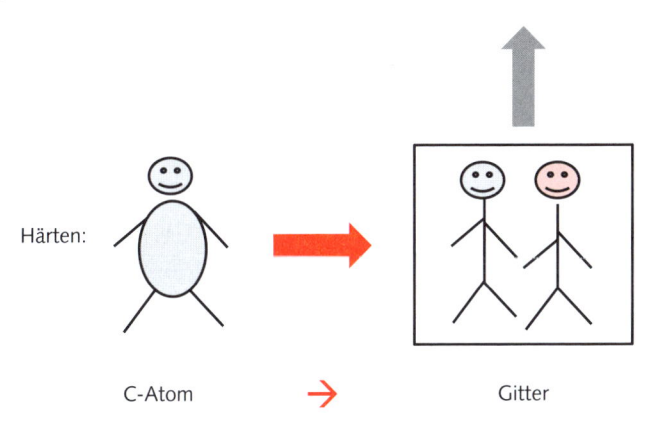

Härten:

C-Atom → Gitter

→ Wenn Sie in Vorlesungen lediglich versuchen, aus dem Vortrag des Dozenten Wissen zu extrahieren, bekommen Sie genau diejenigen Dinge nicht mit, die eine gute Vorlesung ausmachen: Die Angebote, das neue Wissen durch den Nachvollzug zu Ihrem eigenen zu machen.

4.2.3 In der Streitzone: Nur an Einzelfällen beobachtet

Wie wir es schon einmal gesagt haben (Kapitel 1.3): Universitäten sind in derjenigen Zone des gesellschaftlichen Wissensstoffwechsels angesiedelt, in der die Grenze zwischen Bekanntem und Unbekanntem, Neuem, ständig verschoben wird. Gerade im Grundstudium kann es sein, dass Sie hiervon manchmal nicht viel merken, da Sie auch sehr viel gesicherte, sogenannte kanonisierte Wissensbestände aufnehmen müssen. Aber auch im Grundstudium gibt es Momente, in denen Sie merken, dass Sie an einer Universität sind. Dies geschieht immer dann, wenn Dozenten Sie darauf aufmerksam machen, dass bestimmtes Wissen noch neu, fragmentarisch und ungesichert ist. Solche Momente – wie viele Sie davon im Grundstudium erleben ist disziplinabhängig – haben zunächst etwas Befremdliches. Man kann fast den Eindruck haben, dass einem der Boden unter den Füßen weggezogen wird.

→ **Die Ausflüge ins Neue, Ungesicherte, Strittige, nur teilweise Bekannte sind eigentlich sehr spannende Momente, da Ihnen in solchen Augenblicken ein Fenster in die Wissenschaft aufgemacht, ein Stück Wissenschaft vorgelebt wird. Auch hier gilt: Wenn Sie sich über solche Augenblicke ärgern, weil Sie nicht wissen, was Sie aufschreiben sollen, verpassen Sie die Wissenschaft, die Ihnen gerade vorgelebt wird und in die Sie hineinwachsen sollen.**

Woran erkennen Sie, dass Dozenten Ihnen gerade Wissenschaft vorleben? Sie erkennen das an einem – manchmal recht unscheinbaren – Rollenwechsel: Normalerweise sind Dozenten Wissende, die Sie in für Sie neue Wissensbestände einführen möchten. Aber manchmal treten sie als Wissenschaftler auf, die das Wissen von der Warte des Wissenschaftlers aus einschätzen und bewerten.

Einen solchen Augenblick möchten wir Ihnen anhand eines kurzen Diskursausschnitts aus einer Physikvorlesung im Rahmen des Grundstudiums demonstrieren.

Wir wollen uns in diesem Fall mit dem Inhaltlichen nicht detailliert befassen, sondern einfach zur Kenntnis nehmen, dass es um Spinströme geht und dass deren experimentelle Untersuchung zu den gegenwärtig neuen Bereichen der Physik gehört. Der Dozent hat gerade zwei Mechanismen besprochen, mit denen sich Spinströme erzeugen lassen, und fährt dann folgendermaßen fort:

4.2 Warum verstehe ich meine Dozenten nicht?

[1]

/1/
D [v]   sozusagen mit Hilfe • • von Spinwellen. ((3,9s))   Und das is der zweite Mechanismus,

[2]

D [v]   ((1s)) der diskutiert wird, ((1,1s)) um überhaupt Spinströme zustande zu bringen.((6,2s))

[3]

/2/   /3/
D [v]   Aber beides is hypothetisch, vielleicht gibt s auch noch nen dritten und vierten Mechanismus,

[4]

/4/   /5/
D [v]   weiß keiner. • • Alle diese Dinge sind nur a/an Einzelfällen beobachtet, • • und im einen

[5]

/6/   /7/
D [v]   System dieses und im anderen jenes. • • Niemand kann das allgemein sagen. • Das sind

[6]

/8/
gedehnt
D [v]   Veröffentlichungen aus n allerletzten Jahren. ((1,1s)) Und ich erzähl Ihnen das nur, weil ich

[7]

D [v]   s/ überzeugt bin, dass das also in den nächsten Jahren noch an Bedeutung zunehmen wird

[8]

/9/
D [v]   und dass Sie wenigstens mal was gehört ham. • Und das, was man da so • • liest ((1,1s)) äh

[9]

leise
D [v]   • • ((1,5s)) ein (ordnet). • • Nebenbei gesagt, ham se schon gehört, die Dresdner ham

(aus: Thielmann/Krause 2014,)

In /1/ verweist der Dozent mit der Deixis *das* auf den zuvor besprochenen Mechanismus zur Erzeugung von Spinströmen. Der – unscheinbare – Relativsatz *der diskutiert wird* ist nun ein Indikator dafür, dass der Dozent als Wissenschaftler spricht. Denn er sagt ja, aufgrund seiner Kenntnis als Wissenschaftler, dass die Fachwelt diesen Mechanismus als zweiten diskutiert. Mit /2/ (*hypothetisch*) werden beide Mechanismen als dasjenige ausgewiesen, was neues, noch ungesichertes Wissen typischerweise ist: Eine Vermutung darüber, wie die Wirklichkeit sein, was in der Wirklichkeit der Fall sein könnte. Mit /3/ bringt der Dozent die Begrenztheit selbst dieses hypothetischen Wissens zum Ausdruck: Nicht nur sind die beiden in der Fachwelt diskutierten Mechanismen selbst Hypothesen, vielmehr gibt es vielleicht noch weitere bisher nicht bekannte Mechanismen. Dass es so um dieses vorläufige Wissen bestellt ist, beurteilt der Dozent in /4/ – aufgrund seiner Kenntnis der Forschung – lapidar mit *weiß keiner*. Mit /5/ begründet der Dozent sein Urteil über die Forschung mit einem forschungsmethodischen Argument. Wir erinnern uns: Die Experimentalphysik geht induktiv (Kapitel 4.1.2, Fußnote 8) vor, indem sie von einer begrenzten Anzahl von Experimenten darauf schließt, dass etwas allgemein gilt. Mit *alle diese Dinge sind nur an Einzelfällen beobachtet* formuliert der Dozent seine Einschätzung, dass die Anzahl der beobachteten Fälle noch zu gering ist, zumal sich die Systeme, innerhalb derer die Beobachtungen gemacht wurden, auch noch unterscheiden: *und im einen System dieses und im anderen jenes*. Mit /6/ *niemand kann das allgemein sagen* wird ein bündiges Urteil über den derzeitigen Kenntnisstand ausgesprochen, der für eine Verallgemeinerung – d. h. eben auch die Formulierung als gesichertes Wissen – nicht hinreichend ist. Mit /7/ weist der Dozent noch einmal explizit auf die Neuheit dieses noch vorläufigen Wissens hin: *Veröffentlichungen aus den allerletzten Jahren*.

Mit /8/ begründet der Dozent seinen Ausflug in die Wissenschaft mit einer weiteren Einschätzung, in der er – zum ersten Mal – explizit als wissenschaftlicher Sprecher (*ich*) auftritt: *weil ich überzeugt bin, dass das also in den nächsten Jahren noch an Bedeutung zunehmen wird*. Mit *und dass Sie wenigstens mal was gehört ham* weist der Dozent den Studierenden den Weg in den Umgang mit dem gerade Gehörten: Sie sollen Bescheid wissen, dass sich in diesem Bereich in der Forschung etwas tut. Mit /9/ macht er das gerade Gesagte abschließend explizit: *Und das, was man da so liest, einordnet* heißt nichts anderes als ›und wenn ihr da was lest, wisst ihr, das ist alles noch vorläufiges, hypothetisches Wissen‹.

Vielleicht ist Ihnen schon aufgefallen, dass der Dozent hier im Prinzip nichts anderes tut als das, was unsere oben diskutierten wissenschaftlichen Autoren auch machen: Er formuliert Einschätzungen des Forschungsstandes (*is hypothetisch*), begründet diese forschungsmethodisch (*alle diese Dinge sind nur an Einzelfällen beobachtet*) und fällt Urteile (*niemand kann das allgemein sagen*). Prinzipiell wäre es möglich, dass, wenn ein weiterer Fachkollege im Raum wäre, der Dozent hier wissenschaftlich begründeten Widerspruch erfahren würde.

Diese Beobachtungen geben Ihnen einen wichtigen Hinweis, was Sie in solchen Fällen eigentlich mitschreiben sollten: genau das. Mit anderen Worten: Sie sollten es sich angewöhnen, in solchen Fällen den Quellpunkt der Einschätzungen und Urteile ebenso zu notieren wie die Bewertungen selbst. Nennen wir den Dozenten der Einfachheit halber mal Huber[22]. Dann ist es Huber, der zwei Mechanismen A und B zur Erzeugung von Spinströmen erklärt und wissenschaftlich bewertet, indem er ihren wissensmäßigen, ihren epistemischen Status (griech. *episteme*: Wissen) beurteilt:

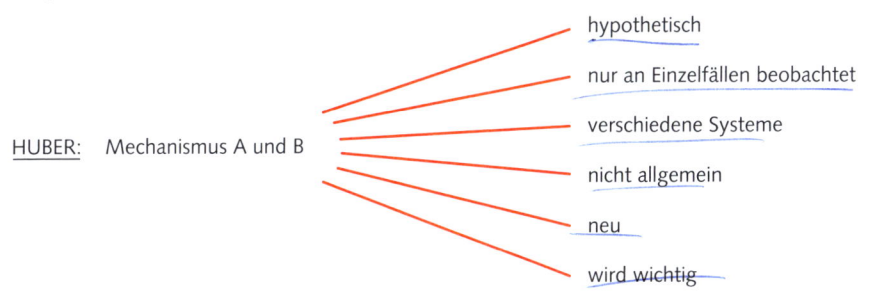

HUBER: Mechanismus A und B
- hypothetisch
- nur an Einzelfällen beobachtet
- verschiedene Systeme
- nicht allgemein
- neu
- wird wichtig

Wir sind uns ziemlich sicher: Wenn wir einen Einblick in die studentischen Mitschriften nehmen könnten, würden wir sehen, dass die meisten der Studierenden, zumal noch im Grundstudium befindlich, nur das Wissen selbst – also die Mechanismen A und B zur Erzeugung von Spinströmen – notiert haben. Sie wissen das jetzt besser: In der Wissenschaft, in die der Dozent hier einen Ausflug macht, ist das Wissen genauso wichtig wie sein epistemischer Status.

→ **Auch wenn es Ihnen am Anfang schwer fällt, diese Dinge zu erkennen und mitzunotieren: Sie werden sehen, dass allein die Tatsache, dass Sie solche Ausflüge in die Wissenschaft erkennen und den Versuch unternehmen, sie für sich in der Mitschrift darzustellen, Ihnen sehr hilft, Dozenten zu verstehen und zu begreifen, worauf es ihnen ankommt.**

---

22 Nicht der wirkliche Name.

5 Wie soll ich bloß diese Seiten vollkriegen?
Wissenschaftliche Fragestellung und Einleitung

5.1 Mit dem Anfang anfangen?
    5.1.1 Darstellen
    5.1.2 Anwenden
    5.1.3 Abwägen
    5.1.4 Kritisieren
    5.1.5 Nochmal: Mit dem Anfang anfangen?
5.2 Begründen – begründen – begründen

Bisher haben wir uns mit Wissenschaftssprache aus dem Blickwinkel des Hörers und Lesers befasst. In diesem Kapitel denken wir zum ersten Mal über wissenschaftliches Schreiben nach. Das Kapitel bereitet Sie auf die nächsten vor, in denen Sie sehr konkrete Ratschläge zur Gestaltung wissenschaftlicher Arbeiten, zum Zitieren u. s. w. erhalten. Hier soll es uns noch – wie in den bisherigen Kapiteln auch – um Einblicke in die Strukturen und deren Funktionen gehen – diesmal aus der Autorenperspektive.

5.1 Mit dem Anfang anfangen?

Wenn Sie z. B. eine Seminararbeit erstellen sollen – womit fängt man eigentlich am besten an? Das Wichtigste ist: Fangen Sie nicht mit dem Schreiben an, sondern mit dem Nachdenken. Und Ihr Nachdenken sollte nicht darauf gerichtet sein, was Sie schreiben wollen, sondern darauf, was Sie wissenschaftlich *tun* wollen. Denn nur, wenn Sie sich darüber Rechenschaft ablegen, was Sie tun wollen, werden Sie auch aufschreiben, was Sie tun, und nicht einfach Seiten füllen, weil das die Vorgabe ist.

Was können Sie nun, wenn Sie ganz am Anfang stehen, eigentlich wissenschaftlich sinnvoll *tun*? Eines ist schon einmal klar: Sie überblicken die Forschung noch nicht, Sie kennen nur ganz wenige Namen, Sie wissen noch nicht, was gerade in der Forschung diskutiert wird, etc. Lassen Sie sich dadurch nicht entmutigen. Es gibt eine ganze Menge Dinge, die Sie bereits sinnvoll wissenschaftlich tun können, auch wenn Sie noch Novizin oder Novize sind.

So wird es Ihnen – egal in welchem Fach – sicher möglich sein, dasjenige, was ein Wissenschaftler gesagt hat, darzustellen – eine sehr grundlegende wissenschaftliche Handlung, die wir nun etwas breiter besprechen.

5.1.1 Darstellen

Darstellen ist nicht einfach ein Wiedergeben oder Zusammenfassen. Darstellen heißt: Herausfinden, was der Wissenschaftler tut, und dies wiedergeben. Das ist ziemlich genau das, was wir beim Lesen wissenschaftlicher Texte in den letzten beiden Kapiteln gemacht haben. Also zum Beispiel: *Meier vertritt die Auffassung, dass das Problem Z bisher unzureichend gelöst ist, da die bisherigen Lösungsversuche die Probleme A-C aufwiesen. Sie schlägt deswegen ein Vorgehen vor, das sich dadurch auszeichnet, dass ...* In diesem – einfachsten, aber keineswegs trivialen – Fall, ist die wissenschaftliche Fragestellung Ihrer Arbeit: Was tut und sagt Meier eigentlich? Sie werden feststellen, dass Sie hier nicht nur dadurch gefordert sind, herausfinden zu müssen, was Meier tut, sondern auch ggf. Lesarten herstellen müssen, d. h. deutlich machen, wie Sie eine Textstelle von Meier auffassen. Mit anderen Worten: Sie treten bereits in diesem einfachen Fall als Persönlichkeit, nämlich als Leser und Interpret von Meier, in Erscheinung.

Beim Darstellen ist es sehr wichtig, dass Sie das, was Meier sagt, korrekt, d. h. identifizierbar und nachvollziehbar, als die Gedanken und Einsichten von Meier wiedergeben. Der ganze »Zitierkram« (s. Kapitel 7) ist keine Schikane, sondern ein

Instrumentarium, eigenes von fremdem Wissen zu unterscheiden. Sie respektieren damit das geistige Eigentum anderer, deren Recht an ihren Ideen.

→ **Das Beste, was einem in der Wissenschaft passieren kann, ist eine gute Erkenntnis, eine gute Idee, eine wichtige Beobachtung. Daher: Gewöhnen Sie es sich umgehend an, die Gedanken und Ergebnisse anderer zu würdigen, indem Sie sie als solche kenntlich machen.**

Das am häufigsten auftretende Problem beim Darstellen ist, dass Studierende nicht darstellen, sondern einfach Versatzstücke aus wissenschaftlichen Texten montieren. Wir betrachten hierzu ein Beispiel aus einer studentischen Arbeit zusammen mit dem dargestellten Textabschnitt:

> Die sprachwissenschaftliche Forschung der Werbesprache setzte erst in den 1950er und 1960er Jahren mit dem Grundlagenwerk von Ruth Römer zur »Sprache der Anzeigenwerbung« ein (Janich 2010: 16). Janich stellt dar, dass die Werbung lange Zeit für die Sprachwissenschaft »ein oberflächliches und oft negativ betrachtetes Phänomen [war]« (ebd.).
>
> ---
>
> Dargestellter Textabschnitt:
> Die sprachwissenschaftliche Forschung setzt erst in den 1950er und 1960er Jahren ein, vor dem Grundlagenwerk von Ruth Römer (1968/⁶1980) zur »Sprache der Anzeigenwerbung« lässt sich aber noch nicht von einer breiteren Werbesprachenforschung sprechen. Werbung bleibt für die Sprachwissenschaft lange Zeit ein oberflächliches und oft negativ betrachtetes Phänomen, das verantwortlich für Manipulation, Volksverdummung und Sprachverfall gemacht wird. (Janich 2010, 16)

Hier geht es um die Geschichte der sprachwissenschaftlichen Erforschung der Werbesprache. Abgesehen von der missglückten Formulierung *sprachwissenschaftliche Forschung der Werbesprache* (die Werbesprache forscht nicht) ist zum ersten Satz der studentischen Arbeit zu sagen, dass er – bezogen auf den Grundlagentext von Janich – völlig falsch ist. Sie sehen das sofort, wenn Sie sich fragen, was Janich tut. Janich stellt die Geschichte der sprachwissenschaftlichen Erforschung der Werbesprache dar. Dabei stellt sie folgendes fest: Es hat bereits in den 1950er und 1960er Jahren einige Arbeiten gegeben, aber vor der Untersuchung von Römer (1968) gab es zu diesem Gegenstand keine breitere Forschung. Diese Feststellung ist eine Leistung von Janich, die sich mit der Geschichte der Erforschung von Werbesprache befasst hat. In der studentischen Darstellung wird nicht ersichtlich, *was* die Leistung von Janich hier ist. Außerdem ist zu lesen, dass die Erforschung der Werbesprache in den 1950er und 1960er Jahren mit dem Grundlagenwerk von Römer (1968) einsetzte. Wie soll das gehen? Hat Römer (1968) in die 1950er Jahre zurückgewirkt? Hatte sie eine Zeitmaschine? In der Wirklichkeit, in der wir alle leben, ist dies eher auszuschließen. In der studentischen Arbeit wird Janich aber so dargestellt, als ob sie dergleichen gesagt hätte. Nina Janich dürfte nicht erfreut sein, wenn sie erführe, dass man ihr eine Auffassung von der Wirklichkeit unterstellt, wonach Wissenschaftler *zurückwirken*.

Noch problematischer ist der zweite Satz. Sie merken sicher auch, dass hier irgendetwas nicht stimmt. Man kann *eine Position darstellen*, aber man kann sicher nicht *darstellen, dass etwas der Fall ist*. Was tut Janich hier? Nun, sie evaluiert Forschung und stellt mal wieder etwas fest, nämlich, dass die Sprachwissenschaft Werbung lange als oberflächlich und schädlich betrachtet hat, *weil* sie in der Werbung die Ursache für Manipulation, Volksverdummung und Sprachverfall sah. Die studentische Wiedergabe unterschlägt nicht nur die Gründe für die Bewertung von Werbung als oberflächlich und schädlich; sie lässt auch überhaupt nicht erkennen, was Janich hier tut. Denn Janich stellt ja nicht ausführlich die Bewertungen von Werbung durch frühe diesbezügliche sprachwissenschaftliche Forschung dar, sondern sie stellt – aufgrund ihrer Sichtung der Forschung – fest, dass es diese Bewertungen gegeben hat und was die Gründe hierfür waren.

Was waren vielleicht die Gründe dafür, dass die Wiedergabe dieser Janich-Textstelle (und nicht nur der) in dieser Arbeit so schiefging? Genau kann das niemand sagen, aber wahrscheinlich ist folgendes passiert: Der Student oder die Studentin hat sich mit Leuchtmarker Formulierungen in dem Text von Janich angestrichen, die ihm oder ihr irgendwie wichtig vorkamen. Und dann hat er oder sie versucht, diese Formulierungen mit möglichst wenig Eigenaufwand in den eigenen Text hinüberzuziehen. Dabei kamen drei Verfahren zur Anwendung, die Sie bitte gleich aus Ihrem Repertoire streichen:

1. Der darzustellende Text kam direkt – d. h. ohne Umweg über das Gehirn des studentischen Autors – in den zu erstellenden Text.
2. Ein Teil des darzustellenden Textes wurde – weil das Gehirn nicht eingeschaltet war – unzureichend paraphrasiert.
3. Der andere Teil des darzustellenden Textes wurde nach dem Zufallsprinzip ausgewählt, in Anführungsstriche gesetzt und mit einem beliebigen Verb (*stellt dar*) mit dem Namen des wissenschaftlichen Urhebers verbunden.

Diese Xerox-Verfahren kommen immer dann zum Einsatz, wenn Studierende sich von den darzustellenden Texten so überwältigen lassen, dass sie ohne eingeschaltetes Gehirn lediglich sprachliche Versatzstücke aus der Forschung in ihre Texte verpflanzen. Dabei ist es ganz einfach, dies zu vermeiden, wenn man versucht zu verstehen, was der wissenschaftliche Urheber tut. Wenn Sie das geleistet haben, haben Sie folgende Möglichkeiten der Darstellung:

a) Das direkte Zitat

> Die frühe sprachwissenschaftliche Befassung mit Werbung ist nach Janich von starken Vorbehalten geprägt:
> »Die sprachwissenschaftliche Forschung setzt erst in den 1950er und 1960er Jahren ein, vor dem Grundlagenwerk von Ruth Römer (1968/⁶1980) zur »Sprache der Anzeigenwerbung« lässt sich aber noch nicht von einer breiteren Werbesprachenforschung sprechen. Werbung bleibt für die Sprachwissenschaft lange Zeit ein oberflächliches und oft negativ betrachtetes Phänomen, das verantwortlich für Manipulation, Volksverdummung und Sprachverfall gemacht wird.« (Janich 2010, 16)

Wie Sie sehen, bedürfen Zitate eines Kommentars und sollten nicht einfach isoliert in Ihrem Text herumstehen. Die Kommentierung eines Zitats weist Sie bereits als souveränen Autor aus, der sich von dem wiederzugebenden Text nicht niederknüppeln lässt, sondern ihm auf Augenhöhe gegenübersteht.

b) Die Paraphrase

> **Wie Janich** (2010, 16) **ausführt**, ist die frühe sprachwissenschaftliche Befassung mit Werbung zunächst von starken Vorbehalten geprägt, indem Werbung lange Zeit als oberflächlich und schädlich betrachtet und als Ursache für »Manipulation, Volksverdummung und Sprachverfall« (ebd.) gesehen wird. Demzufolge **sei** es auch – nach frühen Arbeiten in den 1950er und 1960er Jahren – erst nach der bahnbrechenden Schrift von Römer (1968/⁶1980) zur »Sprache der Anzeigenwerbung« zu einer breiteren Erforschung von Werbesprache gekommen.

Paraphrasieren heißt nicht, eine halbe Seite quasi abzuschreiben, an deren Ende man einen Literaturverweis der Marke »vgl. Janich 2010, 16« anbringt – das ist nämlich ein Plagiat, da sich ein Literaturverweis nie auf einen ganzen Absatz, sondern nur auf den Satz, in dem er vorkommt, zurückbeziehen kann. Eine Paraphrase müssen Sie immer – wie hier geschehen – durch einen Beleg vorab kenntlich machen. Literaturbelege am Absatzende sind für Dozenten ein Warnsignal dafür, dass unsauber gearbeitet wurde. Bei der Paraphrase ist es besonders wichtig, dass für die Leser immer deutlich ist, dass das Paraphrasierte nicht Ihnen, sondern dem paraphrasierten Autor gehört. In diesem Beispiel ist das durch die Formulierungen *wie Janich ausführt* und die indirekte Rede *sei* deutlich gemacht.

c) Die wirkliche Darstellung

> In ihrem **Forschungsüberblick stellt** Janich (2010, 16) **fest**, dass die frühe sprachwissenschaftliche Befassung mit Werbung zunächst von starken Vorbehalten geprägt war, indem Werbung lange Zeit als oberflächlich und schädlich betrachtet und als Ursache für »Manipulation, Volksverdummung und Sprachverfall« (ebd.) gesehen wurde. **Als grundlegend für die Etablierung von Werbesprache als eigenem Forschungsgegenstand sieht sie** die Schrift zur »Sprache der Anzeigenwerbung« von Römer (1968/⁶1980) **an**.

Wie Sie sehen, ist dies die anspruchsvollste Art der wissenschaftlichen Textwiedergabe, indem das wissenschaftliche Tun von Janich (*Forschungsüberblick geben, etwas feststellen, ein Werk als grundlegend für die Etablierung eines Gegenstandes als Forschungsgegenstandes ansehen*) hier konkret benannt ist. Hier treten Sie als wissenschaftlicher Interpret einer Textstelle auf. Der Bogen wäre mithin keineswegs überspannt, wenn Sie z. B. schrieben: *In ihrem Forschungsrückblick* rügt *Janich eine starke Vorurteilsbehaftetheit der frühen sprachwissenschaftlichen Auseinandersetzung mit Werbung …*

➔ In Kapitel 7 vermitteln wir Ihnen das konkrete Handwerkszeug, das man für die Darstellung wissenschaftlicher Texte und Positionen braucht. Dieses Handwerkszeug wird Ihnen aber nichts nützen, wenn Sie aus den Tabellen und Übersichten einfach wahllos irgendwelche Formulierungen auswählen, die Ihnen wohlklingend erscheinen. Sie werden nur dann zu sinnvollen Darstellungen gelangen, wenn die darzustellenden Texte den Umweg über Ihr Gehirn gefunden haben und Sie erkennen, für welchen Zweck welche Formulierung sinnvoll ist.

Eine weitere wissenschaftliche Handlung, die Sie schon recht früh ausführen können, ist das Anwenden von Methoden, Theorien etc. auf wissenschaftliche Gegenstände, das wir jetzt kurz behandeln.

5.1.2 Anwenden

Das, was Wissenschaftler Meier vorschlägt, ist etwas, was Sie zum Beispiel auf den Gegenstand G anwenden können. Dabei ist es ziemlich egal, ob es sich bei diesem Vorschlag um eine experimentelle Methode, eine literaturwissenschaftliche Theorie oder ein Berechnungsverfahren handelt. Wenn es Ihnen gelingt, das, was jemand – gegen andere – vorgeschlagen hat, darzustellen und selber anzuwenden, haben Sie wissenschaftlich etwas geleistet. Für den Fall, dass – bei einem etwas anders gearteten Gegenstand – vergleichbare Ergebnisse herauskommen, haben Sie Meier bestätigt. Für den Fall, dass Sie andere Ergebnisse erhalten, haben Sie Forschungsbedarf deutlich gemacht. Im Falle des Anwendens ist Ihre Fragestellung: Funktioniert Meiers Vorschlag, wenn man ihn auf G anwendet?

5.1.3 Abwägen

Eine weitere wissenschaftliche Handlung, die Sie schon sehr früh vornehmen können, ist das Abwägen. Dies können Sie immer tun, wenn Sie wissen, dass es bezüglich eines Gegenstandes, einer Betrachtungsweise oder einer Methode zwei verschiedene Positionen gibt. Es ist eine wissenschaftliche Leistung, zwei konträre Positionen darzustellen, begründet abzuwägen und einer von beiden begründet den Vorzug zu geben. Also etwa: *Bezüglich des Gegenstandes G gibt es zwei Auffassungen. Meier geht davon aus, dass es sich so und so verhält. Müller hält dagegen, dass es, wenn es sich so verhielte, wie Meier sagt, nicht zu dem und dem kommen könnte. Wenn man die Position von Meier einer genaueren Betrachtung unterzieht, stellt man fest, dass sie – anders als Müller – tatsächlich dies und dies nicht berücksichtigt …* Ihre Fragestellung sieht in diesem Fall folgendermaßen aus: Ist der Position von Meier oder derjenigen von Müller der Vorzug zu geben?

Beim Abwägen stellt sich Studierenden des Öfteren die Schwierigkeit, wie sie ihre Meinung sagen sollen, ohne sichtbar ihre Meinung zu sagen. Hierfür gilt: Was Sie finden, interessiert in der Wissenschaft keinen Menschen. Was interessiert, ist, was sich begründen lässt.

Selbstverständlich dürfen Sie Müller besser finden als Meier. Aber in der Wissenschaft müssen Sie das begründen. Also zeigen Sie, dass beispielsweise das, was Meier sagt, auf einen Widerspruch führt. Und sie schreiben: *Hier sieht man deutlich, dass die Position von Meier auf einen Widerspruch führt. Denn … Daher ist der Position von Müller der Vorzug zu geben, da sie den Sachverhalt XY widerspruchsfrei beschreibt.* Ihre Meinung steckt – ohne dass Sie so etwas gesagt haben wie *ich meine* oder *meiner Meinung nach* oder *ich finde* – in dem Urteil, das Sie ausgesprochen haben. Ein wissenschaftliches Urteil sollte nie davon abhängen, dass *Sie* es aussprechen – weswegen Wissenschaftler, wenn sie urteilen, auch fast nie *ich* sagen.[1] Wer begründet urteilt, lässt die Dinge für sich sprechen. Wenn Sie so vorgehen, kann Ihnen natürlich – wir sind ja in der Wissenschaft – jemand widersprechen, aber er kann Ihnen nicht vorwerfen, dass Sie einfach geschmäcklerisch in der Gegend herumgemeint haben.[2] Dies gilt auch dann, wenn Sie eine Position kritisieren.

5.1.4 Kritisieren

Einen besonders schönen Ausgangspunkt haben Sie, wenn Sie sich beispielsweise über dasjenige, was ein Wissenschaftler zu einem Gegenstand gesagt hat, der Ihnen am Herzen liegt, ärgern. Der Ärger ist eine ganz zentrale wissenschaftliche Triebfeder. Sie sollten nur berücksichtigen, dass ein wissenschaftlicher Leser nicht an Ihrem Ärger Vergnügen findet, sondern an der – ärgerbasiert sorgfältigen und an der Oberfläche leidenschaftslosen – Demontage des Ärgernisses. Also nicht: *Meier sagt Z. Das ist Unsinn.* Sondern: *Meier behauptet Z. Wenn dies der Fall wäre, dann hätte dies die Konsequenz K. Die steht aber in offensichtlichem Widerspruch zu der Ausgangsannahme von Meier, wonach ...* Damit Sie sich gleich in den Zustand des wissenschaftsfähigen Ärgers versetzen, formulieren Sie für sich in so einem Fall die Fragestellung: Ist die Auffassung/Methode/Theorie von Meier haltbar?

5.1.5 Nochmal: Mit dem Anfang anfangen?

Sie sollten also, bevor Sie anfangen, darüber nachdenken, ob Sie z. B. eine Position darstellen, zwei Positionen abwägen, eine Theorie, ein Verfahren etc. anwenden oder eine Position kritisieren wollen. Wenn Sie auf eine solche Weise nachgedacht haben, was Sie eigentlich tun wollen, und wenn sie darüber Klarheit haben, können Sie im Prinzip mit dem Anfang anfangen, also mit der Einleitung. Für den Fall, dass sich Ihr Vorgehen, Ihr Gedankengang etc. im Zuge Ihres Arbeitens noch anders entwickelt, schreiben Sie Ihre Einleitung einfach um. Der Vorteil einer solchen Arbeitsweise ist, dass Sie sich gleich darauf einstellen, was Sie wissenschaftlich tun,

---

[1] Wissenschaftler sagen an anderen Stellen *ich* – wenn sie dem Leser den Aufbau ihres Textes kommunizieren wollen (s. Kapitel 6).
[2] Das ist der Unterschied zwischen *Halten Sie mich etwa für doof? – Ja.* und *Halten Sie mich etwa für doof? – Keineswegs. Denn mir liegen bezüglich dieser Frage so viele Einzelbeobachtungen vor, dass ich zu einer Einschätzung gelangen konnte, die über bloßes Meinen hinausgeht.*

und nicht etwa darauf, was Sie aufschreiben wollen. Dies heißt natürlich nicht, dass Sie nicht auch irgendwo mittendrin anfangen können, wenn Sie sich damit wohler fühlen. Sie können sich die Einleitung auch bis zum Ende aufheben.

In beiden Fällen – ob Sie nun mit der Einleitung angefangen oder sich die bis zum Schluss aufgehoben haben – gilt: <u>Die Einleitung ist die Visitenkarte Ihrer Arbeit. Wenn es Ihnen dort nicht gelingt zu sagen, was Sie wissenschaftlich zu tun gedenken, ist es sehr wahrscheinlich, dass Sie wissenschaftlich auch nichts getan, sondern nur Seiten vollgeschrieben haben.</u>

→ Bevor Sie sich einer wissenschaftlichen Aufgabe dadurch entledigen, dass Sie nur Seiten füllen, denken Sie bitte daran, dass jemand – normalerweise Ihre Dozentin oder Ihr Dozent – das lesen muss. Ihre Dozenten finden es spannend, wenn sie sehen, dass es in Ihnen wissenschaftlich ›tickt‹, auch wenn Sie vielleicht mal eine Argumentation in den Sand setzen (im Gegensatz zu einem Schiff verkraftet das eine Argumentation durchaus). Dagegen mögen es Ihre Dozenten überhaupt nicht, wenn sich die Langweile und Gleichgültigkeit, die Sie bei der Abfassung empfunden haben, auf die Lese- und Korrekturzeit überträgt.

Im Folgenden werden wir nun mit Ihnen zusammen über das Schreiben von Einleitungen, diesmal aus der Autorenperspektive, nachdenken.

5.2 Begründen – begründen – begründen

Wir haben – auch wenn Magnesium-Druckgusslegierungen nicht exakt im Zentrum unseres wissenschaftlichen Interesses stehen – einen großen Gefallen an dem Aufsatz Regener et al. (2003) gefunden, da er sich so schön als Modell eignet. Es gibt hier eine klare Fragestellung: Wie verhalten sich bestimmte Legierungen, wenn man sie länger glüht, als dies bisher geschehen ist? Und es kommt etwas Klares heraus: Diese Legierungen erfahren eine signifikante Gefügeveränderung. Wir betrachten nun, wie die Einleitung ›gestrickt‹ ist.

Der Text beginnt mit einem Abschnitt, den wir hier erheblich gekürzt haben:

> Magnesium-Druckgusslegierungen finden wegen ihrer guten mechanischen Eigenschaften in Relation zu ihrem geringen spezifischen Gewicht zunehmend Anwendung in der Automobilindustrie. Die gegenwärtig am häufigsten eingesetzten Druckguss-

legierungen basieren auf den Legierungssystemen Mg-Al-Zn (AZ91) und Mg-Al-Mn (AM50, AM60). Das Hauptlegierungselement Al sichert die gute Gießbarkeit der Werkstoffe und verleiht ihnen eine hohe Raumtemperaturfestigkeit. Das Element Zn wirkt ebenfalls festigkeitssteigernd. [...] Zur Verbesserung des Kriechwiderstandes gilt es, die Korngröße zu reduzieren, die Mischkristalle zu verfestigen und eine stabile Ausscheidungsstruktur zu erreichen [1-4]. (Regener et al. 2003, 721)

Wie man sieht, umreißen die Autoren zunächst eine Materialverwendungspraxis: Bestimmte Legierungen werden in der Automobilindustrie immer häufiger verwendet. Sie haben Vorteile (gute mechanische Eigenschaften, geringes spezifisches Gewicht); bestimmte Bestandteile sind für weitere Eigenschaften verantwortlich (Aluminium für die gute Gießbarkeit, Zink für die Festigkeit). Die Legierungen sind aber auch noch optimierungsbedürftig: Um den Kriechwiderstand (die Festigkeit) zu verbessern, muss der innere Feinbau, die Mikrostruktur der Legierungen (Korngröße, Mischkristalle, Ausscheidungsstruktur), verbessert werden.

Der Passus charakterisiert eine Praxis, die relevant ist (Automobilbau) und zugleich optimierungsbedürftig (*zur Verbesserung ... gilt es ...*).

Diesem Abschnitt folgt ein Textstück, das wir schon kennen: Über einen Aspekt der Mikrostruktur (Stabilität der Ausscheidungen) herrscht in der Forschung Uneinigkeit, und die bisherigen Untersuchungen sind nicht ausreichend:

Allerdings gehen die Meinungen über die Stabilität der Ausscheidungen weit auseinander, auch über die der in der Legierung AZ91 existierenden intermetallischen Phase $Mg_{17}Al_{12}$ [5]. Dies lässt sich nicht zuletzt damit begründen, dass die Untersuchungen zur Beurteilung des Werkstoffverhaltens bei höherer Temperatur bisher nicht ausreichend sind, um eine endgültige Klärung herbeizuführen. Insbesondere fällt die kurze Dauer der Kriechversuche auf, die meist nur zwischen 100 und 200 Stunden liegt. (Regener et al. 2003, 721f)

Abschließend formulieren die AutorInnen das Untersuchungsziel:

Das Ziel dieser Arbeit ist daher eine vergleichende Untersuchung der mikrostrukturellen Veränderungen von Magnesium-Druckgusslegierungen nach einer langzeitigen thermischen Beanspruchung. (Regener et al. 2003, 722)

An diesem Text sind zwei Dinge auffällig. Erstens: Die Autoren schreiben über eine Praxis, dann über Wissenschaft und schließlich über ihren eigenen wissenschaftlichen Beitrag. Aber sie sagen nicht, dass sie das tun. Zweitens: Wir verstehen den

Text – abgesehen von der Fachlichkeit – ohne Probleme, obwohl der Text seine Struktur nicht mitkommuniziert. Wie ist das möglich?

Dass das so problemlos funktioniert, hängt damit zusammen, dass wir aufgrund von Leseerfahrungen mit anderen Texten (z. B. Leitartikeln, vgl. Thielmann 2011) daran gewöhnt sind, solche Abschnitte als Begründungsschritte zu lesen. Daher:

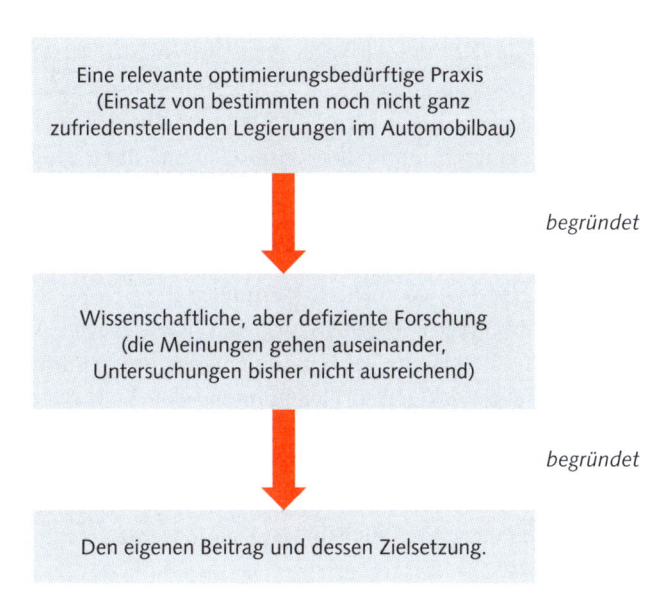

```
┌─────────────────────────────────────────────┐
│     Eine relevante optimierungsbedürftige Praxis     │
│    (Einsatz von bestimmten noch nicht ganz          │
│    zufriedenstellenden Legierungen im Automobilbau) │
└─────────────────────────────────────────────┘
                     ▼                           begründet
┌─────────────────────────────────────────────┐
│     Wissenschaftliche, aber defiziente Forschung    │
│        (die Meinungen gehen auseinander,            │
│       Untersuchungen bisher nicht ausreichend)      │
└─────────────────────────────────────────────┘
                     ▼                           begründet
┌─────────────────────────────────────────────┐
│     Den eigenen Beitrag und dessen Zielsetzung.     │
└─────────────────────────────────────────────┘
```

Wir lesen also den Text auf Basis eines Wissens, das wir über derartige Texte haben.[3] Für Ihre Einleitung bedeutet dies Folgendes: Sie beginnen Ihre Einleitung mit einem Abschnitt, der die wissenschaftliche Forschung, mit der Sie sich befassen, in einen größeren Zusammenhang stellt. Dann charakterisieren Sie die Forschung, zu der Sie etwas beitragen wollen. Schließlich sagen Sie kurz, was Sie zu tun gedenken. Wenn man noch nicht lange studiert hat, sind die ersten beiden

---

3 Angelsachsen tun dies nicht, weswegen englische Einleitungen eine völlig andere Struktur haben (s. Thielmann 1999, 2009).

Schritte erfahrungsgemäß schwierig. Dies führt mitunter zu Situationen, in denen ›bei Adam und Eva‹ angefangen wird. Hierfür ein Beispiel aus einer kommunikationswissenschaftlichen Arbeit:

> Nicht nur die mündliche, sondern auch die schriftliche Kommunikation beruht auf einem Kommunikationsmodell.

An diesem Satz wird die ›Not des Anfangs‹ deutlich spürbar. Denn was ist hier gesagt? Doch nichts weniger als Folgendes: Jede Kommunikation, egal ob mündlich oder schriftlich, beruht auf (d. h. wird ermöglicht durch) einem Kommunikationsmodell. Also: Erst gab es ein Kommunikationsmodell und dann haben – irgendwann in der Jungsteinzeit – die Menschen das Kommunizieren angefangen, weil es ein Kommunikationsmodell gab. Erinnern Sie sich bitte daran, dass Wissenschaftler nicht mit dem Anspruch antreten, Wirklichkeit zu erschaffen (wo die herkommt, dazu gibt es Hypothesen sowie Erklärungen, die sich nicht als wissenschaftliche Hypothesen eignen). Vielmehr wollen Wissenschaftler Wirklichkeit erfassen, beschreiben und erklären. Der Grund dafür, warum in diesem Anfangssatz die wissenschaftliche Wirklichkeit gleichsam auf den Kopf gestellt wird, ist darin zu sehen, dass der Verfasser ›bei Adam und Eva‹, oder besser: eine Letztbegründung versuchend, angefangen hat. Was tun, wenn Ihnen an dieser Stelle nichts Besseres einfällt? Lassen Sie den ersten und ggf. am Anfang auch den zweiten Passus einfach weg und schreiben Sie lediglich, was Sie tun werden:

Darstellen: In dieser Arbeit versuche ich, die Theorie XY von Meier darzustellen. Ich beziehe mich dabei auf seine zentrale Arbeit von (xxxx) sowie auf die beiden späteren Aufsätze (yyyy) und (zzzz). Bei meiner Darstellung ist es mir vor allem um die Aspekte A und B zu tun.

Abwägen: Bezüglich der Frage, ob … gibt es in der Forschung recht unterschiedliche Auffassungen. In dieser Arbeit versuche ich, die – konträren – Positionen von Meier (xxxx) und Müller (yyyy) darzustellen und kritisch abzuwägen.

Anwenden: G lässt sich mit dem Verfahren/der Methode/der Theorie XY, wie verschiedentlich gezeigt worden ist (Meier xxxx, Müller yyyy), recht gut erfassen / beschreiben / darstellen / erklären. In dieser Arbeit versuche ich, XY auf G_1 anzuwenden, um zu überprüfen, ob sich der Ansatz hierbei bewährt.

Kritisieren: Die Position von Meier (xxxx) wird in der Forschung verschiedentlich diskutiert. In dieser Arbeit möchte ich zeigen, dass diese Position innere Widersprüche aufweist, die nicht auf den ersten Blick ersichtlich sind.[4]

Wenn Sie etwas weiter sind, orientieren Sie sich an der Einleitung von Regener et al. und fragen Sie sich: Was ist meine Magnesium-Druckgusslegierung? Warum ist meine Magnesium-Druckgusslegierung relevant? Und: Was will ich bezüglich meiner Magnesium-Druckgusslegierung zeigen?

Die folgende studentische Einleitung, aus der wir bereits einen kleinen Abschnitt behandelt haben (s. Kapitel 3.2 zum Nominalstil), zeigt deutlich, was passiert, wenn jemand weder über eine Magnesium-Druckgusslegierung noch über eine Einschätzung von deren Relevanz verfügt und über den – nicht vorhandenen – Gegenstand daher auch nichts herausfinden kann. Wir setzen den Text erst einmal komplett hin, damit Sie ihn auf sich wirken lassen können, und kommentieren in anschließend[5]:

> Die vorliegende Hausarbeit wird sich auf das grundlegende Problem der Vermittlungsmöglichkeiten im deutschen Fremdsprachenunterricht beziehen. Die Teilung der Arbeit in einen theoretischen und empirischen Teil soll dazu dienen, dass zunächst eine Zusammenfassung von Forschungsergebnissen erfolgt. Diese dienen als anschließende Grundlage für die Analyse von einem Lehrwerk hinsichtlich des Erwerbs der Satzmodelle mit Blick auf die Vermittlung der Verbformen.
> Somit soll in dieser Hausarbeit eine Lehrwerksanalyse unter Berücksichtigung von Ergebnissen der Fremdsprachenforschung durchgeführt werden. Zu diesem Zweck soll zunächst der Text von Grießhaber (2001) zusammenfassend wiedergegeben werden. Im Folgenden wird die Theorie zum Erwerb von Satzmodellen nach Diehl (2000) vorgestellt. Das ausgewählte Lehrwerk der Reihe Begegnungen wird hinsichtlich seiner Vermittlung zur Syntax auf Grundlage des Verberwerbs auf A1 Niveau des Europäischen Referenzrahmens untersucht. Abschließend soll ein Fazit über die dar-

---

4 Wie Sie an diesen Beispielen sehen: Immer dort, wo Sie sagen, was Sie tun – und dafür ist vor allem die Einleitung der Ort – dürfen, sollten Sie *ich* sagen. Versuchen Sie auf keinen Fall, *ich* zu vermeiden, indem Sie Formulierungen wählen wie: *In dieser Arbeit wird sich mit XY beschäftigt*. Diese Formulierungen sind so außerordentlich hässlich wie sie exorbitant grammatisch falsch sind. Sollte Ihnen – aufgrund der Gepflogenheiten Ihres Faches – *ich* auch in solchen Zusammenhängen untersagt sein, wählen Sie Formulierungen wie *Gegenstand dieser Arbeit ist XY; in dieser Arbeit wird versucht, die Position von XY darzustellen* usw.

5 Nebenbei bemerkt: Alle, die wissenschaftlich arbeiten, haben das wissenschaftliche Schreiben erst lernen müssen, auch die Verfasser dieses Buches. Das heißt: Von uns gibt es auch frühe Texte, die z. T. ähnlich aussehen wie der, den wir hier nun besprechen.

gebotene Vermittlung im Lehrwerk stattfinden, um festzustellen, ob und inwiefern es Unterschiede zu Untersuchungen zum Fremdspracherwerb beinhaltet. Am Schluss werden die Ergebnisse der Hausarbeit bündig zusammengefasst und ein Ausblick auf zukünftige Möglichkeiten der Vermittlung im Fremdsprachenunterricht gegeben.

Es ist ziemlich offensichtlich: Diese Einleitung ist komplett in die Binsen gegangen (wie – erwartbar – die Arbeit auch). Zunächst einmal fehlt der Gegenstand, die Magnesium-Druckgusslegierung, denn es werden völlig verschiedene Gegenstände angeboten: *das Problem der Vermittlungsmöglichkeiten im deutschen Fremdsprachenunterricht* und *Lehrwerke*. Zudem sollen *Texte* zusammenfassend wiedergegeben und eine *Theorie* vorgestellt werden. Das ist alles ziemlich viel für eine einzige Arbeit. Wo ein eindeutiger Gegenstand fehlt, kann auch weder von seiner Relevanz die Rede sein noch von einem Forschungszusammenhang, in dem man den eigenen Beitrag verorten möchte. Wir kommentieren nun Satz für Satz:

> Die vorliegende Hausarbeit wird sich auf das grundlegende Problem der Vermittlungsmöglichkeiten im deutschen Fremdsprachenunterricht beziehen.

Eine Hausarbeit, die sich – noch – *beziehen wird*, ist noch nicht fertig, und kann aus diesem Grund auch noch nicht vorliegen. Das *grundlegende Problem der Vermittlungsmöglichkeiten im deutschen Fremdsprachenunterricht* kann schon aus dem Grund nicht bestehen, dass weder der Gegenstand der Vermittlung noch die Art des Unterrichts (was ist *deutscher Fremdsprachenunterricht?*) klar wird. Der erste Satz verunklart effektiv, worum es gehen soll.

> Die Teilung der Arbeit in einen theoretischen und empirischen Teil soll dazu dienen, dass zunächst eine Zusammenfassung von Forschungsergebnissen erfolgt.

Also: Zuerst wurde die Arbeit geschrieben und dann geteilt zu dem Zweck, dass dann eine Zusammenfassung von Forschungsergebnissen erfolgen kann ... Natürlich können Sie in der Einleitung kurz den Aufbau Ihrer Arbeit kommunizieren, aber dann bitte etwa so: *Nach einem Kurzüberblick über den Forschungsstand der Zweitspracherwerbsforschung überprüfe ich anhand eines aktuellen Lehrwerks, ob deren Ergebnisse inzwischen in der Praxis angekommen sind.*

> Diese [= die Forschungsergebnisse] dienen als anschließende Grundlage für die Analyse von einem Lehrwerk hinsichtlich des Erwerbs der Satzmodelle mit Blick auf die Vermittlung der Verbformen.

Hier hat sich, wie in Kapitel 3.2 dargelegt, der Nominalstil auf eine Weise verselbständigt, dass der Formulierung kein Sinn mehr zu entnehmen ist, es sei denn, dass Lehrwerke Satzmodelle erwerben. Aber Lehrwerke sind nicht geschäftsfähig.

> Somit soll in dieser Hausarbeit eine Lehrwerksanalyse unter Berücksichtigung von Ergebnissen der Fremdsprachenforschung durchgeführt werden.

Dies ist der erste Satz, der – abgesehen davon, dass es keine Fremdsprachenforschung gibt – kommuniziert, was der Autor zu tun gedenkt. Aber der Ausdruck *somit* ist hier völlig fehl am Platze, da er dem Argumentieren (s. Kapitel 9) zugehört und eine Folgerung einleitet: *A sagt zunächst X und etwas später das Gegenteil. Somit widerspricht er sich selbst.*

> Zu diesem Zweck soll zunächst der Text von Grießhaber (2001) zusammenfassend wiedergegeben werden.

Der Ort der zusammenfassenden Textwiedergabe ist die Schule, über die Sie jetzt hinaus sind.

> Im Folgenden wird die Theorie zum Erwerb von Satzmodellen nach Diehl (2000) vorgestellt.

Erstens gibt es von Diehl keine Theorie, sondern nur empirische Befunde. Zweitens können Sie *im Folgenden* nur schreiben, wenn Sie unmittelbar danach auch liefern. Hier wird aber der Untersuchungsaufbau kommuniziert, also *anschließend*.

> Das ausgewählte Lehrwerk der Reihe Begegnungen wird hinsichtlich seiner Vermittlung zur Syntax auf Grundlage des Verberwerbs auf A1 Niveau des Europäischen Referenzrahmens untersucht.

»Begegnungen« ist ein Titel und gehört entsprechend gekennzeichnet (Anführungszeichen oder Kursivsatz). Problematischer ist jedoch auch hier der sich verselbständigende Nominalstil, wonach Lehrwerke unter die Akteure (Vermittler) gegangen sind. Lehrwerke sind jedoch keine Menschen. Außerdem ist hier zum zweiten Mal von Lehrwerksanalyse die Rede, nachdem vorher von Forschung die Rede war. Dem Autor ist offensichtlich nicht klar, was er eigentlich tun will.

5 Wie soll ich bloß diese Seiten vollkriegen?

> Abschließend soll ein Fazit über die dargebotene Vermittlung im Lehrwerk stattfinden, um festzustellen, ob und inwiefern es Unterschiede zu Untersuchungen zum Fremdspracherwerb beinhaltet.

In Lehrwerken wird keine Vermittlung dargeboten, und selbst wenn es die gäbe, wäre sie etwas anderes als eine Untersuchung. Es ist mithin zu erwarten, dass zwischen Unvergleichbarem (Vermittlung – Untersuchung) Unterschiede bestehen. Darüber hinaus: *stattfinden* können Konzerte, Demonstrationen, Theateraufführungen etc. Ein Fazit kann das nicht. Geben Sie nicht Ihr gemeinsprachliches Formulierungsvermögen an der Garderobe ab, weil in Ihrem Kopf Wissenschaft stattfindet.

> Am Schluss werden die Ergebnisse der Hausarbeit bündig zusammengefasst und ein Ausblick auf zukünftige Möglichkeiten der Vermittlung im Fremdsprachenunterricht gegeben.

Es ist nicht zu erwarten, dass bei einer solchen Anlage Ergebnisse herauskommen, die bündig zusammengefasst werden können (warum nicht *die Arbeit schließt mit einem Fazit?*). Außerdem wird ein Ausblick auf etwas gegeben, was es so nicht gibt, nämlich die Vermittlung von nichts im Fremdsprachenunterricht und deren Möglichkeiten.
Wenn die Arbeit eine zielführende Anlage gehabt hätte, also der Verfasser sich bewusst gewesen wäre, was er tat, hätte die Einleitung folgendermaßen aussehen können:

> Die Zweitspracherwerbsforschung hat inzwischen etliche Resultate erbracht, die bei der Konzeption von Lehrwerken Berücksichtigung finden sollten. In dieser Arbeit untersuche ich daher, ob diese Forschungsergebnisse in dem aktuellen Lehrwerk »Begegnungen« berücksichtigt sind. Hierbei beschränke ich mich auf den ersten Band. Der Lehrwerksanalyse geht eine kurze Darstellung des Forschungsstandes voraus, wobei ich vor allem auf die Untersuchungen Diehl (2000) und Grießhaber (2001) eingehe.

Der Gegenstand der Arbeit (die Magnesium-Druckgusslegierung) wären also Forschungsergebnisse zum Zweitspracherwerb, und die Fragestellung wäre, ob diese in der Praxis angekommen sind.

→ Wenn Sie im Schreiben von Einleitungen noch nicht sehr geübt sind, ist es meistens besser, wenn Sie die beiden ersten Begründungsschritte (allgemeiner Zusammenhang und wissenschaftliche Forschung) weglassen und sich darauf konzentrieren zu sagen, was Sie tun. Dabei können Sie zugleich kurz den Aufbau Ihrer Arbeit kommunizieren. Immer wenn Sie dem Leser sagen, wie Ihr Text strukturiert ist, dürfen Sie – falls Ihre Fachkultur das nicht ausdrücklich verbietet – *ich* sagen (s. Kapitel 6).

6 Wer schreibt hier eigentlich was warum für wen?
Textkommentierung, -gliederung und -verknüpfung

6.1 Funktion und Form eines wissenschaftlichen Textes
    6.1.1 Gegenstand und Fragestellung
    6.1.2 Adressatenbezug, Autorenrolle und Leserorientierung
    6.1.3 »Ich« / »wir« / »man« und Ersatzformen
    6.1.4 Gliederung
6.2 Sprachliche Mittel der Textkommentierung, -gliederung und -verknüpfung

Während in der Schule gesichertes Wissen vermittelt wird, besteht der Zweck der Universität darin, sich mit bestehendem Wissen kritisch auseinanderzusetzen und neues Wissen zu gewinnen. Um diese Anforderungen erfüllen zu können, bedient man sich wissenschaftlicher Methoden und Arbeitstechniken, und für die Weitergabe dieses Wissens gelten die Regeln und Konventionen der Wissenschaftskommunikation.
    Ob Seminararbeit, Zeitschriftenaufsatz, Artikel oder Monographie: Ein wissenschaftlicher Text entsteht aus der Situation des forschenden Lernens und des lernenden Forschens und folgt einer Logik aus Frage und Antwort, Problemstellung und Lösungsfindung. Diese Verfahren haben Einfluss auf die Struktur des Textes und seine sprachlichen Formen.
    Damit Leser Ihren Text verstehen können, sollten Sie die Inhalte thematisieren und übersichtlich gliedern, einzelne Textteile zu einem sinnvollen Ganzen verknüpfen und dabei die methodischen Verfahren und Arbeitsschritte transparent machen und kommentieren. In diesem Kapitel erfahren Sie, wie dies sprachlich realisiert werden kann.

6.1 Funktion und Form eines wissenschaftlichen Textes

Wenn Sie an die Universität kommen, wird von Ihnen ganz selbstverständlich erwartet, dass Sie wissenschaftlich schreiben. Wie das geht, ist aber noch nicht so ganz klar. Sollen Sie jetzt auf einmal alles, was Sie in der Schule gelernt haben, über Bord werfen und sich einem neuen und geheimnisvollen Regelapparat unterordnen? Bis zu einem gewissen Grad ja, aber die Regeln sind durchaus motiviert, und zwar durch die Unterschiede zwischen Schule und Universität. Ob schon als gesichert geltendes Wissen rezipiert und wiedergegeben oder ob neues Wissen erarbeitet werden soll, schlägt sich auch in den sprachlichen Formen nieder, mit denen Wissen bearbeitet wird.

Wer schon in der Schule eine Seminararbeit geschrieben hat, tut sich mit wissenschaftlichen Schreibaufgaben meist leichter als jemand, für den diese Textart völlig neu ist. Dennoch gibt es wesentliche Unterschiede zwischen der schulischen und der universitären Seminararbeit. Komplexere Inhalte, eine kritische Auseinandersetzung mit diesen Inhalten und die wissenschaftliche Relevanz der Fragestellung sind typische Merkmale der Seminararbeit an der Universität. Am deutlichsten unterscheiden sich die beiden Textarten aber durch die »Konstellation«, also durch die Kommunikationssituation, in der sich Autor und Leser befinden: Wenn in der Schule wissenschaftliches Schreiben geübt wird, dann handelt es sich eigentlich um die Simulation wissenschaftlicher Kommunikation. Es fehlt die Realität eines Seminarbetriebs, in der Lehrende und Lernende sich zunächst wissenschaftliches Wissen gemeinsam erarbeiten und daraus dann weiterführende Fragestellungen oder Themen entwickeln. Auf einen solchen Fachdiskurs ist die Schule nicht ausgerichtet. Für die universitäre Wissensvermittlung hingegen ist eine solche Situation des forschenden Lernens und des lernenden Forschens charakteristisch. Wenn man dies bedenkt, dann erschließt sich auch der Sinn wissenschaftlicher Arbeitstechniken und der Zweck formaler Konventionen.

Egal, ob Sie nun mit entsprechender Vorbildung oder ganz unvorbereitet an das wissenschaftliche Schreiben herangehen: Ihr erster wissenschaftlicher Text wird klar und verständlich sein, wenn Sie sich an ein paar Grundregeln halten, die wir Ihnen im Folgenden vorstellen möchten.

6.1.1 Gegenstand und Fragestellung

Unabhängig davon, ob Sie sich das Thema einer wissenschaftlichen Arbeit selbst suchen oder ein von den Dozenten vorgegebenes Thema bearbeiten: Sie sollten in jedem Fall am Anfang
- den Gegenstand eingrenzen und
- eine Fragestellung entwickeln.

Häufig ist der Gegenstand der Arbeit zu weit gefasst, und gerade Studienanfänger neigen zu ausufernden Themen, die sich im Rahmen einer 15seitigen Arbeit nicht bewältigen lassen. So ist es beispielsweise ein wesentlicher Unterschied, ob das Thema Ihrer Arbeit
- »Das Ozonloch«
- »Das antarktische Ozonloch« oder
- »Die polaren Stratosphärenbedingungen des antarktischen Ozonlochs«

lautet. Themensuche und Eingrenzung eines Gegenstands sowie die Entwicklung einer konkreten Fragestellung sind wesentliche Voraussetzungen für die Entstehung eines guten Textes. Eine sorgfältige Vorbereitung schützt vor Frustrationserlebnissen, die sonst im Verlauf und gegen Ende des Arbeitsprozesses unweigerlich auftreten. Nehmen Sie sich also dafür ausreichend Zeit.

➢ O-Ton: »Thema, Gegenstand und Fragestellung … Das ist doch sowieso alles das gleiche.«

Das stimmt so nicht, hier gilt es genau zu differenzieren: Mit dem »Thema« benennen Sie den inhaltlichen Kern, mit dem Sie sich in Ihrer Seminararbeit beschäftigen wollen. Die »Fragestellung« dagegen ist wesentlich spezifischer: Hier geht es um die Auseinandersetzung mit dem Thema unter bestimmten Gesichtspunkten. Dazu gehört beispielsweise auch die Entscheidung, welcher theoretische Ansatz gewählt wird und welche methodische Vorgehensweise sich empfiehlt. Die Fragestellung bestimmt die Perspektive, aus der Sie das Thema untersuchen und bestimmt damit auch über die Kriterien, nach denen vorhandenes Wissen neu strukturiert wird. »Gegenstand« kann auf zweierlei Weisen verwendet werden (s. Graefen / Moll 2011: 126f):
- Gegenstand als Objekt des wissenschaftlichen Handelns (z. B. »In der Anthropologie ist der Mensch selbst der Gegenstand«)

- Gegenstand als Ziel / Zweck des wissenschaftlichen Handelns (z. B. »Gegenstand dieser Arbeit ist die Darlegung von X« im Sinne von frz. »objectif« oder engl. »objective«)

Neben dem Formulieren einer Frage oder einer Fragestellung kann auch das Entdecken eines Problems oder die Formulierung einer Problemstellung zur Konkretisierung und Perspektivierung eines Themas dienen. Am Anfang des Arbeitsprozesses besteht Ihre Aufgabe also darin, in Verbindung mit einer ersten Lese- und Recherche-Phase
- ein Thema auszuwählen,
- das Thema zu präzisieren und einzugrenzen,
- eine Fragestellung oder eine Problemstellung zu entwickeln.

Präzisierung und Eingrenzung des Themas sowie die Formulierung der Fragestellung bzw. Problemstellung sind wichtige Elemente der »Textkommentierung« und »Leserorientierung«, die ihren Platz meist in der Einleitung des Textes haben (s. Kap. 5).
- »Leserorientierung« heißt, dass Sie Ihren Lesern sagen müssen, was Sie tun. Nur wenn diese von Anfang an über Ihre Absicht im Bilde sind und Ihr Anliegen kennen und verstehen, sind sie auch bereit, Ihrem Text über mehrere Seiten hinweg die nötige Aufmerksamkeit zu schenken.
- Dazu ist es erforderlich, dass Sie an bestimmten Stellen des Textes über Ihren Text sprechen (z. B. in der Einleitung oder in Kapitelübergängen), ihn kommentieren und den Leseprozess damit kanalisieren (»Textkommentierung«).

6.1.2 Adressatenbezug, Autorenrolle und Leserorientierung

> O-Ton: »Aber das ist doch ein Fake: Ich soll so tun, als würde ich für andere Wissenschaftler schreiben, dabei schreibe ich nur für die Dozentin, die mir eine Note gibt.«

Schon in der Vorbereitungsphase sollten Sie sich die Frage stellen, an welche Leserschaft Sie sich richten. Diese Frage ist wiederum nur zu beantworten, wenn man sich klarmacht, welche Funktion der Text erfüllen soll.

→ **Seminararbeiten sind Übungstexte, die dazu dienen, sich die zentralen Techniken des wissenschaftlichen Arbeitens und Schreibens anzueignen. Sie sind als Vorbereitung auf die Konzeption und Formulierung künftiger wissenschaftlicher Texte zu verstehen, die publiziert und damit der am jeweiligen Forschungsbereich interessierten wissenschaftlichen Öffentlichkeit vorgelegt werden.**

Auf den ersten Blick mag eine solche Kommunikationssituation paradox anmuten: Sie lassen sich auf eine »Als-ob«-Situation ein und schreiben Dinge, von denen Sie ziemlich sicher annehmen können, dass die betreuenden Dozenten sie ohnehin schon wissen, ja, in deren Urheberschaft sie teilweise fallen. Der Simulationscharakter lässt sich aber erklären, indem Sie sich die grundlegenden Verpflichtungen vergegenwärtigen, die das wissenschaftliche Arbeiten mit sich bringt, nämlich

- die Auseinandersetzung mit neuen Erkenntnissen,
- die Teilnahme am Diskurs der wissenschaftlichen Fachgemeinschaft,
- die Darstellung von Wissenselementen nach den Kriterien der Nachprüfbarkeit und Vollständigkeit,
- die Verpflichtung zur Rezeption und Publikation von Wissensbeständen.

Der Adressatenkreis, den Sie beim Schreiben Ihres Textes im Kopf haben sollten, ist deshalb weiter zu fassen, als Sie vielleicht vermuten. Dazu gehören

- die »reale« Leserschaft, die sich konstituiert aus
  - lehrenden und bewertenden Dozenten und Dozentinnen,
  - Kommilitonen und Kommilitoninnen sowie
  - an der Thematik bzw. an Ihrem Schreiben ggf. interessierte Laien
- die »fiktive« Leserschaft der »scientific community«, also der wissenschaftlichen Öffentlichkeit, für die Ihre Publikation von Interesse sein könnte.

Tatsächlich ist Ihren Dozenten ein Großteil dessen, was Sie in Ihrem Text formulieren, schon bekannt. Bedenken Sie aber, dass auch die Lehrenden nicht immer alle Texte kennen und sich gerne vom Nachweis einer neuen Publikation oder einer neuen Sicht auf den Gegenstand überraschen lassen. Auch Ihre Kommilitonen sind als Leserschaft hilfreich. Wenn Sie ihnen beispielsweise den Text in einer frühen Fassung zu lesen geben und dafür Feedback bekommen, erkennen Sie, wieviel und welches Wissen Sie bei Lesern voraussetzen können, die nicht in die Thematik eingearbeitet sind. Die »scientific community« ist der in diesem Stadium zwar noch fiktive, aber für spätere Publikationen zentrale Adressatenkreis. Es sind diejenigen, die sich mit Ihrem Forschungsbereich beschäftigen und auf deren wissenschaftliche Erkenntnisse Sie sich beziehen. In diesen wissenschaftlichen Diskurs hinein positionieren Sie Ihre eigenen Überlegungen, und damit sind auch Sie Mitglied dieser wissenschaftlichen Diskursgemeinschaft. Dies schlägt sich auch in den entsprechenden Formulierungen nieder.

Das folgende Beispiel aus einer studentischen Seminararbeit zeugt von einer nicht gerade klar durchdachten Autorenrolle:

> *Die Wissenschaftler haben festgestellt, dass Modalpartikeln in verschiedenen Sprachen in unterschiedlicher Häufigkeit vorkommen.

Die Verfasserin versucht, einen aktuellen Forschungsstand neutral wiederzugeben, den »die Wissenschaftler« erarbeitet haben sollen. Dadurch entsteht der Eindruck, dass es eine determinierte Gruppe gibt, der die Verfasserin nicht angehört und der sie sich nicht zuzählt. Sie positioniert sich also außerhalb der »scientific community«, als deren Mitglied sie sich eigentlich im Rahmen ihrer wissenschaftlichen Tätigkeit gerade verstehen sollte und offenbart damit unfreiwillig, dass sie sich (noch) nicht als Wissenschaftlerin sieht. Besser wäre es, an dieser Stelle konkrete Namen zu nennen (wie z. B. »Watson und Crick haben festgestellt, …«) oder eine unpersönliche Formulierung zu verwenden (wie z. B. »In der sprachwissenschaftlichen Forschung wurde festgestellt …«).

Auch wenn Sie sich zu Studienbeginn noch nicht als Wissenschaftlerin oder Wissenschaftler sehen, so wird Ihnen zumindest eine Simulation von Professionalität und Wissenschaftlichkeit abverlangt. Das bedeutet nicht, dass man Sie in eine unpassende Rolle hineinzwingen will. Es hängt vielmehr damit zusammen, dass Sie zu Studienbeginn als Lernende und Studierende eigentlich in einer Doppelrolle stecken. »Lernende« waren Sie in der Schule und sind Sie auch in den ersten Studiensemestern: Hier lernt man am Vorbild und durch Imitation. Und wie es im Handwerksbetrieb der Lehrling dem Meister gleichzutun versuchen muss, so eifern Sie als Studierende Ihren Vorbildern des wissenschaftlichen Schreibens nach. Sie schreiben also einen Text, der wissenschaftlich »klingt«. Das ist nichts Verwerfliches, denn auf diese Weise lernt und – bestenfalls – begreift man das wissenschaftliche Arbeiten. »Studierende« sind Sie nicht plötzlich dadurch, dass Sie an einer Universität immatrikuliert sind, sondern Studierende müssen Sie erst werden, und in diese Rolle wächst man hinein. Man imitiert Vorbilder, greift ihre Themen auf, entwickelt ihre Fragen weiter, möglicherweise stellt man sie sogar in Frage. Aber selbst wenn Sie keinen Drang verspüren, Wissenschaftlerin oder Wissenschaftler zu werden, so werden Ihnen die wissenschaftlichen Vorgehensweisen und Arbeitstechniken auch im Alltag und im Beruf helfen. Auch dort sollten Sie überzeugend argumentieren, Protokolle verfassen oder Arbeitsberichte abliefern können, und je professioneller Ihnen das gelingt, desto besser.

→ Damit eine reibungslose Autor-Leser-Kommunikation gelingt, sollten Sie Ihre Rolle als Autor bwz. Autorin reflektieren sowie das Vorwissen und die Bedürfnisse Ihrer Leserschaft berücksichtigen.

Die dazu erforderlichen sprachlichen Ausdrucksmittel stellen wir Ihnen in den folgenden Abschnitten vor.

6.1.3 »Ich« / »wir« / »man« und Ersatzformen

➢ O-Ton: »Warum darf ich denn nicht »ich« sagen?«

Sie haben vielleicht von einem »Ich-Tabu« beim wissenschaftlichen Schreiben gehört und fragen sich angesichts einer solchen Maxime zurecht: Was darf ich denn nun, und was darf ich nicht?

Während es in Schulaufsätzen durchaus noch üblich und häufig sogar ausdrücklich verlangt ist, dass man als Autor mit den eigenen Meinungen, Gefühlen und subjektiven Auffassungen auftritt, sind solche Formulierungen in wissenschaftlichen Texten unangemessen. Wenn Sie zum Beispiel in einer Seminararbeit lesen

> Meiner Meinung nach finde ich es sehr wichtig, dass (…).

so haben Sie es dabei nicht nur mit einer Überdosis an Subjektivitätsmarkierung zu tun, sondern auch mit einem Mangel an Reflexion der eigenen Position und Perspektive beim wissenschaftlichen Schreiben. Auch bei der Erläuterung der Themenwahl wirken rein subjektive Begründungen wie die folgende unwissenschaftlich:

6 Wer schreibt hier eigentlich was warum für wen?

> Ich habe mich schon immer gerne im Wald aufgehalten, deshalb interessiere ich mich für das Thema ›Chlorophyll‹.

In studentischen Texten nimmt die »Ich«-Verwendung mit zunehmender Schreiberfahrung ab.[1] Tatsächlich werden »ich« und »wir« in wissenschaftlichen Texten nicht sehr häufig verwendet, und zwar aus folgendem Grund: Objektivität und Sachbezogenheit sind wesentliche Kriterien des wissenschaftlichen Arbeitens. Die Person des Autors bzw. der Autorin rückt in den Hintergrund, denn eine wissenschaftliche Publikation erfüllt den Zweck, vorhandenes oder neues Wissen öffentlich zu machen, und zwar in einer sachlichen, von der Autorenpersönlichkeit losgelösten Form. Emotionen und subjektive Einschätzungen sind also fehl am Platz und bleiben anderen Textarten vorbehalten. Dennoch bedeutet die Verpflichtung zur Sachlichkeit nicht die Entpersonalisierung der Kommunikation und damit automatisch ein »Ich-Verbot«. In wissenschaftlichen Texten finden sich durchaus Belege für die Verwendung der Personalformen »ich« oder »wir« bzw. der flektierten Formen »mich«, »mir«, »mein«, »unser«.[2] Allerdings ist diese Verwendung funktional begründet.

→ »Ich« wird häufig zur Textkommentierung verwendet, wenn der Autor dem Leser die Textorganisation deutlich machen möchte, also eine Hilfestellung beim Lesen und Verstehen gibt. Solche Textkommentierungen finden sich besonders
- in Einleitungen,
- in Schlusskapiteln,
- in Zusammenfassungen und
- in kapitelabschließenden oder kapiteleröffnenden Textteilen.

Es folgen nun einige Beispiele, in denen Personalformen zur Textkommentierung eingesetzt werden[3]:

---

1 Diese Beobachtung macht Steinhoff (2007: 169ff) in seiner Untersuchung studentischer Seminararbeiten.
2 Siehe dazu auch Graefen / Thielmann (2007).
3 Die Personalformen sind in den folgenden Beispielen kursiv, die sprachlichen Ausdrücke zur Gliederung und Textkommentierung durch Unterstreichung markiert.

6.1 Funktion und Form eines wissenschaftlichen Textes

Den Aufbau einer Untersuchung vorstellen

Einleitung eines wissenschaftlichen Artikels

Im Folgenden werde *ich* zunächst X näher behandeln. (…). *Ich* werde dann unter einem anderen Gesichtspunkt auf Y eingehen. Schließlich möchte *ich* einige Konsequenzen für X und Y skizzieren.

Zielsetzung, Themen- und Fragestellung erläutern

Einleitung / Ankündigung eines Folgekapitels in einem wissenschaftlichen Artikel

Ich will dabei der Frage nachgehen, wie sich das Verhältnis von X zu Y entwickelt hat.

Im Verlauf *meiner* Untersuchung gehe *ich* der Frage nach, wie (…).

Auswahl bzw. Ausgrenzung von Themen oder Aspekten begründen

Um den Rahmen der Arbeit nicht zu sprengen, habe *ich* bei den kürzeren Kapiteln auf Zusammenfassungen verzichtet. (Seminararbeit)

Bei dieser Ausarbeitung kann *ich* nicht auf historische Quellen zugreifen, da diese nur bruchstückhaft vorliegen. (Geschichte)

Ich werde zu diesem Zweck drei Thesen betrachten, die für die politische Philosophie Hannah Ahrendts von grundlegender Bedeutung sind. (Philosophie)

Auf vorangehende oder künftige Kapitel, Textteile oder Publikationen verweisen

Auf diesen Zusammenhang werde *ich* später noch einmal eingehen. (Seminararbeit)

Um die Tragweite dieses Analyseansatzes zu verdeutlichen, greife *ich* wieder auf das Fallbeispiel zurück. (Psychologie)

Abschließende Betrachtungen

Mit diesem Beitrag habe *ich* versucht zu zeigen, (…). (Seminararbeit)

Begriffsbestimmungen oder wissenschaftliche Positionierungen einführen
Ich schließe mich <u>an dieser Stelle</u> der Position von Horkheimer an, der (…). (Philosophie)
Im Folgenden verwende *ich* den Begriff ›Lebensstil‹ immer dann, wenn (…). (Seminararbeit)
Bei der Erläuterung dieser beiden Begriffe greife *ich* <u>zunächst</u> auf die Aussagen ihres Urhebers Sigmund Freud zurück. (Psychologie)

Es gibt aber noch weitere Möglichkeiten, Textkommentierungen vorzunehmen und dem Leser die eigenen Positionen, Handlungen und Entscheidungen in indirekter Form zu vermitteln.

- **wir**

»Wir« kann verwendet werden,
- wenn der Autor den Leser einbezieht und dadurch sich und den Leser als Gruppe kennzeichnet. Dies ist weit verbreitet in der mündlichen Kommunikation und Sie hören ein solches »wir« häufig in Vorlesungen und Vorträgen. Es lässt sich aber auch in wissenschaftlichen Texten beobachten.

Wir haben <u>im letzten Kapitel</u> gesehen, dass (…).
Und damit kommen *wir* zur zweiten Frage: (…).

- wenn tatsächlich ein Autorenteam schreibt:

Unsere Untersuchung stützt sich auf eine Datengrundlage von 48 kartographischen Darstellungen (…). (Geographie)
Wir gehen <u>im Folgenden</u> davon aus, dass die Ungleichungsrestriktionen in Polyedergestalt vorliegen. (Statistik)

6.1 Funktion und Form eines wissenschaftlichen Textes

→ **Vermeiden Sie es, die Personalform mithilfe der 3. Person zu umgehen.**

> **Der Verfasser* ist sich zwar durchaus darüber im Klaren, dass nicht alle der o. g. Ausführungen analysiert werden können, aber (…).

Solche Formulierungen findet man vereinzelt in älteren wissenschaftlichen Texten. In zeitgenössischen Publikationen wirkt »der Verfasser« antiquiert und eher wie eine verkrampfte Strategie, das »ich« zu vermeiden.

- **m. E.**

Auch wenn Sie es aus dem schulischen Aufsatzunterricht noch gewohnt sind, Ihren persönlichen Standpunkt mit der Formel »meiner Meinung nach« zu kennzeichnen, ist dies in wissenschaftlichen Texten nicht üblich. Mit zunehmender Erfahrung im wissenschaftlichen Schreiben nimmt die Verwendung von »meiner Meinung nach« in Seminararbeiten ab.[4] In Expertentexten kommt fast ausschließlich die abgekürzte Form »m. E.« zum Einsatz.

→ **Die Abkürzung »m. E.« für »meines Erachtens« wird in wissenschaftlichen Texten gerne verwendet, um einen persönlichen Standpunkt in gemäßigter, vorsichtig-distanzierter Form zu kennzeichnen.**[5]

> Entscheidend ist *m. E.* aber eine andere Frage: (…) (Philosophie)
>
> Diese These lässt sich *m. E.* nur innerhalb eines historisch-pragmatisch vermittelten Kontextes beibehalten. (Kulturwissenschaften)

→ **Auch Ausdruckskombinationen mit »Einschätzung« oder »Auffassung« sind geläufig. Hier sollten Sie darauf achten, dass Ihnen keine Anglizismen der Form *»In meiner Einschätzung« unterlaufen.**

---

4 Siehe Steinhoff (2007: 241ff)
5 Wenn Sie einen Standpunkt gegenüber einem anderen, zuvor genannten Standpunkt hervorheben möchten, kann »meines Erachtens« auch am Satzanfang stehen. Dann ist es auszuschreiben.

- **man**

Das Indefinitum »man« ermöglicht es, den direkten Autorenbezug mittels »ich« zu umgehen und dadurch die Aussage zu verallgemeinern.

> Vergleicht *man* die Messergebnisse mit und ohne Anlage untereinander, so bleibt festzustellen, dass (…). (Physik)
>   anstelle von
> Wenn ich die Messergebnisse mit und ohne Anlage untereinander vergleiche, so bleibt festzustellen, dass (…).

Typisch für wissenschaftliche Texte ist auch die Verbindung von »man« mit Modalverben. Dadurch kann verdeutlicht werden, welcher Grad der Sicherheit der jeweiligen Äußerung zukommt.

> *Man kann* nicht von Spitzenverbänden im europäischen Sinne sprechen. (Politikwissenschaften)

- **Weitere unpersönliche Konstruktionen**

Ein indirekter Verweis auf die eigene Person kann mit Hilfe des Konjunktivs[6] oder des Pronomen »es« formuliert werden (s. die folgenden Beispiele). Interessant sind die Ausdruckskombinationen mit »es sei«, denn dahinter verbirgt sich eigentlich ein »sollen«. Im Unterschied zu dem in Einleitungen verbreiteten »sollen« + Passiv (»es soll auf A eingegangen werden«) wird mit »es sei auf A eingegangen« eine unmittelbar sich anschließende Handlung angekündigt.

> »es« / Konjunktiv
>
> *Es sei* daher an dieser Stelle nur kurz *auf* die einkanalige Lautsprecheranlage *eingegangen*. (Physik)
>
> An dieser Stelle *sei* noch *erwähnt*, dass unsere Idee (…) auch aus theoretischen Gründen interessant erscheint. (Statistik)

---

6 In diesem Beispielblock durch Unterstreichung markiert.

> Schließlich sei auf den interessanten Tatbestand hingewiesen, dass das Ozonloch über dem südlichen Polargebiet auftritt, während über 90 Prozent der halogenierten Kohlenwasserstoffe (...) in den Industrieländern der Nordhalbkugel freigesetzt werden. (Meteorologie)
>
> *Es* konnte gezeigt werden, dass (...).
>
> *Es* dürfte nun kaum mehr ein Zweifel daran bestehen, dass (...).

Der in wissenschaftlichen Texten geforderte sachlich-neutrale Stil wird im Wesentlichen auch durch die Verwendung des Passivs und durch Passivsatzformen mit Modalisierung sowie durch Nominalisierungen realisiert (s. auch Kap. 10). Diese sprachlichen Verfahren ermöglichen es, das Autoren-»ich« in den Hintergrund zu rücken und der Aussage eine größere Verbindlichkeit zu verleihen.

Passiv-Verwendung

Aufgrund der Berechnung von Frequenzen und Schwingungsformen an Selenocyanat *wurde gezeigt*, dass (...) (DWDS Chemie)
　　　anstelle von
Aufgrund der Berechnung von (...) *habe ich / haben wir* gezeigt, dass (...).

Passiversatzform mit Modalisierung

Diese Überlegung *lässt sich* damit begründen, dass sich die Eigenschaften der Übertragungsfunktionen geändert haben.
　　　anstelle von
Ich begründe diese Überlegung damit, dass (...).

Nominalisierung

Die *Entwicklung* der Filme *erfolgte* nach der Rückkehr der Expedition. (Geologie)
　　　anstelle von
Ich habe die Filme nach der Rückkehr der Expedition *entwickelt*.

→ Es gibt also vielfältige Möglichkeiten, wissenschaftliches Wissen und Handeln sachlich neutral zu formulieren. Versuchen Sie aber nicht krampfhaft, die Verwendung von »ich« zu vermeiden, denn in textkommentierenden Abschnitten leistet sie als Orientierungshilfe gute Dienste, und es gibt keinen Zwang zur Entpersonalisierung. Überlegen Sie vielmehr, an welcher Stelle Sie Ihrer Leserschaft mit textkommentierenden Formulierungen das Verstehen erleichtern können, auch unter moderater Verwendung der ersten Person. Bedenken Sie dabei aber auch, dass sich die Verwendung der Personalformen »ich« und »wir« von Fach zu Fach erheblich unterscheiden kann. Sofern vorhanden, sollten Sie sich an den Vorgaben des Style-Sheets Ihrer Disziplin orientieren – oder an den Ausführungen derjenigen, die Ihre schriftlichen Texte bewerten.

6.1.4 Gliederung

Eine wissenschaftliche Arbeit besteht aus einem einleitenden Teil, einem darstellenden Teil und einem abschließenden Teil.[7]

- Der »einleitende Teil« umfasst in der Regel die folgenden Inhalte:
  - Heranführung an das Thema
  - Gegenstand der Arbeit (Leitfrage: Welches Ziel verfolge ich mit dieser Arbeit?)
  - Eingrenzung des Themas
  - Fragestellung / Problemstellung
  - Methodische Vorgehensweise
  - Vorstellung der Gliederung und Überblick über den Aufbau der Arbeit
- Der »darstellende Teil« dient der Bearbeitung des Themas und der Fragestellung. Die folgenden Verfahren und sprachlichen Handlungsformen sind hier von zentraler Bedeutung:
  - beschreiben und zusammenfassen (Stand der Forschung, wissenschaftliche Entwicklung, methodische Ansätze, empirische Daten, Quellen, Materialien);
  - gegenüberstellen und vergleichen (Positionen, Quellen, Materialien, Aussagen);

---

7 Der Überblick ist angelehnt an Fischer / Moll (2002: 248ff)

- analysieren und interpretieren (Fragestellung präzisieren, neue Aspekte und Zusammenhänge herausarbeiten, Ergebnisse deuten und zueinander in Beziehung setzen);
  - argumentieren (erfolgt im Rahmen des Gegenüberstellens, Analysierens und Interpretierens: eigene Positionen begründen und erklären durch Verweis auf Quellen, Materialien, andere wissenschaftliche Positionen);
  - Schlussfolgerungen ziehen (Einzelergebnisse zusammenfassen, aus Einzelanalysen Schlüsse ziehen, beurteilen und bewerten).
- Der »abschließende Teil« umfasst
  - eine Zusammenfassung der Ergebnisse (sofern dies nicht im darstellenden Teil schon geschehen ist),
  - Antworten auf Ausgangsfragen,
  - Weiterführende Fragen und Forschungsdesiderate.

Wie werden diese Textteile nun benannt? Aus dem schulischen Aufsatzunterricht erinnern Sie sich vielleicht noch an die dort empfohlenen Überschriften wie »Einleitung«, »Hauptteil«, »Schluss«. Für Leser, die an einen wissenschaftlichen Gegenstand herangeführt werden sollen, sind diese rein oberflächenbezogenen Benennungen von Textteilen aber nur wenig aussagekräftig. Schauen wir uns exemplarisch den »abschließenden Teil« an: Je nachdem, welcher Schwerpunkt gesetzt wird, handelt es sich beim abschließenden Teil

- um eine »Zusammenfassung« (Darstellung der Abfolge der Ergebnisse),
- um ein »Fazit« (keine systematische Abfolge der Ergebnisse, sondern eine Zuspitzung auf einen oder wenige wesentliche Punkte) oder / und
- um einen »Ausblick« (Einbettung der Ergebnisse in einen weiteren Forschungszusammenhang und Benennung von Forschungsdesideraten).

Entsprechend sollte auch die Überschrift des abschließenden Teils lauten.

- **Überschriften**

Überschriften sind ein unverzichtbares, strukturierendes Element bei der Textgliederung und Textkommentierung und leisten einen wichtigen Beitrag zur Verständlichkeit.
- Sie gliedern den Text in einzelne Bestandteile (Abschnitte oder Kapitel).
- Sie geben einen Überblick über den Aufbau des Textes.

- Sie können Inhalte ankündigen.
- Sie können Zusammenfassungen vorwegnehmen.

Ein Inhaltsverzeichnis, das aussagekräftige Überschriften enthält, gibt Aufschluss über das Thema der Arbeit, welche Fragestellung sie beantworten will und wie der Argumentationsverlauf strukturiert ist. Kurz: Das Inhaltsverzeichnis gibt Aufschluss über das Erkenntnisinteresse, das mit dieser Arbeit verfolgt wird.

Betrachten wir zwei unterschiedliche Gliederungsentwürfe:

Gliederungsentwurf 1 studentische Seminararbeit	Gliederungsentwurf 2 studentische Seminararbeit

1. Einleitung
2. Themenstellung
   2.1 Der wissenschaftliche Hintergrund meiner Arbeit
   2.2 Grundannahmen der Arbeit
   2.3 Methodische Vorgehensweise
3. Analyse
4. Zusammenfassung
	1. Einleitung
	2. Partikeln im Deutschen
	   2.1 Abtönungspartikeln
	   2.2 Interjektionen
	3. Probleme mit Partikeln im Bereich DaF
	   3.1 Probleme bei der didaktischen Erfassung und Vermittlung der Partikeln
	   3.2 Probleme des Partikelgebrauchs der Sprachlerner
	   3.3 Partikeln und Mündlichkeit
	   3.4 Partikeln in Lehrbuchtexten
	4. Fazit

Die Möglichkeiten des Gliederns sind vielfältig und differieren je nach Thema, Fragestellung und methodischer Vorgehensweise.[8] Aber unabhängig davon, für welche Form der Gliederung Sie sich entscheiden: Durch die Gliederung müssen sich einer uninformierten Leserschaft der »rote Faden« und die zentralen Inhalte erschließen. Gliederungsentwurf 1 vermag dies nicht zu leisten, denn hier wird zwar über die methodische Vorgehensweise und die Funktion des jeweiligen Kapitels informiert, allerdings so abstrakt, dass der fachliche Gegenstand verborgen

---

8 Detailliertere Informationen dazu finden sich z. B. bei Esselborn-Krummbiegel ([4]2014: 115ff)

bleibt. Gliederungsentwurf 2 verbalisiert explizit den fachlichen Gegenstand und lässt die Argumentationsstruktur erkennen. Die methodische Vorgehensweise und die wissenschaftlichen Verfahrensweisen bleiben hier allerdings verborgen.

6.2 Sprachliche Mittel der Textkommentierung, -gliederung und -verknüpfung

Die bisherigen Überlegungen haben Konsequenzen für die sprachliche Gestaltung eines wissenschaftlichen Textes. Dabei sollten Sie folgende Fragen im Kopf behalten:
- Wie muss ich formulieren, um meinen Text leicht verständlich zu machen?
- Wieviel und welche Leserorientierung ist erforderlich, um Thema, Fragestellung, Gliederung und Aufbau der Arbeit präzise darzustellen?
- Wo und wie kann, soll, darf oder muss ich mich als Autor oder Autorin sprachlich zeigen?

Es gibt ein reiches Reservoir an typischen Formulierungen, die bei der Gestaltung von Einleitung und Schluss, bei der Verknüpfung von Textteilen oder bei Thematisierungen und thematischen Übergängen im darstellenden Teil Ihrer Arbeit hilfreich sind.[9]

Ziel und Gegenstand einer Untersuchung nennen
Ziel der Arbeit / der Untersuchung / der Studie ist N
Ziel der Arbeit ist (es), A zu untersuchen
Das Ziel der / dieser Arbeit besteht in D
Diese Arbeit verfolgt das Ziel einer G
Diese Arbeit hat A zum Ziel
In dieser Arbeit wird N untersucht
In dieser Arbeit geht es um A
Im Rahmen dieser Arbeit wird N untersucht
In diesem Beitrag werde ich / möchte ich …

---

9 Die Redemittellisten sind teilweise an Graefen / Moll 2011 angelehnt, erweitert und überarbeitet.

Diese Arbeit beschäftigt sich / befasst sich mit D
Diese Arbeit widmet sich D
Die vorliegende Arbeit hat A zum Thema / zum Gegenstand
F macht A zum Gegenstand seiner Betrachtung
N ist Thema / Gegenstand der Untersuchung / der Studie
Thema / Gegenstand der Untersuchung ist N / bildet N

N bildet das Objekt / den Gegenstand von D
N ist Gegenstand der Untersuchung von F
N ist ein eigener Gegenstand
Zur Abgrenzung des Gegenstandes verweist F auf A

Auf eine Frage oder ein Problem aufmerksam machen

Eine Fragestellung formulieren
Eine Frage aufwerfen / ein Problem aufwerfen
Auf eine Frage zu sprechen kommen
Eine Fragestellung entwickeln
Aus D entsteht / ergibt sich eine Frage / ein Problem
Es stellt sich die Frage nach D
Hier stellt sich die Frage, ob / inwieweit / inwiefern / warum ...
Die Frage nach D drängt sich auf / tritt auf / ist naheliegend
In dieser Untersuchung geht es (mir) um die Frage ...
Die Arbeit soll folgende Fragestellung behandeln: ...
Je nach Fragestellung treten bestimmte Aspekte in den Vordergrund
Zunächst soll das Thema formuliert und eine Fragestellung präzisiert werden
Eine / Diese Frage spielt eine wichtige Rolle bei / in / für
Eine Frage drängt sich auf / tritt auf / ist naheliegend

Einer Frage / einem Problem nachgehen / etwas problematisieren

Eine Fragestellung / eine Problemstellung präzisieren
Eine Frage untersuchen / behandeln / erörtern / diskutieren / verfolgen / analysieren
Einer Frage / einem Problem nachgehen
Sich einer Frage widmen
Sich mit einer Frage befassen / auseinandersetzen
Eine Frage verfolgen
Auf eine Frage eingehen / zurückkommen
Etwas problematisieren

6.2 Sprachliche Mittel der Textkommentierung, -gliederung und -verknüpfung

- **Die Gliederung einer Arbeit vorstellen**

Formulierung zur Ankündigung der ersten (auf die Einleitung unmittelbar folgenden) Schritts des Hauptteils			
Zunächst Als erstes In einem ersten Schritt Zuerst	werde ich A will ich A	betrachten beschreiben analysieren	
Als erstes	wird A	betrachtet beschreiben analysiert	
Zunächst	soll A	betrachtet beschreiben analysiert	werden
In einem ersten Schritt	ist N	zu betrachten zu beschreiben zu analysieren	

Formulierung zur Ankündigung weiterer Schritte			
Danach Dann Anschließend Daran anschließend Als nächstes Später	wird N	betrachtet beschreiben analysiert	
Im Anschluss an A Es	folgt	eine Betrachtung von D eine Beschreibung von D eine Analyse von D	
Später	soll N	betrachtet beschreiben analysiert	werden
Nach	einer Darstellung von D1 komme ich zu D2		

6 Wer schreibt hier eigentlich was warum für wen?

Formulierungen zur Ankündigung des letzten Schrittes / des Schlusses		
Abschließend Schließlich Zum Abschluss Im letzten Kapitel	wird N	vorgestellt ausgeführt
Abschließend	will ich A vorstellen	
	soll N vorgestellt werden	
	ist noch N vorzustellen	

→ Beachten Sie: Formulierungen wie »Zum Schluss« oder »Am Schluss möchte ich sagen, dass« finden sich selten in wissenschaftlichen Texten, sondern eher in der mündlichen Kommunikation oder in Schulaufsätzen.

Formulierungen zur Ankündigung des Schlusses sind nicht zu verwechseln mit Ausdruckskombinationen der Wortfamilie »schließen«/»Schluss«, die dazu dienen, das Resultat eines mentalen Prozesses zu benennen. Hierzu einige Beispiele:

Exkurs: Wortfamilie »schließen« / »Schluss«		
F	kommt zu	einem Schluss einer Schlussforderung der Schlussfolgerung, dass
Aus D	wird etwas	geschlossen
Aus D	lässt sich	etwas schließen schlussfolgern
Die Ergebnisse legen den Schluss nahe, dass …		

6.2 Sprachliche Mittel der Textkommentierung, -gliederung und -verknüpfung

Abschließende Formulierungen am Ende eines Kapitels oder im abschließenden Teil			
Zusammenfassend Insgesamt	lässt sich kann man	festhalten sagen	
Zusammenfassend Insgesamt	kann	festgehalten gesagt	werden, dass …
Zusammenfassend	ist festzuhalten, dass … ist zu sagen, dass …		
Festzuhalten	ist bleibt	N	
Daraus ergibt sich	zusammengefasst,	dass …	
	zusammenfassend,		
Fasst man das bisher Gesagte zusammen, Das bisher Gesagte zusammenfassend, Mit Blick auf das bisher Gesagte	ergibt sich …		
Mit Blick auf das bisher Gesagte	lässt sich zusammenfassen		
Ich habe zu zeigen versucht, Es sollte gezeigt werden,	dass …		
Der Hauptteil der Untersuchung sollte verdeutlichen, dass …			
Im bisherigen Verlauf der Untersuchung wurde deutlich, dass …			
Das wichtigste Ergebnis der Untersuchung ist / war N			
Es lässt sich das Fazit / die Bilanz ziehen, dass …			

Ankündigung weiterer Themen und späterer Textteile		
N wird	weiter unten später in Kap. 3 am Ende der Arbeit	thematisiert erläutert ausführlich dargestellt
Auf N werde ich	weiter unten in Kap. 3	eingehen
Eine Kritik an D	folgt später wird in Kap. 3 vorgenommen erfolgt im Anschluss an A	
Kapitel 3	zeigt erläutert vertieft	die bis dahin vorgenommenen Analysen

Überleitungen am Ende eines Textabschnitts oder Kapitels	
Im Folgenden Im folgenden Kapitel Im folgenden Abschnitt Im Anschluss an A	soll N dargestellt / erläutert werden werde ich N darstellen / erläutern will ich N darstellen / erläutern
Dies sei nun am Beispiel von D dargestellt / erläutert	

Überleitungen zu Beginn eines Textabschnitts oder Kapitels	
Nach der Präsentation von X Nachdem X präsentiert wurde,	soll als nächstes Y präsentiert werden
Nun	werde ich A erläutern soll N erläutert werden kommt N zur Anwendung
Dies bisherigen Ausführungen	sollen anhand eines Beispiels illustriert werden will ich anhand eines Beispiels illustrieren

6.2 Sprachliche Mittel der Textkommentierung, -gliederung und -verknüpfung

Bisher wurde N untersucht	
Im Anschluss daran folgt die Untersuchung von D	
Nunmehr Ab jetzt Künftig	soll von D die Rede sein
Als erste Eigenschaft von D ist N zu nennen	
N ist folgendermaßen zu beschreiben:	

Anknüpfen an bereits Gesagtes		
Wie bereits Wie schon	in Kap. 1 im vorigen Abschnitt	ausgeführt erläutert herausgearbeitet angesprochen
Wie oben Wie eingangs Wie in Kap. 1		
Oben Zuvor Eingangs In Kap. 1 Im letzten Kapitel Im vorigen Kapitel Zu Beginn	habe ich bereits wurde schon	beschrieben, dass … gezeigt, dass … darauf hingewiesen, dass …
Die bisherigen Ausführungen Die oben angesprochenen Probleme Die vorgenannten Merkmale	zeigen A verdeutlichen A illustrieren A	
Das obige Beispiel	zeigt A	
N ist … (vgl. oben, Kap. 1)		

6 Wer schreibt hier eigentlich was warum für wen?

Unterthemen nennen oder ausblenden	
Dabei *In diesem Zusammenhang* *Hier*	*ist auch zu berücksichtigen, dass …* *soll auch N berücksichtigt werden* *werde ich auch N berücksichtigen*
Hierzu gehört auch die Thematisierung von D *An dieser Stelle ist es hilfreich, auch A zu berücksichtigen*	
N kann im Rahmen dieser Untersuchung nicht berücksichtigt werden, da … *Wegen G kann dieser Aspekt nicht berücksichtigt werden* *Es wäre sicherlich lohnend, A zu berücksichtigen. Allerdings …*	

- **»Ich« / »wir« / »man« und Ersatzformen**

In der folgenden Übersicht wird unterschieden zwischen Formulierungen, in denen der Sprecher explizit gemacht wird (»ich«, »mein« etc.) (»direkter Sprecherbezug«) und Formulierungen, in denen der Sprecher nur implizit erscheint oder in denen der Sprecherbezug nur noch sehr bedingt herstellbar ist (»es«, Passivformen, Passiversatzformen etc.) (»indirekter Sprecherbezug«).

Direkter Sprecherbezug (explizit)	Ich / wir	Ich will Ich werde Wir werden		zunächst	A betrachten
		Betrachten wir Analysieren wir		zunächst	A
		Kommen wir		nun	zu D
		Wir haben		zunächst	A analysiert
		Meines Erachtens Unseres Erachtens Meiner / Unserer Einschätzung nach Nach meiner / unserer Auffassung Meiner / Unserer Auffassung nach		lässt sich diese These nicht halten	
		Vergleicht man Betrachtet man	A1 und A2,	so sieht man, … so zeigt sich, …	
		Man		sieht, dass … sieht A geht davon aus, dass … spricht (hier) von D	
		Man	kann	sehen von D sprechen davon ausgehen	

6.2 Sprachliche Mittel der Textkommentierung, -gliederung und -verknüpfung

Indirekter Sprecherbezug (implizit)	Es	Es	lässt sich	beobachten, dass … zeigen, dass … erkennen, dass … feststellen, dass …	
			wird	betont gezeigt darauf hingewiesen	
			soll kann	auf A eingegangen der Frage nachgegangen gezeigt beobachtet festgehalten	werden
			sollte konnte	gezeigt beobachtet erklärt festgestellt nachgewiesen	werden
			ist zu betonen, ist zu beobachten,		dass …
	Weitere Passivformen und passivische Formulierungen	Zunächst Im folgenden Kapitel	wird	N betrachtet N gezeigt N ausgeführt	
		Zusammenfassend Abschließend	lässt sich		sagen feststellen festhalten
»Subjektschub«		Die vorliegende Arbeit Der vorliegende Artikel Dieser Beitrag Das Kapitel		zeigt A zeigt, dass … versucht zu zeigen soll / will zeigen	
	Achtung: Es besteht die Gefahr, dass Subjekt und Prädikat nicht zusammenpassen. Arbeiten Sie hier sorgfältig und vermeiden Sie »Vermenschlichungen« der folgenden Art: * *die Fußnote erklärt* * *das Kapitel führt aus*				

Zur Erläuterung der letzten Zeile: Bei dem in der Sprachwissenschaft als »Subjektschub« bezeichneten Phänomen handelt sich um eine Art »Maskierung« des Autoren-Ichs durch den Text bzw. durch Teile des Textes (»der Artikel zeigt«). In Kombination mit dem Modalverb »sollen«, das immer auf ein dem Subjekt fremdes Wollen verweist, kann sich das Autoren-Ich auf diese Art perfekt hinter einem Text oder Textteil verbergen (»der Artikel soll zeigen«).

7 Was soll dieser ganze Zitierkram?
Zitat – Paraphrase – Bezugnahme

7.1 Formen und Funktionen der Wiedergabe
    7.1.1 Verwendung von Fachliteratur zur Präsentation des Forschungsstandes
    7.1.2 Verwendung von Fachliteratur zur Einführung von verwendeten Begriffen
    7.1.3 Verwendung von Fachliteratur zur Absicherung und Stärkung der eigenen Position
    7.1.4 Verwendung von Fachliteratur zum Aufbau einer eigenen Argumentation bzw. zur Kritik an wiedergegebenen Positionen
    7.1.5 Zitat, Paraphrase und Bezugnahme
7.2 Wie komme ich vom fremden zum eigenen Text?
7.3 Redewiedergaben: sprachliche Mittel und formale Gestaltung
    7.3.1 Sachlich-neutrale Wiedergabe mit Verben
    7.3.2 Sachlich-neutrale Wiedergabe mit Präpositionen / Partikeln
    7.3.3 Wiedergabe mit dem Hinweis auf die wissenschaftliche Tätigkeit
    7.3.4 Wiedergabe mit argumentativer Einstufung
    7.3.5 Gewichtende und bewertende Wiedergabe mit Verben
7.4 Redewiedergabe und die Verwendung des Konjunktivs
7.5 Formale Gestaltung und bibliographische Angaben
    7.5.1 Graphische Hervorhebung von Zitaten
    7.5.2 Veränderungen von Zitaten
    7.5.3 Zitate als einzelne Wörter oder Teilsätze
7.6 Bibliographische Angaben

Wissenschaftliche Erkenntnisse entstehen nicht aus dem Nichts, und jede wissenschaftliche Arbeit setzt umfangreiche Vorarbeiten voraus. Neue Wissensbestände werden von der Wissensgemeinschaft zur Kenntnis genommen, diskutiert, akzeptiert oder abgelehnt. Kurz, Wissenschaft ist keine Privatsache, sondern eine öffentliche Angelegenheit.

Das spiegelt sich in den Texten selbst wieder. Auch hier kommen andere zu Wort. Wissenschaftliche Autoren beziehen sich auf die Arbeiten von Kollegen, entweder um sie entsprechend zu würdigen, um sie zu kritisieren oder als Stütze für die eigene Position zu verwenden. Jeder wissenschaftliche Text ist – so gesehen – Teil eines Netzes von Texten, die sich aufeinander beziehen und bildet einen Sammelpunkt, an dem verschiedene »Stimmen« aufeinandertreffen.

In diesem Kapitel werden diejenigen sprachlichen Mittel und Techniken vorgestellt, die dazu dienen, andere Positionen und Erkenntnisse in den eigenen Text zu integrieren. Das kann entweder in Form von direkten Zitaten, als indirekte Wiedergabe oder in Form allgemeiner Bezugnahme erfolgen.

➢ O-Ton: »Warum soll ich mich in meinem eigenen Text auf andere beziehen? Und warum soll ich das, was ich gelesen habe, noch einmal mit eigenen Worten schreiben, wo es doch jemand anders schon viel besser formuliert hat?«

Möglicherweise haben Sie sich eine solche Frage – in dieser oder einer ähnlichen Form – auch schon gestellt. Warum wird diesem »Zitierkram« beim wissenschaftlichen Arbeiten so hohe Bedeutung beigemessen? Im ersten Moment mag es vielleicht ernüchternd sein, dass anstelle einer individuellen Denkleistung und des eigenen neuen Gedankens etwas anderes von Ihnen verlangt wird, nämlich im eigenen Text fremde Literatur zu verarbeiten. Das Rezipieren und Wiedergeben von Wissen spielt beim wissenschaftlichen Arbeiten eine zentrale Rolle. Und auch wenn Sie diese Vorgehensweise zunächst einmal etwas seltsam finden, so gibt es doch gute Gründe dafür.

→ Wissenschaftliche Erkenntnisse entstehen immer vor dem Hintergrund schon bestehender Forschungsarbeiten. Wir können also sagen: Wissenschaft baut immer auf vorhandenen Erkenntnissen auf und baut sie ein. Austausch und Kooperation sind deshalb grundlegende Prinzipien wissenschaftlicher Tätigkeit.

Eine unmittelbare Konsequenz daraus ist die Bezugnahme auf Publikationen anderer Wissenschaftler. Die argumentative Vernetzung mit deren Texten dient dazu, neue Erkenntnisse zu begründen, sich gegen mögliche Kritik abzusichern und sich von nicht geteilten Standpunkten zu distanzieren.

→ Wer wissenschaftlich arbeitet, muss neue Forschungsergebnisse zur Kenntnis nehmen, diese kritisch verarbeiten und die eigenen Überlegungen und Erkenntnisse der wissenschaftlichen Öffentlichkeit zugänglich machen.

Nur auf diese Weise können andere die Ergebnisse übernehmen, und nur so können wiederum neue Untersuchungen angeregt werden. Harald Weinrich (1994a: 3) spricht deshalb sogar von einem »Veröffentlichungsgebot« und einem »Rezeptionsgebot« in der Wissenschaft.

➢ O-Ton: »Aber ich hab' doch gar nicht abgeschrieben. Ich habe nur eine Information übernommen, die ohnehin jeder kennt und im Internet finden kann.«

7 Was soll dieser ganze Zitierkram?

Sie sollten es gar nicht so weit kommen lassen, dass man Sie auf unterlassenes Zitieren und fehlende Quellenangaben hinweisen muss. Möglicherweise haben Sie bislang noch nicht darüber nachgedacht, warum man kennzeichnen sollte, wer was wann gesagt hat. Vielleicht haben Sie aber auch andere Verfahren zur Verarbeitung von fremder Literatur im eigenen Text gelernt und praktiziert. Im Umgang mit wissenschaftlichem Wissen gibt es nämlich durchaus kulturspezifische Unterschiede. So berichten manche Studierende davon, dass an ihren Heimatuniversitäten das Aneinanderreihen von Exzerpten problemlos als Seminararbeit akzeptiert wird; andere berichten, dass Wissensbestände, die allgemeingültig scheinen, nicht belegt werden müssten oder dass die Literaturliste im Anhang nicht identisch sein müsse mit der im Text verwendeten Literatur. Die Gründe hierfür können unterschiedliche Lehr-Lern-Traditionen und unterschiedliche Lehr-Lern-Verfahren sein. So unterscheidet Konrad Ehlich (1996) zwischen »traditiven« und »inventiven« Verfahren von Wissenschaft. Erstere zielen auf die Weitergabe bereits vorhandenen Wissens ab, letztere sind stärker der Erzeugung von neuem Wissen verpflichtet. Die unterschiedlichen Konzepte schlagen sich nicht nur in den Texten nieder, sondern eben auch in den wissenschaftlichen Arbeitstechniken der jeweiligen Wissenschaftskulturen. Wenn Sie an deutschsprachigen Universitäten wissenschaftlich schreiben, sollten Sie deshalb Folgendes beachten:

→ **Die wissenschaftliche Ethik gebietet es, dass fremde Urheberschaft eines Gedankens oder einer Forschungsleistung kenntlich gemacht wird. Alle nicht selbst entwickelten oder nicht selbst formulierten Wissenselemente müssen als solche gekennzeichnet werden, und zwar in Form eines genauen Literaturbelegs.**

Nur so haben Ihre Leser die Möglichkeit, sich weiterführendes Wissen anzueignen, und nur so können die misstrauischen unter ihnen die Richtigkeit der Bezüge nachprüfen. Das Einbauen von Fachliteratur in den eigenen Text kann in Form von Zitat, Paraphrase oder allgemeiner Bezugnahme geschehen.

→ **Belegen Sie also grundsätzlich, aus welchen Quellen Sie Daten, Fakten, Einschätzungen oder Argumentationen übernehmen. Tun Sie das nicht, handelt es sich um ein** Plagiat**, also um den »Diebstahl« geistigen Eigentums.**

Und beachten Sie: Ein Plagiat ist kein »Kavaliersdelikt«. Auch wer bei Wikipedia abschreibt, macht sich eines groben Regelverstoßes schuldig, der Konsequenzen für das weitere wissenschaftliche Arbeiten haben kann.

7.1 Formen und Funktionen der Wiedergabe

Der Umgang mit Zitierkonventionen erscheint anfangs möglicherweise lästig. Vielleicht fühlen Sie sich sogar in Ihrer Freiheit eingeschränkt und gegängelt angesichts der Notwendigkeit, einen rigiden Regelapparat anzuwenden. Hier hilft es, darüber nachzudenken, was Sie tun, wenn Sie zitieren, und warum Sie dies tun. Die Verwendung von Erkenntnissen anderer im eigenen Text hat verschiedene Funktionen. Sie dient
- der Präsentation des jeweiligen Forschungsstands,
- der Verknüpfung der jeweiligen Forschungsergebnisse miteinander,
- der sachlichen Darstellung des Gegenstands,
- der Einführung von verwendeten Begriffen,
- dem Absichern und Stärken der eigenen Position,
- dem Aufbau der eigenen Argumentation, und zwar
    - um diese zu stützen und zu entwickeln oder
    - um Mängel, Defizite oder Irrtümer innerhalb des Forschungsbereichs anzusprechen und zu kritisieren,
- der Selbstverortung innerhalb einer bestimmten Wissenschaftsgemeinschaft,
- als Stilmittel, wenn wörtliche Zitate als Motto an den Anfang oder Schluss eines Textes gesetzt werden.

Einige Beispiele sollen hier zur Veranschaulichung dienen.

7.1.1 Verwendung von Fachliteratur zur Präsentation des Forschungsstandes

Beispiel: aus einer Monographie über Reklamationsgespräche

> Die betriebswirtschaftliche Beschwerdeforschung ist seit den späten 60er Jahren als Reaktion auf eine zusehends kritische Öffentlichkeit von VerbraucherInnnen […] und auf die zunehmende wirtschaftliche Konkurrenz vor allem im Konsumgüterbereich entstanden (vgl. Kotler 1972, Meffert 1975, Hansen 1979, Hansen/Schoenheit 1987).

Der Autor nennt mehrere Werke, die er für repräsentativ für das darzustellende Thema hält, geordnet nach dem Zeitpunkt des Erscheinens. Er gibt aus diesen Werken zwar keine Inhalte wieder, beruft sich aber für seine zusammenfassenden Aussagen auf sie. Die Literaturverweise leitet er mit »vgl.« ein, weil der Leser dort weiterführende Darlegungen finden kann.

7.1.2 Verwendung von Fachliteratur zur Einführung von verwendeten Begriffen

Beispiel: zum Thema »Sprachkontakt«, aus einem Lehrbuch zur Germanistischen Sprachwissenschaft

> Der Begriff Sprachkontakt liefert ein weiteres Stichwort für ein linguistisches Thema, das ebenfalls mit der Verschiedenheit der Sprachen zu tun hat. Im »Linguistischen Wörterbuch« von Lewandowski (1994) wird Sprachkontakt so erklärt: »Sprachberührung oder gegenseitiges Aufeinandertreffen von Sprachen aufgrund kommunikativer Interaktionen von Sprechern unterschiedlicher Sprachen unter besonderen geographischen, historisch-politischen, kulturellen und sozialen Gegebenheiten mit erkennbaren Einflüssen von Sprachen aufeinander, die als Sprechgewohnheiten und u. U. bleibende Sprachveränderungen manifest werden.« (Bd. 3, S. 1027).

Die Verfasserinnen verwenden zu Beginn des Kapitels »Sprachkontakt« eine allgemeine Begriffsbestimmung, auf der die weiteren Ausführungen aufbauen. Sie wird deshalb gleich zu Anfang wörtlich und ausführlich zitiert.

7.1.3 Verwendung von Fachliteratur zur Absicherung und Stärkung der eigenen Position

Beispiel: aus einem Artikel über den Aufsatzunterricht in Schulen

> Noch wichtiger für die hier vertretene Position ist die These, daß die isolierte Erforschung von Schreibprozessen unter Absehung von der schulischen Unterrichtssituation als methodisch einseitig und empirisch nicht valide betrachtet werden muß. Leute schreiben nicht in einem sozialen Vakuum. Von diesen sozialen Faktoren zu abstrahieren ist nur insoweit statthaft, als diese Faktoren zu einem anderen Zeitpunkt des For-

> schungsprozesses berücksichtigt werden. Man kann jedoch leicht beobachten, dass dies meistens nicht der Fall ist. Vielmehr beginnen und enden Forscher wie Hayes & Flower (1980) oder die anderen Beiträger in Gregg & Steinberg (1980) und Nijstrand (1982) mit einer hoch idealisierten Form des Schreibens, in der soziale Determinanten für die Aktivitäten der Versuchspersonen keinen Platz mehr haben.

Der Autor beschreibt zuerst seine Auffassung, wie Schreibprozesse erforscht werden sollten. Dann erhebt er den Vorwurf, dass sonstige Untersuchungen und Forschungsarbeiten diesem Grundsatz nicht folgen. Er führt mehrere Titel der Fachliteratur an, die von seiner Auffassung abweichen, mit Namen und Erscheinungsjahr, ohne Zitate.

7.1.4 Verwendung von Fachliteratur zum Aufbau einer eigenen Argumentation bzw. zur Kritik an wiedergegebenen Positionen

Beispiel: aus einer Monographie zur Arzt-Patient-Kommunikation

> In diesem Zusammenhang möchte ich anhand einer Regelformulierung in Heim/Willi (1986) exemplarisch die Notwendigkeit eines reflektierten Umgangs mit Sprache bei Regelbeschreibungen, v. a. in Lehrbüchern, darstellen:
> »Die geschickte Befragung der Beschwerden und Symptome bringt diese automatisch mit der aktuellen Lebenssituation des Patienten in Zusammenhang.« (Heim/Willi 1986:496)
> So einleuchtend diese Formulierung auf den ersten Blick auch scheint, bietet sie bei näherer Betrachtung keinerlei Hilfestellung für eine konkrete Umsetzung: erstens bleibt es unklar, welche konkreten sprachlichen Verhaltensweisen eine »geschickte Befragung« ausmachen, und zweitens wird durch den Begriff »automatisch« ein sehr einfacher Wirkungszusammenhang suggeriert, den es bei den komplexen Anforderungen der psychosozialen Medizin […] nicht gibt.

Um ihren eigenen Standpunkt überzeugend darzustellen, zitiert die Verfasserin zunächst wörtlich eine Aussage, die sie kritisieren möchte. Dann begründet sie in zwei Schritten, warum sie diese Aussage für problematisch hält. Dies geschieht in enger Anlehnung an den zitierten Textausschnitt, aus dem einzelne Ausdrücke für die Argumentation verwendet werden.

7.1.5 Zitat, Paraphrase und Bezugnahme

Sie haben an den Beispielen oben schon gesehen, dass Forschungsliteratur ganz unterschiedlich in den eigenen Text integriert werden kann: durch wörtliche Zitate, Paraphrasen oder auch durch bloße Bezugnahme auf einen bibliographischen Titel.

- **Zitat**

Ein Zitat ist die wörtliche Wiedergabe aus einem Bezugstext. Zitate umfassen mindestens ein Wort, maximal eine größere Textpassage (etwa einen ganzen Textabschnitt). Anfang und Ende werden durch Anführungszeichen markiert. Sie dienen dazu, Zitatgrenzen zu kennzeichnen. Die zitierten Wörter, Sätze oder Textpassagen müssen so belegt werden, dass die Leser die Quelle direkt im Text oder in einer Fußnote finden. Einzelne Ausdrücke und Teilsätze werden in den eigenen Text integriert; Zitate als ganze Sätze werden von der einleitenden Äußerung durch einen Doppelpunkt als Zeichen der Ankündigung getrennt; längere Zitate werden als Textblöcke (ohne Anführungszeichen), manchmal auch durch kleinere Schrift, fast immer durch Einrücken hervorgehoben.

Beispiel: »Zitat« aus einer Monographie über Politik und Sprache in Südtirol

> Der von Marko diagnostizierte negative »spill-over«-Effekt zeigtet seine Auswirkungen im politischen System mit erheblichen Folgen für die Südtiroler Gesellschaft, die nach wie vor bzw. wieder stärker »entlang ethnischer Demarkationslinien« (Pallaver 2007a: 533f) getrennt ist und sich getrennt hält.

- **Paraphrase**

Bei Paraphrasen handelt es sich um nicht-wörtliche, also um sinngemäße Wiedergaben aus einem Bezugstext. Die meisten Autoren ziehen sie wörtlichen Zitaten vor, denn sie erlauben es, Aussagen zusammenzufassen und auf das auszurichten, worauf es dem Autor ankommt. Dabei kann es hilfreich sein, eine oder mehrere Formulierungen aus dem Bezugstext wörtlich zu zitieren, um die Wiedergabe damit präziser zu machen. Bei der Paraphrase bleibt meistens der »rote Faden« des eigenen Textes deutlicher als beim Zitat.

Beispiel: »Paraphrase«

> Hannah Arendt gilt zu Recht als Begründerin des intersubjektivitätstheoretischen Machtkonzepts. Man kann ihr gesamtes Werk als einen einzigen Versuch betrachten, Macht und Gewalt auf völlig neue Art, nämlich auf politische Art, zu unterscheiden (so etwa Vollrath 1979, 47). (Soziologie)

- **Bezugnahme**

Bei der Bezugnahme wird im Zusammenhang mit einem gerade besprochenen Thema auf die Arbeit anderer Wissenschaftler verwiesen. Dabei werden keine Inhalte wiedergegeben. Die bibliographischen Angaben (Nachname + Erscheinungsjahr) werden der Leserschaft nur als weiterführender Leseverweis oder als Nachweis für etwas Übernommenes genannt.

Beispiel: »Bezugnahme«

> In Auseinandersetzung mit den Machtkonzepten Dahls (1968), Bachrach/Baratz' (1962) und Lukes' (1974) entwickelt er (…). (Soziologie)

7.2 Wie komme ich vom fremden zum eigenen Text?

Nehmen wir an, Sie haben für Ihre schriftliche Arbeit nun recherchiert, Literatur gesichtet und die einschlägigen Arbeiten gelesen. Während des Leseprozesses haben Sie auch exzerpiert, d.h. diejenigen Textstellen und Inhalte, die Ihnen für Ihren eigenen Text wichtig erschienen, haben Sie notiert und dabei entweder als wörtliche Zitate oder als Paraphrasen gekennzeichnet. Dann stellt sich jetzt die Frage: Wie komme ich vom fremden zum eigenen Text?

7 Was soll dieser ganze Zitierkram?

Hierzu ein Beispiel aus einer Proseminararbeit, das Sie besser nicht imitieren sollten:[1]

Beispiel: aus einer Proseminararbeit zum Thema »Autonomes Lernen«

1.2 Autonomes Lernen

»Von autonomen Lernen [sic!] sprechen wir, wenn Lernende die zentralen Entscheidungen über ihr Lernen selbst treffen.« (Bimmel, P.; Rampillon, U., 2000, S. 5)
Autonomes Lernen definieren Bimmel und Rampillon wie folgt:
»Lernen, in dem die Schüler und Schülerinnen in zentralen Bereichen Entscheidungen über ihr Lernen selbst treffen [...].« (Bimmel, P.; Rampillon, U., 2000, S. 196)
»Grundprinzipien des autonomen Lernens sind u. a. die Fähigkeit, das eigene Lernen zu planen und zu reflektieren.« (Bimmel, P.; Rampillon, U., 2000, S. 5)
»Beim Autonomen Lernen regelt und organisiert der Lernende seine Lernaktivitäten [...], um seine Kenntnisse und sein Verhaltensrepertoire zu verbessern.« (Weltner, 1978, S. 126)

Der Verfasser dieser Seminararbeit weiß offenbar, dass die Bezugnahme auf vorhandene Forschungsergebnisse ein elementarer Bestandteil wissenschaftlichen Arbeitens und Schreibens ist. Er versucht dieser Anforderung zu entsprechen, indem er ein Zitat an das andere reiht. Denn ungeübte Schreiber formulieren häufig die Befürchtung:

> ➢ O-Ton: »Besser als der Autor, auf den ich mich beziehen will, kann ich's ohnehin nicht sagen.«

Daher werden Zitate oftmals ohne Bezug, ohne verknüpfende Ausdrücke und ohne indirekte Redewiedergabe hintereinander gereiht. Was dabei fehlt, sind die sprachlichen Hilfestellungen, die es dem Leser überhaupt erst möglich machen, den Gedankengang des Verfassers nachzuvollziehen. Im obigen Beispiel sind nur zwei textorganisierende Formulierungen erkennbar: Zum einen ist dies die Überschrift, die ankündigende Funktion hat (»Autonomes Lernen«) und die Aufmerksamkeit des Lesers auf die folgenden Inhalte zu lenken vermag. Zum anderen ist dies eine

---

1 Das Beispiel ist unverändert abgedruckt, die eckigen Klammern markieren Auslassungen und sprachliche Mängel.

bei Studierenden sehr beliebte, nahezu formelhaft anmutende Redeeinleitung: »X definiert«. Dies macht aber noch keinen eigenen Text aus.

→ Hüten Sie sich vor der Zitat-Montage. Ihr Text sollte keine Aneinanderreihung von Zitaten werden, also kein Patchwork aus Sätzen anderer, die Sie mit ein paar wenigen eigenen Formulierungen zusammensetzen.

Um diese Gefahr zu vermeiden, hilft es, sich noch einmal die Funktionen von Zitaten bewusst zu machen, nämlich Forschungsergebnisse darzustellen, diese miteinander zu verknüpfen, Bezüge herzustellen und eine Argumentation aufzubauen. Um vom fremden zum eigenen Text zu kommen, müssen die gewählten Zitate mit den inhaltlichen Zielen Ihrer Arbeit übereinstimmen. Es empfiehlt sich also, den Gedankengang zunächst in eigenen Worten zu formulieren und dann die geeigneten Zitate auszuwählen, indem Sie ihre Bedeutung für den eigenen Text beurteilen und ihren Nutzen für die eigene Argumentation einschätzen.

➢ O-Ton: »Aber wo ist denn dann mein Anteil an diesem Text, wenn ich mich überwiegend auf schon von anderen formuliertes Wissen stütze und das wiedergebe?«

Sie sollten nicht allzu enttäuscht sein, wenn Sie erkennen, dass gerade zu Beginn Ihrer wissenschaftlichen Tätigkeit ein Großteil der Arbeit darin besteht, sich bereits vorhandene Wissensbestände anzueignen und zu verarbeiten. Neue Erkenntnisse, geschweige denn neue »Theorien« bringt die Wissenschaft gar nicht so häufig hervor, wie Sie vielleicht vermuten, und meist stehen solche Innovationen erst am Ende eines längeren Forschungsprozesses, den man naturgemäß bei den ersten Seminararbeiten noch nicht durchlaufen hat. Aber dennoch können Sie Ihren individuellen Standpunkt in einer solchen Arbeit zum Ausdruck bringen.

→ Schon die Auswahl der Primärtexte und Zitate, das Gewichten und Zueinander-ins-Verhältnis-Setzen stellen eine eigenständige gedankliche Leistung dar, die nicht zu unterschätzen ist.

Ihren Standpunkt und den »roten Faden« Ihrer Argumentation machen Sie dem Leser deutlich, indem Sie die richtigen redeeinleitenden Formulierungen auswählen, um Zitate und Bezugnahmen zu kennzeichnen.

7.3 Redewiedergaben: sprachliche Mittel und formale Gestaltung

Egal, ob Sie eine Originaläußerung wörtlich oder nicht-wörtlich wiedergeben wollen: Alle Wiedergaben von Äußerungen eines »Primärautors«[2] müssen sprachlich in Ihren eigenen Text eingebettet werden. Hier ist zu bedenken:

→ Bei der Beschreibung dessen, was der Primärautor sagt, also bei der Wiedergabe des Inhalts und bei der Auswahl der einleitenden Redemittel, nehmen Sie immer auch eine Interpretation der Originaläußerung vor.

Ein bewusster Umgang mit redeeinleitenden Formulierungen ist daher besonders wichtig. Sie können nämlich Äußerungen unterschiedlich genau wiedergeben bzw. wiedergebend interpretieren und bewerten. Durch redeeinleitende Formulierungen können Sie fremde Aussagen neutral wiedergeben. So ist »sagen« sicherlich das allgemeinste der redeeinleitenden Verben, »erklären« oder »feststellen« bezeichnen eine kognitive Aktivität, »bedauern« eine Einstellung.[3] Sie können aber auch gewichten, hervorheben, Ihre Zustimmung, Ablehnung oder Skepsis zum Ausdruck bringen, die Gültigkeit der Aussage einschränken etc. Dafür steht Ihnen ein breites Spektrum an Formulierungen zur Verfügung, aus dem sorgfältig ausgewählt werden sollte. Im Folgenden sind charakteristische Verben, Präpositionen und Ausdruckskombinationen (sogenannte Fügungen) zur Einleitung der Redewiedergabe aufgeführt.[4]

---

2 Als Primärautor wird im Folgenden der Autor bezeichnet, auf den in einer wissenschaftlichen Arbeit Bezug genommen wird. Die entsprechende Literatur, auf die Bezug genommen wird, wird als »Primärquelle« bezeichnet. Diese Bezeichnung ist nicht zu verwechseln mit der in der Literaturwissenschaft gängigen Unterscheidung zwischen »Primärliteratur« (Romane, Gedichte, Urkunden und sonstige Quellentexte) und »Sekundärliteratur« (Fachliteratur, die sich mit dieser Primärliteratur auseinandersetzt).
3 Siehe dazu auch ausführlicher Zifonun/Hoffmann/Strecker (1997: 1756).
4 Die Redemittellisten sind teilweise an Graefen/Moll (2011) angelehnt, erweitert und überarbeitet.

7.3.1 Sachlich-neutrale Wiedergabe mit Verben

Mit der Redeeinleitung können Sie als Verfasser einer wissenschaftlichen Arbeit kennzeichnen, welche wissenschaftliche Handlung der Primärautor Ihres Erachtens vollzieht. Im Folgenden einige Beispiele für sachlich-neutrale Wiedergaben:

anführen	(= einen Beleg, ein Beispiel, ein Zitat nennen)
feststellen	(= einen Sachverhalt, eine Beobachtung nennen)
darstellen	(= einen Sachverhalt, einen Zusammenhang referieren, verdeutlichen)
darlegen	(= einen Sachverhalt / einen Zusammenhang ausführlich referieren, erläutern)
ausführen	(= einen Sachverhalt / einen Zusammenhang ausführlich referieren, Hintergründe darstellen)
zeigen	(= einen Sachverhalt beweiskräftig darstellen)
belegen	(= einen Sachverhalt durch das Anführen von Belegen darstellen)
hinweisen auf A	(= auf einen Sachverhalt fokussieren, Aufmerksamkeit auf etwas lenken)
sprechen von D	(= einen Sachverhalt / ein Phänomen nennen, ausführen, darstellen)
schreiben	(= einen Sachverhalt / ein Phänomen nennen, ausführen, darstellen)
sagen	(= einen Sachverhalt / ein Phänomen nennen, ausführen, darstellen)
nennen	(= einen Sachverhalt / ein Phänomen anführen)
sich äußern zu	(= einen Sachverhalt / ein Phänomen kommentieren)

7 Was soll dieser ganze Zitierkram?

Formulierungsmöglichkeiten:

Wie F (2012, 20) ausführt / feststellt, ist X ...
F (2012, 20) stellt fest / führt aus, dass ...
F stellt das Phänomen als X dar (2012, 20)
So weist auch F (2012, 20) darauf hin, dass ...
F spricht in Bezug auf X von einer »Entdeckung« (2012, 20) ...
F belegt seine These dadurch, dass ...
Für seine These führt F die folgenden Belege an: ...
Die Ausführungen von F zeigen, dass ...
F schreibt / F schreibt dazu, dass ...
F sagt dagegen, dass ...
F nennt auch eine Vergleichszahl: ...
Zu dieser Untersuchung äußert sich F wie folgt: ...

7.3.2 Sachlich-neutrale Wiedergabe mit Präpositionen / Partikeln

Achtung: »laut« und »nach«, auch »gemäß«, werden meist in Verbindung mit artikellosen Nomina gebraucht (in der Regel Eigennamen), so dass ein Kasus nicht erkennbar wird.

laut F	ohne Kasus, meist nur mit Autorenname (oder mit Dativ)
nach F	mit Dativ
gemäß F	mit Dativ
F *zufolge*	mit Dativ
So F	zur Einleitung eines oft verkürzten Satzes

Formulierungsmöglichkeiten:

Laut / nach / gemäß F (2012) handelt es sich bei X um ...
Nach der Auffassung von F ...
Gemäß der Untersuchung / Auffassung von F handelt es sich bei X um ... (2012: 20)
F (2012: 20) zufolge ist X ...
»Die Entwicklung«, so F, »ist nicht aufzuhalten.« (2012: 20)

7.3.3 Wiedergabe mit dem Hinweis auf die wissenschaftliche Tätigkeit

Der Verfasser benutzt diese Ausdrücke, um zu sagen, mit welchem Thema, welcher Frage, welchem Problem sich der Primärautor bzw. die Publikation befasst.

---

untersuchen
behandeln
betrachten
sich befassen mit
sich beschäftigen mit
sich auseinandersetzen mit
verdeutlichen
der Frage nachgehen
zu einem Ergebnis kommen
zu dem Ergebnis kommen, dass …
zu keinem Ergebnis kommen / nicht zu dem gewünschten Ergebnis kommen
analysieren

Formulierungsmöglichkeiten:

F untersucht in seiner ersten Publikation (2012) vor allem X
In dieser Publikation (2012) beschäftigt / befasst er sich auch mit X
F (2012) behandelt / betrachtet den Sachverhalt X
Mit seinen Ausführungen verdeutlicht F (2012) den Sachverhalt X
In seinem Artikel (2012) geht er auch der Frage nach, weshalb / wie / ob …
Mit diesem Problem setzt sich auch F (2012) auseinander
Und so kommt F (2012) zu dem Ergebnis, …
F analysiert X ausführlich und kommt doch zu keinem Ergebnis[5]
F (2012) analysiert den Sachverhalt folgendermaßen: …

7.3.4 Wiedergabe mit argumentativer Einstufung

Mit den folgenden Formulierungen bringt der Verfasser zum Ausdruck, wie er die Aussagen des Primärautors einstuft und bewertet. Hier gilt es zu beachten:

---

[5] In einem solchen Fall würde man die Kritik vermutlich vorsichtiger formulieren, beispielsweise »F analysiert X und kommt doch nicht zu dem gewünschten / erwarteten Ergebnis«.

→ **Wenn Sie solche Einstufungen vornehmen, ist damit immer eine Einschränkung der Gültigkeit und Sicherheit des Wiedergegebenen verbunden.**

Besonders die Wortgruppe »meinen« / »Meinung« gibt dem Gesagten den Charakter der Subjektivität. Die Wortgruppe »behaupten« / »Behauptung« kennzeichnet die Äußerungen des Primärautors als wissenschaftlich nicht belegt, willkürlich und strittig.

> eine Ansicht / einen Standpunkt / eine Auffassung / eine Position / These vertreten
> nach Ansicht / Meinung von (auch: nach der Ansicht / der Meinung von)
> zu einer Ansicht / Überzeugung gelangen
> einer Ansicht / Meinung / Überzeugung sein
> meinen
> eine Meinung / eine Auffassung / einen Standpunkt vertreten
> behaupten
> ausgehen von
> einräumen[6]
> festhalten

Formulierungsmöglichkeiten:

F vertritt die Ansicht / die Auffassung / den Standpunkt / die Position, dass ...
Nach Ansicht von F handelt es sich bei X um ...
In Unkenntnis der neuen Untersuchungen behauptet F (2012), dass ...
Im Hinblick auf X ist F der Auffassung von Müller (1999),
Bei der Beurteilung von X geht F davon aus, dass ... (2012, 20).
Gleichzeitig räumt F aber ein, dass ... (2012,20).
Gegen den sozialwissenschaftlichen Ansatz hält F (2012) fest, dass ...

---

6 Mit »einräumen« ist aber nicht immer die Einschränkung der Gültigkeit des Gesagten gemeint. Mit der Redeeinleitung »F räumt etwas ein« kann auch zum Ausdruck gebracht werden, dass er sich der Evidenz des Faktischen beugt und etwas einräumen »muss«.

- **Positive oder negative Bewertungen vornehmen**

Mit den folgenden Formulierungen bringt der Verfasser zum Ausdruck, ob er eine Aussage des Primärautors positiv oder negativ bewertet:

Positiv	Negativ
überzeugend darlegen *überzeugen* *klarstellen* *es gelingt F, einen Nachweis zu erbringen* *es gelingt F, den Nachweis zu erbringen, dass ...* *stichhaltige Argumente anführen*	*nicht / unzureichend darlegen* *nicht / unzureichend berücksichtigen* *irren* *außer Acht lassen* *übersehen* *in einer Annahme fehlgehen*

Formulierungsmöglichkeiten:

F (2012: 20) legt überzeugend dar, dass ...
Sie überzeugt durch die folgenden Ausführungen: ...
So stellt F (2012: 20) klar, dass ...
Es gelingt ihr den Nachweis zu erbringen, dass ...
F (2012: 20) versteht es darzulegen, dass ...
Außerdem führt F (2012) stichhaltige Argumente an

In Kapitel 2 wird nicht / unzureichend dargelegt, dass / wie ...
Bei seinen Schlussfolgerungen berücksichtigt F (2012) nicht, dass ...
F irrt, wenn er ausführt, dass ...
Mit seinen Ausführungen lässt F (2012) außer Acht, dass ...
F (2012) übersieht bei seiner Analyse, dass ...
Außerdem geht F (2012) fehl in der Annahme, dass ...

7.3.5 Gewichtende und bewertende Wiedergabe mit Verben

- **Wichtig / weniger wichtig**

Mittels dieser Verben kennzeichnet der Verfasser Äußerungen bzw. Sachverhalte, die vom Primärautor als wichtig bzw. weniger wichtig eingestuft werden.

wichtig	weniger wichtig
betonen	bemerken
hervorheben	erwähnen
herausstellen	anmerken
unterstreichen	streifen
bekräftigen	
wiederholen	
insistieren (auf D)	
Wert / Gewicht legen (auf A)	

Formulierungsmöglichkeiten:

F (2012) betont besonders den Aspekt X
F (2012, 20) hebt hervor, dass ...
F (2012) unterstreicht besonders den Sachverhalt X
Auch der Sachverhalt X wird von F (2012) unterstrichen / bekräftigt
F bemerkt / erwähnt in diesem Zusammenhang auch, dass ...
F insistiert darauf, dass ...
Auch legt F Wert auf die Tatsache, dass ...
Am Ende wäre noch anzumerken, dass ...
Auch der Sachverhalt X wird von F (2012) erwähnt ...
F streift dabei auch das Thema X
Am Rande bemerkt F, dass ...

- **Zustimmung**

Der Verfasser kennzeichnet mittels dieser Verben Äußerungen bzw. Sachverhalte, denen der Primärautor zustimmt:

> *plädieren für A*
> *befürworten*
> *sich aussprechen für A*
> *empfehlen*
> *unterstützen*

Formulierungsmöglichkeiten:

F plädiert in dieser Diskussion für A
Auch befürwortet er den Sachverhalt X
Außerdem spricht er sich für A aus
F (2012) empfiehlt, …
F unterstützt die Auffassung X

- **Ablehnung**

Der Verfasser kennzeichnet mittels dieser Verben Äußerungen, Sichtweisen oder Annahmen, die der Primärautor ablehnt:

> *befürchten (+A)*
> *bezweifeln (+A)*
> *widersprechen (F widerspricht D)*
> *sich verwehren gegen (+A)*
> *in Frage stellen*
> *einwenden*
> *widerlegen (F widerlegt A)*

Beim Verb »widersprechen« ist zu unterscheiden zwischen der sprachlichen Handlung des Widersprechens (»F1 widerspricht F2«) und dem logischen Widerspruch (»eine Sache widerspricht einer anderen Sache«). Auch gibt es einen Unterschied zwischen der sprachlichen Handlung des »Widersprechens« und der argumentativen Handlung des »Widerlegens«: Beim Widersprechen bezieht sich der Verfasser auf eine Aussage X des Primärautors und stellt dieser eine Aussage Y gegenüber, die deutlich macht, dass er der Aussage X nicht zustimmt. Damit ist die Aussage X aber noch nicht »widerlegt«. Von »Widerlegen« kann erst die Rede sein, wenn der Verfasser durch Begründungen und Belege nachzuweisen vermochte, dass die Aussage

X unzutreffend ist und wenn die vorgebrachten Argumente so überzeugend sind, dass der Hörer bzw. Leser sie übernehmen kann.

Formulierungsmöglichkeiten:

F befürchtet, dass ....
Sie bezweifelt die Annahme X
Sie widerspricht F mit einem Hinweis auf den Sachverhalt X
Sie widerspricht den bisherigen Ausführungen von F
Außerdem verwehrt sie sich gegen die Aussage von F und stellt dessen Position in Frage.
F (2012) wendet ein, dass ...
F (2012) widerlegt die Ausführungen von Wagner, indem ...
N wurde von F schon früher widerlegt.

7.4 Redewiedergabe und die Verwendung des Konjunktivs

Indirekte Redewiedergaben können in Texten im Indikativ oder im Konjunktiv ausgedrückt werden. Mit der Entscheidung für eine der beiden Formen bringt man zum Ausdruck, welcher Verbindlichkeitsanspruch einer Originaläußerung beigemessen wird. Der Konjunktiv signalisiert dabei, dass Sie der wiedergegebenen Äußerung eine abgeschwächte Verbindlichkeit beimessen, nach dem Motto »Ich, Sprecher S2, sage, dass S1 (der Sprecher der Originaläußerung) sagt, dass X der Fall ist, aber ich lasse offen, ob ich sage, dass X der Fall ist.«[7]

Bei der Frage, ob der Nebensatz mit Indikativ oder Konjunktiv gebildet wird, ist es allerdings wichtig, sich die Gesprächssituation genau anzusehen, denn hier gibt es deutliche Unterschiede. In Alltagsgesprächen und in der informellen Kommunikation hat der Indikativ den Konjunktiv weitgehend ersetzt, d. h., auch der Indikativ ermöglicht bei der Redewiedergabe Unverbindlichkeit im Sinne von »Ich lasse offen, ob ich sage, dass X der Fall ist«. In Nachrichtentexten und in den Massenmedien dagegen wird indirekte Rede stets durch Konjunktiv markiert. Auch im schulischen Deutschunterricht wird die Konjunktivverwendung meist am Beispiel von

---

7 Zifonun / Hoffmann / Strecker (1997: 1762), mit einer kleinen Abwandlung des Mottos zugunsten der leichteren Verständlichkeit. Auch die folgenden Ausführungen zum Konjunktiv lehnen sich an die Grammatik der deutschen Sprache (1997: 1762–1784) an.

7.4 Redewiedergabe und die Verwendung des Konjunktivs

Pressetexten geübt. Wie verhält es sich nun mit der indirekten Rede in wissenschaftlichen Texten? Hier zeigt sich keine einheitliche Tendenz zum Konjunktiv bei Redewiedergaben.

➢ **O-Ton: »Aber in Texten ist die indirekte Rede doch nur mit Konjunktiv erlaubt!«**

Ein Blick in wissenschaftliche Publikationen belegt das Gegenteil. Man findet beispielsweise in wissenschaftlichen Textkorpora bei ungefähr einem Drittel aller Redewiedergaben den Indikativ (Zifonun / Hoffmann / Strecker 1997: 1784). Jakobs (1997: 162f) beobachtet in ihren Untersuchungen zum Zitieren sogar, dass auf den Konjunktiv als Hilfsmittel bei indirekten Redewiedergaben weitgehend verzichtet wird.

➔ **Sie müssen Ihre Paraphrasen nicht im Konjunktiv formulieren, sondern können durchaus auch den Indikativ verwenden, solang durch die Nennung des Primärautors und die Verwendung einer redeeinleitenden Formulierung klar gekennzeichnet ist, dass es sich um die Wiedergabe fremder Gedanken handelt.**

Hierzu einige Beispiele (mit kursiver Markierung der redeeinleitenden Formulierungen, Unterstreichung der Konjunktiv- bzw. Indikativformen):

Beispiel 1: Auszug aus einem wissenschaftlichen Artikel (Knorr / Verhein-Jarren 2012: 1)

> Dagegen *plädiert* Hornung (2002) aus schreibdidaktischer Perspektive *dafür, dass* Schreibende erst einmal zu ihrer eigenen Sprache finden müssen, bevor sie fachliche und sprachliche Anforderungen verschiedener sprachlicher Kulturen erfüllen können.

Der Indikativ kann hier gewählt werden, weil die redeeinleitende Formulierung (»plädieren für«) in Verbindung mit »dass« die Indirektheit schon ausreichend kennzeichnet. Die Verwendung des Indikativs legt hier die Lesart nahe »X sagt das, und ich sage das auch«, d. h., die Autorinnen Knorr / Verhein-Jarren (S2) weisen der Position von Hornung (S1) hohe Verbindlichkeit zu und teilen die Auffassung, dass X der Fall ist. Zwar kann auch der Indikativ in solchen Kontexten als Abschwächung der Verbindlichkeit gelesen werden, nach dem Motto »Ich lasse offen, ob ich sage, dass X der Fall ist«. Allerdings würde der Verfasser dann noch andere sprachliche Mittel – z. B. redeeinleitende Formulierungen mit entsprechend gewichtender Funktion – zur Verdeutlichung dieser Position einarbeiten müssen.

Schauen wir uns zwei Verwendungsbeispiele für den Konjunktiv an:

Beispiel 2: Auszug aus einem wissenschaftlichen Artikel (Knorr / Verhein-Jarren 2012: 1)

> Und der Nationale Forschungsschwerpunkt 56 »Sprachen und Sprachenvielfalt in der Schweiz« *kommt zu dem Ergebnis, dass* sich in der Schweiz längst ein pragmatischer Umgang mit der Mehrsprachigkeit entwickelt habe (Haas 2010).

Der zitierte Autor Haas (S1) formuliert in einer Untersuchung von 2010 Äußerungen, die die Autorinnen Knorr / Verhein-Jarren (S2) wiedergeben, indem die im Primärtext vollzogene Sprechhandlung beschrieben wird. Durch die Verwendung der redeeinleitenden Formulierung »zu einem Ergebnis kommen« interpretieren und kennzeichnen sie die Äußerung als eine neutrale wissenschaftliche Aktivität. Die Verwendung des Konjunktivs lässt aber keinen Schluss darüber zu, welche Verbindlichkeitsqualität die Autorinnen (S2) der Position von Haas (S1) zuweisen, d. h., ob sie auch sagen, dass X der Fall ist (»In der Schweiz hat sich längst ein pragmatischer Umgang mit der Mehrsprachigkeit entwickelt«), oder ob sie sich dieser Auffassung nicht anschließen. Deutlich geschwächt ist die Verbindlichkeitsqualität der Aussagen der Primärautoren im folgenden Beispiel:

Beispiel 3: Auszug aus einem wissenschaftlichen Artikel (Hägi / Scharloth 2005: 49)

> Häufig ohne hinreichenden empirischen Befund wird *behauptet,* die Mehrheit der Deutschschweizer empfinde Standarddeutsch als eine Fremdsprache (Koller 1992: 41–51).

Durch die Verwendung des redeeinleitenden Verbs »behaupten« interpretieren und kennzeichnen die Autoren Hägi / Scharloth (S2) die Aussagen der zitierten Autoren Koller u. a. (S1) als strittig und als wissenschaftlich nicht ausreichend belegt. Sie gehen auf kritische Distanz zu den getroffenen Aussagen. Die kritische Distanzierung wird durch die Verwendung des Konjunktivs noch verdeutlicht. Die Kombination aus gewichtendem redeeinleitenden Verb (»behaupten«) und Konjunktiv legt folgende Lesart nahe: »Ich, Sprecher S2, sage, dass S1 (der Sprecher der Originaläußerung) sagt, dass X der Fall ist, aber ich bin nicht der Auffassung, dass X der Fall ist.«

7.5 Formale Gestaltung und bibliographische Angaben

Allgemein verbindliche Regeln für die formale Gestaltung von Zitaten gibt es nicht. Vielmehr können die formalen Konventionen je nach Disziplin, Fach, Institut, ja teilweise sogar je nach Betreuer variieren. Informieren Sie sich hier also im Einzelfall persönlich und halten Sie sich, sofern vorhanden, an die jeweiligen Vorgaben Ihrer Institute. Ein paar grundlegende Informationen sollen aber eine erste Orientierung ermöglichen:

→ **Belegen Sie jedes Zitat.**

Egal, ob Sie wörtlich oder indirekt zitieren: Jede Bezugnahme muss belegt werden, indem Sie am Ende der Wiedergabe den Autor und die Quelle kenntlich machen.

→ **Belegen Sie vollständig und sorgfältig.**

Der Leser muss anhand Ihrer Angaben (Autor, Titel, Jahr, Seitenzahl etc.) die genutzte Literatur problemlos recherchieren und die wiedergegebenen Inhalte im Text mühelos überprüfen können.

Wie dies formal zu gestalten ist und was Sie dabei berücksichtigen müssen, wollen wir Ihnen in den folgenden Abschnitten zeigen. Und bitte achten Sie darauf:

→ Auch mit dem vermeintlich überflüssigen »Kleinkram« der deutschen Sprache (z. B. Leerzeichen, Anführungszeichen, Bindestrich, Gedankenstrich, Apostroph oder Klammer) muss bei den bibliographischen Angaben sorgfältig umgegangen werden, denn diese kleinen Zeichen erleichtern das Textverständnis. Präzision ist hier nicht »uncool«, sondern Sie demonstrieren damit Ihre Fähigkeit zum exakten wissenschaftlichen Arbeiten und erweisen all jenen Respekt, die Zeit und Mühe für die Rezeption und Produktion von wissenschaftlichem Wissen aufwenden (s. dazu ausführlich Kap. 10).

7.5.1 Graphische Hervorhebung von Zitaten

Wie Sie in Kap. 7.1.5 schon gesehen haben, werden Paraphrasen graphisch nicht hervorgehoben. Bei wörtlichen Zitaten dagegen sind Anfang und Ende durch Anführungszeichen zu kennzeichnen, teilweise werden sie auch eingerückt, einzeilig oder kursiv gesetzt, um schnell als »fremde« Gedanken identifiziert werden zu können.

Beispiel: »Zitat« aus einer Monographie über Politik und Sprache in Südtirol

> Marko kommt in seiner Bewertung der Südtiroler Autonomie zu dem Schluss:
> »Im Ergebnis stellt dieser institutionelle Mix ein hochkomplexes Rechtssystem dar, sodass also nicht erst eine Grundhaltung der Toleranz die Voraussetzung für das Funktionieren der rechtlichen Regelungen darstellt, sondern eben die oben angesprochene ›Toleranz durch Recht‹ erzeugt wird.« (Marko 2005: 521)
>
> Marko skizziert eher implizit als explizit die entscheidende Problematik des Autonomiemodells (…).

7.5.2 Veränderungen von Zitaten

Wörtliche Zitate dürfen grundsätzlich nicht verändert werden. Sie werden weder umformuliert noch korrigiert.

- **Sprachliche Fehler**

Sollten Sie im Originaltext Rechtschreibfehler oder andere sprachliche Fehler finden, so können diese durch »sic« (in runden oder eckigen Klammern) gekennzeichnet werden. Wenn Sie aus Werken mit »alter Rechtschreibung« (bis 2005) zitieren, kann diese unverändert und ohne Kennzeichnung übernommen werden.

Beispiel 1: aus einer linguistischen Monografie

> Als einzigen Ausweg sehen sie »einen (sic!) Bezugskorpus von Textsorten (…), der so zusammengestellt ist, daß eine Analyse die wesentlichen Unterschiede des Sprachgebrauchs sichtbar machen kann.« (1979, 32)

- **Grammatische Anpassung oder Ergänzungen**

Bei der Einbettung von zitierten Teilsätzen in den eigenen Text sind manchmal grammatische Anpassungen oder Ergänzungen erforderlich. Diese werden dann durch eckige Klammern markiert. Wird eine zitierte Passage gekürzt oder eine Erläuterung eingeschoben, muss dies ebenfalls gekennzeichnet werden:
- Auslassungen werden durch drei Punkte in Klammern markiert (eckige Klammern […] oder runde Klammern (…)).

- Zusätze werden durch eckige (manchmal auch runde) Klammern vor dem ersten und nach dem letzten Buchstaben markiert ([die Autoren], [stammt], vgl. Beispiele 2 und 3).

Beispiel 2: aus einer linguistischen Monographie

»Sie [die Autoren] legen auf literarische Eleganz keinerlei Wert und bedienen sich hingegen einer äußerst differenzierten Terminologie und Beweismethode […].« (Kristeller 1975, 229)

Beispiel 3: aus einem Artikel über wissenschaftliche Textarten

Bei Luhmann (1998: 11) ist zu lesen, dass dort, »wo es wissenschaftlich zugeht, nur sehr weniges, was in einem Buch zu lesen ist, von dem Autor selbst [stammt].«

- **Eigene Hervorhebungen**

Eigene Hervorhebungen in einem Zitat sollten ebenfalls kenntlich gemacht und von Hervorhebungen durch den zitierten Autor unterschieden werden. Verschiedene Hinweisformen nach dem Zitat sind in Gebrauch:
- (Hervorhebung im Original)
- *(Hervorhebung durch den Autor)* oder *(Hervorhebung N.N.)*, wobei N.N. die Initialen des zitierenden Autors sind.

Beispiel 4: aus einem Artikel über wissenschaftliche Textarten

Auch wenn Lombardi »eine partielle Äquivalenz der *textuellen* Funktionen der Tempora in den deutschen und den italienischen Aufsätzen« feststellt (175, Hervorhebung im Original), zeigt sie (…).

Beispiel 5: aus einem Artikel über fremdsprachliche Schreibpraxis

»In diesem Zusammenhang wird auch die **Bedeutung verschiedener Formen freien Schreibens für die Entwicklung der Kompetenz wissenschaftliche Schreiben neu überdacht.** Die Überlegungen sind […]«. (Hervorhebungen C.Z.)

- **Zitat im Zitat**

Ein Zitat im Zitat wird im Allgemeinen durch einfache (gelegentlich auch doppelte) Anführungszeichen markiert.

Beispiel 6: aus einer Monographie über Politik und Sprache in Südtirol

> »Zweitens wird bislang in sprachwissenschaftlichen Arbeiten zum parlamentarischen Sprachhandeln die Grundsatzposition von der ›Doppelung der Realität des Politischen‹ (Dieckmann) zwar postuliert, aber nur vereinzelt an Beispielen belegt.« (Kühn 1995: 165)

7.5.3 Zitate als einzelne Wörter oder Teilsätze

Zitate müssen nicht zwangsläufig aus ganzen Sätzen oder Abschnitten bestehen. Es können auch einzelne Wörter oder Teilsätze sein, die in den eigenen Text eingebaut werden. Dieses Zitierverfahren ist vor allem dazu geeignet, Positionen anderer Autoren in den eigenen Argumentationsverlauf aufzunehmen und die eigenen Ausführungen zu unterfüttern.

Primärtext	Wiedergabe
»Zugleich bedeutet der Verzicht auf die eigene Wissenschaftssprache eine Devaluierung des in dieser Sprache verfassten Wissens.« (Ehlich 2000: 59)	Heller zitiert Ehlichs (2000: 59) Auffassung, dass »der Verzicht auf die eigene Wissenschaftssprache eine Devaluierung des in dieser Sprache verfassten Wissens« bedeuten würde.

7.6 Bibliographische Angaben

Bibliographische Angaben werden entweder in Fußnoten aufgeführt oder in den Fließtext integriert. Weit verbreitet ist das so genannte »Harvard-Verfahren«, das es ermöglicht, eine bibliographische Kurzangabe in den Text zu integrieren, ohne den Lesefluss zu unterbrechen. Diese bibliographische Kurzangabe steht in Klammern direkt nach dem Zitat oder wird dem Zitat vorangestellt. Die vollständigen bibliographischen Angaben erscheinen hier nur im Literaturverzeichnis. Bei der anderen, traditionelleren Zitierweise, die vor allem in literaturwissenschaftlichen Arbeiten benutzt wird, wird die verwendete Literatur nicht im Text, sondern in den

Fußnoten – und natürlich im Literaturverzeichnis – angegeben. Beim überwiegend in der Medizin verwendeten »Vancouver-Verfahren« werden Literaturbelege im Text und im Literaturverzeichnis fortlaufend durchnummeriert.

Der Kurznachweis nach dem Harvard-Verfahren setzt sich zusammen aus
- dem Nachnamen des Autors bzw. der Autoren (bei mehreren Autoren werden die Namen durch Schrägstrich oder Semikolon getrennt),
- dem Erscheinungsjahr der Schrift, falls erforderlich mit Angabe der benutzten Auflage durch eine hochgestellte Ziffer (vorangestellt oder nachgestellt) und
- oft auch der Seitenzahl, die mit einem Komma oder Doppelpunkt + Spatium (Leerzeichen) abgetrennt wird.

Primärtext:

»Die Interjektionen können nach dem subjektiven Kriterium der von ihnen ausgedrückten Gefühlswerte eingeteilt werden.« (Helbig/Buscha [13]1996: 469)

Wiedergabe:

Helbig/Buscha ([13]1996, 469) machen den folgenden Vorschlag zur Einteilung von Interjektionen: »Die Interjektionen können nach dem subjektiven Kriterium der von ihnen ausgedrückten Gefühlswerte eingeteilt werden.«

Geht die zitierte Textstelle über eine Seitengrenze hinaus, muss dies angegeben werden, und zwar durch Abkürzungen:
- *f.* für die folgende Seite, also z. B.: *469f.*
- *ff.* für die zwei (oder drei) folgenden Seiten, also z. B.: *469ff.*

Zitiert man innerhalb einer Textseite aus einem Werk zweimal oder mehrmals in Folge, so genügt beim wiederholten Mal die verkürzte Quellenangabe durch *a. a. O.* (am angegebenen Ort) plus neue Seitenzahl: *(a. a. O.: 470)*. Bezieht sich ein zweites Zitat innerhalb einer Textseite nicht nur auf dasselbe Werk eines Autors, sondern auch auf dieselbe Seite, lautet der Verweis *ebd.* (ebenda), ohne Seitenzahl: *(ebd.)*.

Die Bezugnahme auf eine Schrift (ohne Zitat) geschieht durch einfache Nennung des Autornamens mit Angabe des Erscheinungsjahres.

Beispiel 1: aus einer Monographie über Politik und Sprache in Südtirol

> Den spezifischen Aspekt der medialen Politikvermittlung, analog zu Holly et al. (1986) und Holly (1989), untersuchen Wallisch (1997) und Wolf (1997).

Soll nachdrücklich auf die Ausführungen eines Autors aufmerksam gemacht werden, die zwar wichtig sind für das aktuelle Thema, aber im eigenen Text nicht referiert werden können, gibt es besondere Abkürzungen für diesen Verweis:
(s. Wolf 1997) (s. = »siehe«)
(cf. Wolf 1997) (cf. = für englisch »confer«)
(vgl. Wolf 1997) (vgl. = »vergleiche«)

Beispiel 2: aus einer Monographie über Politik und Sprache in Südtirol

> Dieses System ist im Verhältnis zu anderen Regionen der Italienischen Republik in mehrfacher Hinsicht asymmetrisch (vgl. Pernthaler 2005, Bin 2005, Palermo 2008).

- **Zitate aus dem Internet**

Wissenschaftliche Zitate aus Internet-Seiten sind möglich, solange die URL nachvollziehbar ist und die Seite von einem Institut oder einem Verfasser autorisiert und betreut wird. Zitate daraus sollen nach Möglichkeit nicht ohne Autorangabe sein. Im Literaturverzeichnis muss das Abrufdatum aufgeführt sein, da die Lebensdauer von Internetseiten nicht absehbar ist.

Das alphabetische Verzeichnis der (per Zitat oder Bezugnahme) explizit genannten Literatur steht am Ende der Arbeit, unter der Überschrift »Literatur« oder »Literaturverzeichnis«. Diese Liste ist keine Bibliographie zum Sachthema, auch keine Liste von Arbeiten oder Texten, die man dazu gelesen hat. Vielmehr handelt es sich dabei um die Liste all der Titel, die in der eigenen Arbeit tatsächlich verwendet wurden und im Kurzbelegverfahren im Text oder in den Anmerkungen aufgeführt sind. Im Literaturverzeichnis werden also die vollständigen bibliographischen Angaben wissenschaftlicher Publikationen genannt. Es gibt – je nach Disziplin, Institut oder Verlag – sehr große Unterschiede bei der formalen Gestaltung dieser bibliographischen Angaben. Informieren Sie sich deshalb bei jedem Text, den Sie verfassen, über die jeweils geltenden Formalia.

8 Was ist denn jetzt richtig?
Begriffsbestimmung und Definition

8.1 Was tun wir, wenn wir definieren und Begriffe bestimmen?
    8.1.1 Definition und Begriffsbestimmung
    8.1.2 Vom irrigen Glauben an die »richtige« Definition
    8.1.3 Konsequente und präzise Verwendung von Begriffen
8.2 Sprachliche Mittel des Definierens und der Begriffsbestimmung

Jede Disziplin und jedes Fach verfügt über umfangreiche Wissensbestände, die in Begriffen abgebunden sind. Eine einheitliche Terminologie macht es überhaupt erst möglich, dass Wissenschaftler miteinander kommunizieren. Ohne klare Übereinkünfte, wie bestimmte Begriffe verwendet und verstanden werden, würden sie permanent aneinander vorbeireden.

Die Wissenschaft bringt es aber mit sich, dass sich die Bedeutungen von Begriffen im Laufe der Zeit verschieben. Begriffe können auch neu eingeführt oder aus anderen Disziplinen oder Sprachen übernommen werden. Weil Begriffe in unterschiedlichen und teilweise auch konkurrierenden Bedeutungen verwendet werden, gehört eine Auseinandersetzung mit Begriffsbestimmungen und Definitionen zu den zentralen Aufgaben des wissenschaftlichen Arbeitens.

Dieses Kapitel diskutiert den Unterschied zwischen Begriffsbestimmung und Definition und zeigt, welche Formulierungsmöglichkeiten es gibt.

8.1 Was tun wir, wenn wir definieren und Begriffe bestimmen?

Zu den zentralen Aufgaben wissenschaftlichen Schreibens gehört es auch, sich Klarheit über die Bedeutung der Begriffe zu verschaffen, mit denen wir arbeiten. Nur wenn begrifflich präzise und terminologisch eindeutig formuliert wird, kann eine sachliche und unmissverständliche wissenschaftliche Auseinandersetzung stattfinden. Deshalb beginnt der Lese- und Schreibprozesses häufig auch damit, dass man sich mit Definitionen und Begriffsbestimmungen der für die eigene Arbeit zentralen Fachtermini auseinandersetzt. Dies ist nicht immer ganz einfach, vor allem, wenn man zu Studienbeginn plötzlich feststellen muss, dass es »die« Begriffsbestimmung oder »die« Definition gar nicht gibt und man sie auch nicht im Handumdrehen zu schaffen vermag.

8.1.1 Definition und Begriffsbestimmung

Eine »Definition« (lat. definire »abgrenzen, bestimmen, festlegen«) ist zunächst einmal nichts anderes als die Vereinbarung einer Sprechweise. Man legt also fest, wie man einen Begriff verwenden will.

Beispiel 1: Definition Sprachwissenschaft

> Ein Morphem *ist* die kleinste bedeutungstragende Einheit einer Sprache.

Wie wir sehen, bestehen Definitionen aus zwei Elementen,
- dem Definiendum (»X«), das den Begriff benennt (hier: »Morphem«)
- und dem Definiens (»Y«), das den Begriffsinhalt beschreibt (hier: »kleinste bedeutungstragende Einheit einer Sprache«).

In eine mathematische Gleichung umgesetzt, sieht das folgendermaßen aus:
$X = Y$, d. h. Definiendum ist gleich Definiens.

Definiendum können Gegenstände, Handlungen oder Prozesse sein. Das Definiens besteht meist aus einer Bedeutungsangabe oder einer Erklärung (»Begriffsexplikation«), in der ausgeführt wird, wie ein Phänomen im jeweiligen Fachbereich bestimmt wird.[1] Die Bedeutungsangabe oder Erklärung muss immer auf gesichertem Wissen beruhen. Formulierungen wie »meiner Meinung nach handelt es sich bei D um A« sind in diesem Zusammenhang verfehlt, denn sie kennzeichnen Vermutungen und subjektive Standpunkte, nicht aber belastbare Forschungsergebnisse. Deshalb sind sie für Definitionen ungeeignet.

Häufig findet man ergänzend zur Begriffsexplikation noch die Benennung der Disziplin oder des Forschungsbereichs, in dem eine solche Definition Gültigkeit hat oder entwickelt wurde.

Beispiel 2: Definition Medizin

> Definition
> Die *Morphologie ist* die Lehre von der Form, Gestalt und Struktur. *In der Medizin bezeichnet der Begriff* die Beschreibung der äußeren Gestalt lebender Organismen oder ihrer Bestandteile. (Aus: flexikon.doccheck.com/de/Morphologie [letzter Zugriff 9.9.2015])

In diesem Beispiel ist »Morphologie« das Definiendum, und »die Lehre von der Form, Gestalt und Struktur« ist das Definiens. Verbalisiert wird diese Definition mithilfe der Formulierung »N1 ist N2«. Es schließt sich eine Nennung des Forschungsbereichs an, in dem der Gegenstand eine spezifische Verwendung erfährt (»In der Medizin bezeichnet der Begriff A.«). Meist gehen die Definitionen also vom Allgemeinen zum Besonderen, indem zunächst allgemeingültige, dann fachspezifische Unterscheidungsmerkmale eines Phänomens beschrieben werden.

Bei einer »Begriffsbestimmung« teilen wir unseren Lesern mit, was wir unter einem Begriff verstehen. Hier geht es nicht, wie beim Definieren, um die Verabredung einer Sprechweise, sondern es geht darum deutlich zu machen, welches Verständnis man von einer Sache hat bzw. wie ein Begriff verwendet wird. Man kann auch sagen, dass es sich bei Begriffsbestimmungen um lexikalische oder fachspezifische Bedeutungsangaben handelt. Die Begriffsbestimmung gibt wieder oder hält fest, welches Verständnis eine bestimmte Gruppe (die Sprechergemeinschaft eines bestimmten Sprachraums im Falle der lexikalischen Bedeutungsangabe; die »scien-

---

[1] Vielleicht haben Sie auch schon von der klassischen Definitionsregel nach Aristoteles gehört. Danach gliedert sich das Definiens in »genus proximum« (Gattungsmerkmal) und die »differentia specifica« (wesentliches unterscheidendes Merkmal) (Metzler Lexikon Sprache [1993] s. v. Definition). In unserem Beispiel wäre die »Einheit einer Sprache« das »genus proximum«, »kleinste bedeutungstragende« wäre die »differentia specifica«.

tific community« einer Disziplin im Falle der fachlichen Begriffserklärung) von einem bestimmten, bereits gebräuchlichen Begriff hat. Dabei ist es nicht ungewöhnlich, dass zu ein- und demselben Ausdruck mehrere Begriffsbestimmungen vorliegen, die sich voneinander unterscheiden und zueinander in Konkurrenz treten. (Man denke beispielsweise an die unterschiedlichen Bestimmungen von »Sprache«, »Kultur«, »Spiel«, »Authentizität« etc.). Die der Begriffsbestimmung adäquatesten Fügungen sind daher solche, die eine bereits erfolgte Übereinkunft reflektieren, wie z. B. »Unter X versteht man Y« oder »Als X bezeichnet man Y«. Wenn Sie dies zum ersten Mal beobachten, sind Sie vielleicht irritiert:

> O-Ton: »Die Wissenschaftler sind sich ja gar nicht einig darüber, was unter ›Authentizität‹ zu verstehen ist. Ich habe fünf verschiedene Definitionen gefunden. Was ist denn jetzt richtig?«

»Das Definieren« wird hier als Inbegriff des wissenschaftlichen Arbeitens schlechthin verstanden. Der Student ist enttäuscht, dass es offenbar keine allgemeingültige und einheitliche Definition von »Authentizität« gibt. Er bringt auch sein Befremden darüber zum Ausdruck, dass ein Fachterminus nicht nur eine einzige Bedeutung hat.[2] Ein Auszug aus einer studentischen Seminararbeit veranschaulicht das Dilemma, in das man geraten kann.

Beispiel 3: studentische Seminararbeit zum Thema »Interferenz«

> Wie man schon weiter oben sehen kann, *wird der Begriff* [Interferenz] *also nicht einheitlich verwendet.* Besonders verwirrend ist, dass Interferenz sowohl die Sache als auch die Ursache beschreibt. *Ich werde deshalb* den Begriff *der Transferenz für die Übernahme von Elementen, Merkmalen und Regeln aus einer anderen Sprache verwenden* und Interferenz *in Zusammenhang mit* den allgemeinen Verwirrungsprozessen im Sprachkontakt *gebrauchen.*

Die Verfasserin ist offenbar verwirrt, weil sie bei der Lektüre feststellt, dass zwei verschiedene Phänomene (hier »Sache« und »Ursache«) mit ein- und demselben Ausdruck (»Interferenz«) bezeichnet werden. Und es scheint nur einen Ausweg aus

---

2 Sowohl Graefen (2009) als auch Steinhoff (2007) haben im Rahmen ihrer Korpusanalysen festgestellt, dass gerade zu Studienbeginn häufig irrtümlich davon ausgegangen wird, es gebe in der eigenen Disziplin nur eine einzige Definition eines Gegenstands.

dieser Verwirrung zu geben: Angesichts der Vielfalt an Begriffsbestimmungen meint sie selbst eine solche vornehmen zu müssen und teilt mit, wie in ihrer Untersuchung ein Begriff zu verstehen ist (»Ich werde deshalb den Begriff … für … verwenden und … im Zusammenhang mit … gebrauchen.«). Anstatt auf den Pool von ausgearbeiteten Vorschlägen zuzugreifen, versucht sie sich selbst an einer Begriffsbestimmung. Dieses Phänomen wird von Steinhoff (2007: 392) auch als »Begriffsprägung« bezeichnet. Eine solche Vorgehensweise ist allerdings nur dann erforderlich, wenn die bereits etablierten Begriffe zur Verständigung über den Sachverhalt noch nicht oder nicht mehr ausreichend sind. Dies ist aber beim o. g. Beispiel nicht der Fall.

→ Für die Zwecke einer studentischen Seminararbeit reichen die in den verschiedenen Disziplinen ausgearbeiteten Begriffsbestimmungen meist aus, so dass Sie sich auf die Wiedergabe derselben beschränken können. Die Wiedergabe kann in Form von Zitaten oder in Form von Paraphrasen geschehen (s. Kap. 7). Grundlage hierfür ist die zuvor sorgfältig recherchierte und exzerpierte Literatur (Fachlexika, Handbücher oder andere fachspezifische Publikationen). Wikipedia wird in der Regel nicht als Quelle für seriöse Recherche betrachtet.

8.1.2 Vom irrigen Glauben an die »richtige« Definition

In Schulbüchern, populärwissenschaftlichen oder journalistischen Texten beschränken sich die Autoren meist auf die Wiedergabe einer einzigen Bedeutungsangabe, was dieser den Anschein der Allgemeingültigkeit verleiht. Auch aus diesem Grund wird zu Studienbeginn oftmals verzweifelt nach der einen »richtigen« Definition gesucht. Dabei ist es gerade ein zentrales Charakteristikum von Wissenschaft, dass ein- und derselbe Begriff unterschiedliche Begriffsinhalte haben kann. So versteht man unter »Morphologie« beispielsweise in der Biologie und Medizin die äußere Gestalt von Lebewesen und Organismen, in der Philosophie die Lehre von den Gestalten und Formen bezüglich ihrer Entwicklungen und Gesetzmäßigkeiten, in der Sprachwissenschaft die Formenlehre und Wortbildung, in der Geomorphologie geht es um die Oberfläche der Erde und anderer Planeten, und in der Stadtgeographie bezeichnet »Morphologie« die Siedlungs- und Stadtformen sowie ihre physischen Entwicklungsprozesse. Die Differenziertheit von Begriffsbestimmungen gilt aber nicht nur zwischen den Disziplinen, sie gilt auch innerhalb ein- und derselben Disziplin.

8 Was ist denn jetzt richtig?

Je nachdem, von welchem theoretischen Hintergrund ausgegangen wird, kann bei der Begriffsbestimmung ein bestimmter Aspekt in den Vordergrund treten. Dies führt dann zwar nicht dazu, dass der Begriff seine Bedeutung ändert, aber es führt dazu, dass unterschiedliche theoretische Bezugnahmen vorgenommen werden (Graefen 2014: 66). Man denke hier beispielsweise an die Vielfalt von Bestimmungen, die der Begriff »Text« in den Sprach- und Sozialwissenschaften erfahren hat, und zwar je nach »Schule«, der die Wissenschaftler angehören, die sich mit dem Gegenstand beschäftigen. Dies ist nichts Verwerfliches, sondern Ausdruck eines Pluralismus, der wiederum die wissenschaftliche Streitkultur erst ermöglicht (s. Kap. 2). Das Entwickeln von Begriffsbestimmungen ist also eine wissenschaftliche Tätigkeit, die innerhalb des Fachs geschieht. Wissenschaftler machen Vorschläge, stellen sie zur Diskussion, und in einem Prozess der streitenden Auseinandersetzung werden sie, je nach Überzeugungskraft, von anderen Wissenschaftlern übernommen – oder auch nicht.

Wie schon gesagt, Sie werden kaum in die Situation kommen, zu Studienbeginn eine neue Begriffsbestimmung entwickeln zu müssen. Wenn eine Auswahl zur Verfügung steht, genügt es aber auch nicht, sich eine einzige Begriffsbestimmung herauszupicken und zu sagen: »Für diese habe ich mich entschieden.«

➔ Vielmehr ist es erforderlich, die einzelnen Positionen vorzustellen, sie zueinander ins Verhältnis zu setzen, Unterschiede und Gemeinsamkeiten herauszuarbeiten und zu einem begründeten Schluss zu kommen, warum die eine oder die andere Auffassung Ihres Erachtens die tragfähigste ist. Prozess und Ergebnis dieser gedanklichen Auseinandersetzung müssen Sie dem Leser mitteilen.

➔ Und noch eine Empfehlung: Hüten Sie sich vor Exzessen selbst bei einer so grundlegenden Handlung wie dem Bestimmen von Begriffen. Wir haben gesehen, dass gerade zu Studienbeginn das »Definieren« als die wissenschaftliche Tätigkeit schlechthin verstanden wird. Betrachtet man Seminararbeiten, und hier vor allem die ersten Seiten des darstellenden Teils, kann man sich manchmal des Eindrucks nicht erwehren, die Studierenden litten an »Definitis«:

Beispiele:

> *Bevor (…), muss man zunächst den Begriff X definieren.*
> *Am Anfang sollen verschiedene Definitionen von X vorgestellt werden.*
> *Das Thema kann nicht bearbeitet werden, ohne X zu definieren.*

Es muss aber nicht immer alles, worüber Sie schreiben, erst »definiert« werden. Häufig wird auch in wissenschaftlichen Texten mit Ausdrücken operiert, die allgemein bekannt sind (wie z. B. »Gesellschaft«, »Kommunikation«, »Jugend« etc.). Wenn Sie diese Begriffe bestimmen wollen, übersteigt dies Ihre Möglichkeiten und wird zu einer kaum zu bewältigenden Aufgabe. Sollten Sie beispielsweise eine Seminararbeit zum Thema »Umwelt- und Naturschutz« schreiben, müssen Sie nicht damit beginnen, die Begriffe »Umwelt« und »Natur« zu erläutern. In solchen Fällen ist es völlig ausreichend, die erforderlichen Präzisierungen und Eingrenzungen dieser Termini im Verlauf der Seminararbeit nach und nach vorzunehmen (s. Graefen 2014: 66).

8.1.3 Konsequente und präzise Verwendung von Begriffen

Wichtig ist ein konsequenter und präziser Umgang mit Begriffen. Wenn Sie nach einer kritischen Überprüfung zu dem Schluss gekommen sind, dass ein Begriff aussagekräftig ist und dass Sie die Begriffsbestimmung für Ihre Zwecke brauchbar finden, sollten Sie diesen Begriff auch konsequent mit dieser Bedeutung weiterverwenden. Dies trägt zur Transparenz der Gedankenführung und zur Vermeidung von Missverständnissen bei. Und am besten vergessen Sie, was Sie im Aufsatzunterricht in der Schule gelernt haben. Dort gilt die Verwendung ein- und desselben Ausdrucks als stilistische Schwäche (»Wiederholungsfehler«), und vermutlich wurden Sie aufgefordert, Synonyme zu suchen. In einem wissenschaftlichen Text ist die konsequente Verwendung eines bestimmten Ausdrucks für eine bestimmte Sache aber kein Mangel, sondern notwendige Voraussetzung für erfolgreiche Kommunikation (s. Kap. 4.1.1).

8.2 Sprachliche Mittel des Definierens und der Begriffsbestimmung

Es gibt vielfältige Ausdrucksmittel, mit denen Definitionen und Begriffsbestimmungen vorgenommen werden können. Zunächst sollen die verschiedenen Möglichkeiten vorgestellt werden, die Rolle des Sprechers zu kennzeichnen. Dies kann direkt in der »ich«- oder »wir«-Form geschehen oder über indirekte Konstruktionen. Die folgenden Formulierungen bieten sich an:[3]

a) Passivkonstruktionen bzw. unpersönliches »man« und modalisierende Passiversatzkonstruktionen

> *Unter X versteht man Y*
> *Unter X wird Y verstanden*
> *Als X wird in einem bestimmten Fachbereich Y verstanden*
> *Unter X ist Y zu verstehen*

Die Ausdruckskombination »sein« + »zu« + Infinitiv (hier: »verstehen«) bietet zudem den Vorteil, dass in der Schwebe bleiben darf, ob damit eine Möglichkeit des Verstehens eröffnet oder ein verbindliches Verständnis festgesetzt werden soll.

b) der direkte Verweis auf einen Autor, der zitiert wird (3. Person)

> *F versteht unter X Y*
> *Nach F wird unter X Y verstanden*

c) der direkte Sprecherbezug (Ich- oder Wir-Form)

> *Unter X verstehe ich Y*
> *Im Folgenden will ich X als Y verstehen / bezeichnen*
> *Als X bezeichne ich / bezeichnen wir*

---

3 In den folgenden Beispielen werden die Variablen »X« für Definiendum und »Y« für Definiens gesetzt.

8.2 Sprachliche Mittel des Definierens und der Begriffsbestimmung

Der Ich-Bezug empfiehlt sich, wie oben schon erwähnt, nur dann, wenn es tatsächlich erforderlich ist, Begriffe neu zu bestimmen, also Begriffsprägungen vorzunehmen. In studentischen Seminararbeiten ist dies eher selten der Fall, da man zu diesem Zeitpunkt des Studienverlaufs in der Regel noch nicht über ausreichend detailliertes Fachwissen verfügt.

Im Folgenden finden Sie eine Zusammenstellung der häufigsten Verben und Ausdruckskombinationen, die bei Begriffsbestimmungen und Definitionen vorkommen, jeweils gefolgt von Textbeispielen aus verschiedenen Disziplinen.

1) bezeichnen als		
Als X wird Y Y wird von F als X Im Fachbereich Z wird Y als X Sei mit X Y	bezeichnet	
Als X Y	bezeichnet man	Y als X
Y	kann mit X soll als / mit X	bezeichnet werden
F bezeichnet Y als X X bezeichnet Y Als X bezeichnet man Y Y bezeichnet man als X		

Beispiele: »bezeichnen als«

Beispiel 1:

Als ›Kontext‹ wird meist eine Umgebung *bezeichnet,* die (…). (Philosophie)

Beispiel 2:

Das für das System selbst sichtbare Resultat dieser Konsequenzen des re-entry *soll* im Folgenden *mit* dem Begriff »Sinn« *bezeichnet werden*. (DWDS Soziologie)

Beispiel 3:

Schließlich verknüpft Markus (…) Selbstkenntnis mit dem Vorhandensein von kognitiven Strukturen, die *sie als* ›Selbst-Schemata‹ *bezeichnet*. (Psychologie)

8 Was ist denn jetzt richtig?

Beispiel 4:

Enger gefasst, *bezeichnet* der Ausdruck T. [Tonalität] die Gruppierung von Tönen oder Akkorden um ein Bezugszentrum, eine Tonika, die als »point d'attraction« wirkt. (DWDS Musikwissenschaft)

Beispiel 5:

Dieses Prüfverfahren *kann als* Leistungs-, wenn nicht sogar als Intelligenztest *bezeichnet werden.* (Psychologie)

Beispiel 6:

Wir bezeichnen die Gesamtheit der Gene eines Chromosomensatzes *als* Genom und stellen sie den extrachromosomalen Genen gegenüber, von denen unten (…) noch die Rede sein wird. (Biologie)

Beispiel 7:

Sei mit (1) die Designmatrix ohne ihre erste Spalte *bezeichnet* und *mit* (3) die zu (4) gehörige Matrix der zentrierten Daten, wobei *(1) ein* n-dimensionaler Vektor von Einsen *sei. Seien* weiter (…). (Statistik)

2) verstehen unter / verstehen als		
X	lässt sich als Y verstehen ist als Y zu verstehen	
Unter X Im Fachbereich D Unter X wird Y verstanden F versteht unter X Y	versteht man versteht man	Y unter X Y

Beispiele: »verstehen unter / verstehen als«

Beispiel 1:

Das Politische *lässt sich* unter dieser Voraussetzung nur *als* originäre und spontane Stiftung *verstehen* (…). (Philosophie)

Beispiel 2:

Gottschaldt hat immer wieder mit Nachdruck betont, dass die Psychologie *als Naturwissenschaft zu verstehen sei*. (Psychologie)

Beispiel 3:

Versteht man unter (1) den Epizentral-, *unter* (2) den Hypozentralabstand von (3), so (...). (Geologie)

Beispiel 4:

Ob *man* nämlich das Leere *als* Raum *versteht*, in dem sich die Atome befinden oder die Zwischenräume zwischen den Atomen *als* Leeres *betrachtet*, ist (...) irrelevant. (Physik)

3) sprechen von		
F Man	spricht	von X angesichts von Y auch von X
Es wird von X gesprochen		

Beispiele: »sprechen von«

Beispiel 1:

Gottschaldt (1953) *sprach* in diesem Zusammenhang *vom* ›praktischen Denkhandeln‹. (Psychologie)

Beispiel 2:

Wird die Transkription durch einen Repressor reguliert, *spricht man von* negativer Kontrolle. (Biologie)

Beispiel 3:

Das meint wohl auch Lukes, wenn *er davon spricht*, ›that power is one of those concepts which is ineradicably value-dependent‹ (Lukes 1974, 26). (Philosophie)

Beispiel 4:

Wenn *er* explizit *von* »Dialektik« *spricht*, so meint er damit eine innere Dynamik, die (...). (Psychologie)

8 Was ist denn jetzt richtig?

4) nennen		
F Der Fachbereich N	nennt	Y X
Y wird auch X genannt Y nennt man X		

Beispiele: »nennen«

Beispiel 1:

Diese primäre Seinsart *nennt* Heidegger ›Zuhandenheit‹. (Philosophie)

Beispiel 2:

Diese Gene *nennt man* Oncogene. (Biologie)

Beispiel 3:

Man *nennt* zwei Reaktionen nichtkommutativ, wenn die Vertauschung ihrer Reihenfolge zu unterschiedlichen Ergebnissen führt. (Mathematik)

Beispiel 4:

Die benötigten Mindestwerte der physikalischen Reizgrößen, die in 50 % der Fälle zu einer Wahrnehmung führen, *werden* absolute Schwellenwerte des Reizes *genannt*. (DWDS Neurologie)

Seltener als vermutlich erwartet, findet man das Verb »definieren« in wissenschaftlichen Texten, obgleich es das gewünschte kommunikative Ziel explizit benennt:

5) definieren		
F Der Fachbereich Man	definiert	X als / durch Y X folgendermaßen:
X	ist wird	als / durch Y definiert

Beispiele: »definieren«

Beispiel 1:

Die Modalitäten der Alfacalcidol-Behandlung *wurden* folgendermaßen *definiert:* (…). (Medizin)

Beispiel 2:

Dieses Axiom wird mit Hilfe des residualen Inputs F erfüllt, der *durch* die Gleichung (18) *definiert wird.* (Ökonomie)

Beispiel 3:

In der Chemie ist die Säure *als* eine Substanz *definiert*, die Wasserstoffionen (H+-Ionen, Protonen) freisetzt oder erzeugt (…). (DWDS Medizin)

Des Weiteren können zum Verbalisieren von Begriffsbestimmungen die folgenden Ausdrücke und Ausdruckskombinationen verwendet werden:

6) weitere Ausdruckskombinationen	
X	*ist Y* *ist eine Bezeichnung für Y* *setzt sich aus Y zusammen* *steht für Y*
Bei X handelt es sich um Y *X wird hier / im Folgenden als Y verstanden / aufgefasst* *Für Y wird hier / in dieser Arbeit der Terminus X verwendet* *F fasst X als Y auf* *Mit X meint F Y* *Mit F wird X als Y bezeichnet*	

- **Definitionen gegenüberstellen und vergleichen**

Wir hatten oben schon gesehen, dass Definitionen oder Begriffsbestimmungen zueinander ins Verhältnis gesetzt oder gegeneinander abgegrenzt werden müssen, vor allem dann, wenn es in einer Disziplin für einen Begriff unterschiedliche Bestimmungen gibt (s. dazu auch die Formulierungen zum Gegenüberstellen und

Vergleichen in Kap. 9). Ein etwas ausführlicheres Beispiel aus einer sprachwissenschaftlichen Monographie mag hier abschließend zur Veranschaulichung dienen:[4]

Beispiel: Zum ›Kulturbegriff‹ (Roll 2003, 50f), stark gekürzt

> Goodenough begründet die ›neue Ethnografie‹, als er Anfang der 60er-Jahre *einen Kulturbegriff entwirft, der* auf den Erkenntnissen der kognitiven Psychologie und der generativen Linguistik aufbaut. »Culture, being what people have to learn as distinct from their biological heritage, must consist of the end product of learning: knowledge (...).« *Die Grenzen dieses Ansatzes* für die Untersuchung komplexer, ethnisch und kulturell diversifizierter Gesellschaften *liegen auf der Hand*: (...) *Es scheint also nachvollziehbar, dass* Goodenoughs Ansatz *vielfach kritisiert wurde* (z.B. Geertz 1983). (...) *Der Ethnologe* Clifford Geertz *setzt seine Kritik an anderer Stelle an*: Er wendet sich gegen Goodenoughs Ausschluss der materialen und öffentlichen Seite von Kultur. (...) *Während* Goodenoughs kognitiver Kulturbegriff in der Sprachwissenschaft aufgenommen wurde und die linguistische Wende in den Sozialwissenschaften beeinflusste, *waren die Konzepte* von Geertz *stärker mit* der Literaturwissenschaft *verbunden*. (...) Die Kultursemiotik *vertritt die Auffassung, dass* Kultur nichts anderes sei als eine Menge von Texten. (...) A. Assmann (1991*) erfasst in ihrer* semiotisch fundierten *Definition diese* zeitliche *Dimension* [verschiedene Zeithorizonte] *von Kultur*: »(...)« *Aus einer handlungstheoretischen Perspektive*, wie sie in dieser Arbeit vertreten wird, *ist jedoch* der unspezifische und stark metaphorisierte *Textbegriff kritisch zu betrachten, da* die speziellen Handlungszusammenhänge eines Textes ausgeblendet werden. *Kultur wird daher wiederum als* autonome, nach internen Regeln funktionierende Entität *aufgefasst*, die losgelöst ist von gesellschaftlichen Bezügen. (...)

- **Zusätzliche Erläuterungen**

Häufig ist es erforderlich, an eine Aussage oder einen Begriff zusätzliche Erläuterungen anzufügen. Auf diese Weise können Aussagen ausgeführt und Behauptungen belegt werden. Die folgenden sprachlichen Mittel helfen dabei, solche erläuternden Zusätze anzufügen:

---

[4] Kursiv gesetzt sind in diesem Beispiel Formulierungen zum Gegenüberstellen und Vergleichen, zum Kritisieren und zur Begriffsbestimmung.

8.2 Sprachliche Mittel des Definierens und der Begriffsbestimmung

Einleitungen für zusätzliche Erläuterungen
d. h. (das heißt)
z. B. (zum Beispiel) so / so zum Beispiel wie / wie zum Beispiel beispielsweise / wie beispielsweise
etwa / so etwa
und zwar und zwar insofern als insofern als
u. a. (unter anderem)
darunter darunter auch
also
besonders insbesondere

Bei den erläuternden Zusätzen kann es sich um bloße Nominalgruppen handeln (wie beispielsweise im Anschluss an »so etwa« oder »so zum Beispiel«) oder auch um satzförmige Äußerungen (wie beispielsweise im Anschluss an »so« oder »d. h.«). Wie solche Ergänzungen angefügt werden können, sollen die folgenden Beispiele verdeutlichen:

Beispiel: »d. h.«

> Im Jahre 1994 dagegen war bereits jede siebte Eheschließung eine von oder mit Ausländern, *d. h.*, Mann oder Frau oder beide waren ausländischer Staatsbürgerschaft. (DWDS Soziologie)

8 Was ist denn jetzt richtig?

Beispiel: »wie beispielsweise«

Sie [japanische Politiker] schließen sich ad hoc zu pressure groups zusammen, *wie beispielsweise* die Abgeordneten aus den Reiskammern des Landes, die (…) in Tokyo für eine Erhöhung der Reispreissubventionen kämpfen. (Politik)

Beispiel: »so« (erläuternder Zusatz satzförmig)

Whiting und Child (…) benutzen hingegen Begriffe, die nichts mit den eben aufgeführten gemeinsam haben. *So* unterscheiden sie (…) zwischen 5 Typen kulturspezifischer Vorstellungen. (Ethnologie)

Beispiel: »so etwa« (erläuternder Zusatz nicht satzförmig)

Aber auch sehr spezielle, ähnliche Grundbedingungen haben zu einer vergleichenden stadtgeographischen Behandlung geführt, *so etwa* die städtebauliche Entwicklung einzelner Städte nach ihrer Kriegszerstörung. (Geographie)

Beispiel: »so zum Beispiel« (erläuternder Zusatz nicht satzförmig)

In vielen Branchen, *so zum Beispiel* in Schraubenfabriken, Emballagefabriken, Kuvertfabriken (…), entfällt ein beachtlicher Teil der Fertigungskosten auf die Auflegungskosten, so daß (…). (DWDS Betriebswirtschaft)

Beispiel: »und zwar«

Die Expression der meisten eukaryotischen Gene wird aber positiv reguliert, *und zwar* über die Bindung oder die Aktivität der Transkriptionsaktivatoren. (Biologie)

Beispiel: »darunter«

Zu den großen Erfolgen Kodálys gehören die Chor- und Vokalwerke, *darunter* der Psalmus hungaricus (1923), die Orchesterstücke Marosszéker Tänze (1930) und (…). (DWDS Musikwissenschaft)

Beispiel: »also«

> Die Kanalzahl n dagegen geht in erster Näherung mit der dritten Potenz in die Anzahl der Rechenoperationen, *also* auch in die Rechenzeit ein, so daß eine praktische Grenze der Simulationsrechnung (...) existiert. (Akustik)

Beispiel: »besonders«

> Für die Initiationsstelle könnten einige bestimmte Sequenzmotive und die Nähe der anderen Promotorelemente, *besonders* der TATA-Box, (...) ausreichend sein. (Biologie)

9 Wie funktioniert das eigentlich, das Argumentieren?

9.1 Was tun wir, wenn wir argumentieren?
9.2 Schriftliches und mündliches Argumentieren
9.3 Wissenschaftliches Argumentieren: Streit und Auseinandersetzung
9.4 Checkliste für das wissenschaftliche Argumentieren
9.5 Argumentationsstrategien
9.6 Einfache sprachliche Mittel des Argumentierens
9.7 Sprachliche Mittel des konzessiven Argumentierens
9.8 Begründen und Grund-Folge-Relationen
9.9 Gegenüberstellen und Vergleichen
9.10 Weitere sprachliche Mittel des Argumentierens

Wissenschaft ist, wie schon gesagt, ein »Streitgeschäft«, bei dem um neues Wissen gerungen wird (vgl. Kapitel 1). Wenn aber ein Thema umstritten ist, kommt zwangsläufig die Argumentation ins Spiel. Argumentieren heißt nämlich, jemanden von der Geltung einer Aussage zu überzeugen, indem man dafür gute Gründe nennt.

In einer wissenschaftlichen Arbeit müssen aber nicht nur Behauptungen begründet und belegt werden. Auch die Kritik an anderen Positionen und Entscheidungen, etwa die Wahl einer Methode oder die Bestimmung eines Begriffs, müssen gerechtfertigt werden. Und damit nicht genug: Auch Gegenargumente, die möglicherweise gegen die eigene Position vorgebracht werden könnten, müssen vorweggenommen und entkräftet werden.

Argumentieren im Text heißt somit auch, dass man die Leser in jeder Phase in die Lösung eines Problems einbezieht und die einzelnen mentalen Schritte transparent macht. Die Argumentation gehört zum Wesen der Wissenschaft, und das Argumentieren ist dabei eine – um nicht zu sagen die – zentrale Aufgabe.

Nach einigen grundsätzlichen Überlegungen werden in diesem Kapitel die Unterschiede zwischen alltäglichem und wissenschaftlichem Argumentieren und zwischen dem mündlichen und schriftlichen Argumentieren behandelt. Im Mittelpunkt stehen die vielfältigen sprachlichen Mittel des Argumentierens.

9 Wie funktioniert das eigentlich, das Argumentieren?

9.1 Was tun wir, wenn wir argumentieren?

Argumentiert wird in verschiedensten Situationen: in der Fernsehdebatte, am heimischen Küchentisch, in der Kneipe – und auch in der Wissenschaft. Je nachdem, ob es sich um ein Kneipengespräch, einen Seminardiskurs oder um einen wissenschaftlichen Text handelt, gibt es auch unterschiedliche Formen des Argumentierens. Stellen wir uns also zunächst die Frage: Was tun wir eigentlich, wenn wir argumentieren?

Beim Argumentieren gibt es immer ein Gegenüber, also einen Kommunikationspartner, auf den wir uns beziehen, und es gibt immer eine bestimmte Aussage oder einen bestimmten Gegenstand, auf den sich die Argumentation bezieht. Außerdem gehen wir beim Argumentieren davon aus, dass unser Gegenüber einen anderen, von der eigenen Position abweichenden Standpunkt einnimmt, d. h., wir nehmen an, dass er oder sie anders über diese Aussage oder über diesen Gegenstand denkt. Wir wollen aber unser Gegenüber beeinflussen und dazu bewegen, seine Position aufzugeben und unsere Position einzunehmen.

→ Das Ziel des Argumentierens besteht darin, Andersdenkende zu überzeugen, ihnen einen Sachverhalt klar zu machen und / oder der eigenen Position Geltung zu verschaffen.

Es gibt verschiedene Gründe dafür, weshalb Positionen strittig sind oder Standpunkte voneinander abweichen; die Ursache sind in der Regel Verstehens- oder Bewertungsdivergenzen. Um mein Gegenüber zu überzeugen, muss ich geeignete, d. h. vernünftige und nachvollziehbare Argumente suchen und formulieren, in der Hoffnung, dass sich ein Konsens herstellen lässt oder anders Bewertetes neu bewertet wird. Beim Argumentieren wird also eine möglichst breite Basis gemeinsamen Verstehens und Für-Wahr-Haltens angestrebt. Dies kann durch Erklärungen, Erläuterungen und Begründungen gelingen. Behauptungen allein, also Aussagen, die Sie nicht belegen können und die nicht glaubwürdig sind, sind ungeeignet, Ihr Gegenüber zu überzeugen.

→ Das Argumentieren hat seinen Zweck erfüllt, wenn die von uns vertretene Position übernommen wird und bezüglich der strittigen Frage oder Aussage Einigkeit herrscht. Oder anders formuliert: Das Argumentieren war erfolgreich, wenn die Verstehensdivergenzen behoben und aus Bewertungsdivergenzen Bewertungskongruenzen geworden sind.

Bedenken Sie aber, dass ein solches Maximalziel, also die Verstehens- und Bewertungskongruenz, nicht immer erreicht werden kann. Oft ist es auch schon als Erfolg zu werten, wenn durch die Argumentation Kompromisse erzielt werden oder wenn der Hörer seinen Standpunkt verändert und sich der Position des Sprechers annähert.

Das Argumentieren ist also eine recht komplexe Aufgabe, die beim wissenschaftlichen Schreiben eine wichtige Rolle spielt.[1] Mit Hilfe der folgenden Informationen dürfte Ihnen wissenschaftliches Argumentieren aber nicht mehr schwerfallen.

9.2   Schriftliches und mündliches Argumentieren

Es gibt Unterschiede zwischen dem Argumentieren im Alltag und dem in der Wissenschaft, und es gibt Unterschiede zwischen mündlichem und schriftlichem Argumentieren. Die Argumentation muss jeweils an die Situation angepasst werden, und zwar sowohl sprachlich als auch hinsichtlich der Bezugnahme auf das Wissen oder das Vorwissen Ihrer Adressaten, seien es nun Gesprächspartner oder Leser. Um diesen Unterschied klar zu machen, stellen Sie sich das folgende (fiktive) Gespräch vor:

> A: Wir können im Sommer nicht in Urlaub fahren, *denn* ich muss in den Semesterferien meine Masterarbeit schreiben.
> B: *Aber* du hast es mir *doch* im Januar versprochen.
> A: Da wusste ich *ja* noch nicht, dass der Abgabetermin so früh liegt.
> B: *Dann* versuch *doch*, mit der Dozentin zu reden. Vielleicht drückt sie ja ein Auge zu …

A nennt das Handlungsziel (»nicht in Urlaub fahren«) und begründet dies (»*denn* ich muss«). B formuliert direkt anschließend einen Einwand (»*aber* … *doch* … versprochen«). A versucht wiederum im direkten Anschluss, diesen Einwand zu entkräften, indem ein Gegenargument formuliert wird (»wusste … *ja* noch nicht«). B schließt wiederum eine Entgegnung an, die einen Lösungsvorschlag enthält (»*dann* versuch *doch* …«). Sie können sich die Fortsetzung in etwa vorstellen. Was fällt beim mündlichen Argumentieren also auf? A und B äußern sich abwechselnd zu einem strittigen Punkt und können ihre Einwände und Vorschläge direkt auf die

---

[1] Zu den Grundlagen der Argumentationstheorie s. Toulmin (1996); zum Argumentieren aus sprachwissenschaftlicher Sicht s. Trautmann (2004) und Graefen (2002).

vorhergehende Äußerung beziehen. Dies ist nur möglich, wenn Sprecher und Hörer »kopräsent« sind, d. h., wenn sie beispielsweise gemeinsam am Tisch sitzen oder telefonieren.

→ Beim mündlichen Argumentieren können Sprecher und Hörer ihre Argumente unmittelbar im Anschluss an eine formulierte Position selbst vorbringen. Sie sind in der Lage, individuell und direkt Gegenargumente zu liefern, die dann wieder aufgegriffen und entkräftet werden etc. Sie können also in den Gesprächsverlauf unmittelbar eingreifen.

Beim schriftlichen Argumentieren ist das nicht möglich, denn Autor und Leser sitzen sich nicht gegenüber, sind nicht »kopräsent«, können sich also nicht unmittelbar, individuell und situativ aufeinander beziehen. Deshalb ist das Argumentieren in Texten wesentlich anspruchsvoller. Weder ist Ihnen der Leser persönlich bekannt noch kann er seinen Standpunkt oder seine Einwände vorbringen, da es sich beim Text ja um eine geschlossene Verkettung der Gedanken des Autors handelt. Bestenfalls könnte ein Leser mit einem eigenen Text »antworten«. Die Gegenargumente würden dann allerdings mit einer erheblichen zeitlichen Verzögerung vorgebracht.

Wie kann man also schriftlich argumentieren? Beim Schreiben müssen Sie sich einen Leser »vorstellen«, und Sie müssen sich überlegen, welches Vorwissen er hat, inwieweit sein Verstehen von dem Ihren abweichen könnte, welche Sachverhalte er anders bewerten könnte und welche Informationen er benötigt, um Ihrem Gedankengang folgen zu können.

→ Beim schriftlichen Argumentieren müssen Sie also antizipieren, welche Gegenargumente und Einwände vom Leser kommen könnten. Sie müssen diese nachvollziehbar, glaubwürdig und plausibel formulieren und anschließend durch die eigenen Argumente wieder nachvollziehbar, glaubwürdig und plausibel entkräften.

Sehen wir uns das an einem Beispiel aus einem wissenschaftlichen Text an:

> Die ›Historica calamitatum‹ berichtet *zwar*, daß Abaelard sich auch später in Paris noch mit einer Fortsetzung (…) beschäftigt habe, *doch* ist es bisher nicht möglich gewesen, sie irgendwo in einer Handschrift zu identifizieren. (Geschichte)

Der Autor ist darauf bedacht, mögliche Einwände, die an dieser Stelle von anderen Wissenschaftlern vorgebracht werden könnten, vorwegzunehmen. Dieser fiktive Gesprächspartner könnte beispielsweise einwenden: »*Aber* die ›Historica calamitatum‹ berichtet doch ...«. Im Text greift der Autor diesen gedanklichen Einwand auf und formuliert ihn offensiv (»Die ›Historica calamitatum‹ berichtet *zwar* ...«). Das Gegenargument wird sprachlich mittels »zwar« als zulässig gekennzeichnet; zugleich transportiert »zwar« aber auch die Ankündigung, dass dieser Einwand die eigene Position nicht ernsthaft zu beeinträchtigen vermag. Das Argument, das die Position des Autors stärkt (»nicht möglich gewesen, ... zu identifizieren«) wird mittels »doch« angeschlossen. Konstruktionen mit »zwar ... doch« sind beim schriftlichen Argumentieren häufig anzutreffen, da sie dem Leser den Nachvollzug der argumentativen Schritte des Autors leicht ermöglichen. Außerdem kann dadurch das Gegenargument auf eine elegante Weise thematisiert und zugleich entkräftet werden.

9.3 Wissenschaftliches Argumentieren: Streit und Auseinandersetzung

> O-Ton: »Warum denn so umständlich? Ich weiß, dass ich recht habe, und möchte einfach direkt und ohne Umwege sagen, dass die anderen nur Schmarrn schreiben.«

In alltäglichen Gesprächssituationen wird oftmals argumentiert, um die subjektive persönliche Meinung oder einen individuellen Standpunkt zu vertreten. Wie die folgenden Beispiele zeigen, beschränken sich die Sprecher im Alltag auch gerne darauf, etwas zu behaupten, ohne es zu begründen:

Beispiel 1: studentisches Pausengespräch

> Nach diesem Referat hat *ja wohl* jeder kapiert, dass Francesco keine Ahnung von Bilanzierung hat.

Beispiel 2: Gespräch auf dem Schulhof

> Es weiß *doch* jeder, dass Mädchen fleißiger sind als Jungs.

Bei Behauptungen werden gerne Ausdrücke wie »ja wohl« (oder »doch«, »natürlich«, »selbstverständlich«) verwendet, denn sie haben manipulative Kraft. Mit ihrer Hilfe nimmt der Sprecher wie beiläufig in Anspruch, dass der Hörer mit der getroffenen Aussage übereinstimmt und ihr somit Allgemeingültigkeit zukommt. Als Sprecher können Sie damit einen gewissen Druck ausüben und den Hörer in die gewünschte Richtung dirigieren. Im Alltag mögen solche Verfahren erlaubt sein, denn es bleibt dem Hörer überlassen, ob er sich mit bloßen Behauptungen zufriedengibt oder ob er Begründungen einfordert. In der Wissenschaft werden aber andere Maßstäbe angelegt. Das Streben um Erkenntnis bringt es mit sich, dass neues Wissen auf altes Wissen trifft und dieses verdrängt. Wissenschaftler treten unweigerlich in Konkurrenz, vertreten unterschiedliche Positionen und wollen erreichen, dass sich ihre Position in der wissenschaftlichen Diskursgemeinschaft durchsetzt. Dass dies nicht ohne streitende Auseinandersetzung vonstattengehen kann, haben wir schon in Kap. 3.3 gesehen.

➔ Beim wissenschaftlichen Argumentieren geht es darum, neue Erkenntnisse ins Verhältnis zu vorhandenen Wissensbeständen zu setzen und sie gegebenenfalls gegen den »Mainstream« zu verteidigen. Wissenschaftler verfolgen die Absicht, durch den Prozess des Argumentierens eine Wissensveränderung beim Hörer und der wissenschaftlichen Diskursgemeinschaft zu bewirken. Damit das neue Wissen breit anerkannt und übernommen wird, sollen neu gewonnenen Erkenntnisse möglichst allgemeingültig sein.

Das Charakteristikum des Streitens ist, wie wir in Kap. 3 gesehen haben, nicht immer direkt an der sprachlichen Oberfläche ablesbar. Gerade beim Argumentieren wenden wir häufig Verfahren an, deren kommunikatives Ziel nicht auf den ersten Blick zu erkennen ist. Es gibt aber durchaus Formulierungen, bei denen – mehr oder weniger explizit – Assoziationen mit Kampf, Streit und Waffengebrauch aufkommen. Die folgenden Beispiele veranschaulichen dies.[2]

---

[2] Weitere Formulierungen zum Thema »Auseinandersetzung« / »Streit« s. Kap. 9.9.

Explizite Formulierungen des Streitens	
Das Thema ist	**umstritten** **strittig** Gegenstand **heftiger Kontroversen**
Eine wissenschaftliche Position wird	**verfochten** **verteidigt**
Ein Streit um eine wissenschaftliche Position Eine wissenschaftliche Auseinandersetzung	wird **ausgefochten**
F ist **Verfechter** einer wissenschaftlichen Position	

Verbale Auseinandersetzungen, die der Durchsetzung des eigenen Standpunkts dienen, können durchaus heftig sein. Sie sollten aber immer nach den Regeln des fairen und korrekten Umgangs mit den Positionen anderer stattfinden. Und auch für das Kritisieren abweichender Positionen gibt es Gepflogenheiten, die zu beachten sind (s. Kap. 9.9 und Kap. 10).

Wir können also zusammenfassen:

→ Zu einer wissenschaftlichen Argumentation gehört es, einen Forschungsstand zu beschreiben, Positionen und Sachverhalte zu referieren, zu erläutern oder zu erklären, Gemeinsamkeiten und Unterschiede herauszuarbeiten, eigene Positionen zu begründen, zu rechtfertigen und sie gegebenenfalls gegenüber anderen sachlich und fundiert zu verteidigen.

9.4 Checkliste für das wissenschaftliche Argumentieren

Bevor wir zu den vielfältigen Formulierungsmöglichkeiten kommen, mit denen Sie Ihre Argumentation sprachlich umsetzen können, vergegenwärtigen wir uns die wichtigsten Punkte, die beim wissenschaftlichen Argumentieren zu berücksichtigen sind.
- Voraussetzung für das argumentative Schreiben ist es, eine Position zu haben, von der Sie überzeugen wollen. Formulieren Sie deshalb vor Beginn des Schrei-

bens Ihren Standpunkt oder eine These. (Beispiel: »Ich bin der Auffassung, dass ...«)
- Formulieren Sie vor Beginn des Schreibens auch das Ziel Ihrer Argumentation (Beispiel: »Ich will klarmachen, dass ...« / »Ich will F davon überzeugen, dass ...«).
- Überlegen Sie sich, mit welchen Materialien und Daten Sie Ihre Position bzw. These stützen wollen (z. B. empirische Daten, Zitate, Bilder, Grafiken etc.). Sammeln und gruppieren Sie diese Materialien so, dass sie auf Ihr argumentatives Ziel bezogen sind.
- Achten Sie darauf, dass die Belege, die Sie anführen wollen, tatsächlich und direkt der Stützung Ihrer Argumentation dienen (und nicht der Ausführung anderer Gesichtspunkte).
- Machen Sie sich bewusst, wer Ihre Leser sind und welches Wissen Sie bei ihnen voraussetzen können.
- Überlegen Sie sorgfältig, mit welchen Einwänden zu rechnen ist und welche Gegenargumente Ihre Leser formulieren könnten.
- Greifen Sie die möglichen Einwände aktiv auf, bauen Sie sie in Ihre Argumentation ein und entkräften Sie sie mit Gegenargumenten.
- Beziehen Sie alle Ihnen bekannten wissenschaftlichen Positionen ein, die für Ihre Argumentation relevant sein könnten.
- Stellen Sie Verbindungen zwischen den verschiedenen Positionen her, indem Sie vergleichen, gegenüberstellen, zustimmen oder kritisieren.
- Vermeiden Sie subjektive Positionen und Pauschalisierungen.
- Begnügen Sie sich nicht mit Behauptungen, sondern begründen Sie sorgfältig.
- Begründet werden muss
  - die Kritik an anderen Ansätzen oder Theorien,
  - das Annehmen oder Ablehnen einer fremden Position,
  - die eigene Position,
  - die Entscheidung für eine Begriffsbestimmung, vor allem, wenn Sie mehrere zur Auswahl haben,
  - die methodische Vorgehensweise.
- Ergänzen Sie Begründungen gegebenenfalls durch Erläuterungen und Erklärungen.
- Formulieren Sie Schlüsse bzw. Schlussfolgerungen und prüfen Sie, ob diese mit der zu Beginn des Schreibens formulierten Zielsetzung übereinstimmen.
- Überprüfen Sie abschließend, ob Ihre Formulierungen logisch und präzise sind.
- Überprüfen Sie außerdem, ob die formulierte Kritik klar ist, ob Sie sachlich geblieben sind und Polemik vermieden haben.

9.5 Argumentationsstrategien

Als Argumentationsstrategie können verschiedene Verfahren angewendet werden. Sie können sich auf empirische Daten, Erfahrungen, allgemeingültige Regeln, Lehrsätze oder auf Autoritäten berufen. Letzteres geschieht über die Verfahren des Zitierens und Verweisens (s. Kap. 6). Auch gibt es für den Aufbau eines argumentativen Textes verschiedene Gliederungsmuster. Als Klassiker ist beispielsweise der seit der Antike bekannte »Fünfschritt« zu nennen, aus dem sich einige Muster ableiten lassen, die hier nur kurz erwähnt werden sollen (Bünting / Bitterlich / Pospiech 1996: 183f):[3]

- »Dreifache Begründung« (Hypothese, 1., 2., 3. Begründung, Schlussfolgerung)
- »einerseits … andererseits«
- »Nicht A, nicht B, sondern C«
- »Gründe und Gegengründe abwägen« (These, Antithese, Synthese)
- »Zusammenfassung und Kompromiss« (These A, These B, Nutzen für die eigene Position)

Bezüglich der Frage nach der Anordnung der verschiedenen Positionen wird in Rhetorik-Trainings gerne empfohlen, die mittelstarken Argumente an den Anfang zu stellen, die schwachen Argumente im Mittelfeld anzuführen und die starken Argumente ans Ende zu setzen. Insgesamt erscheint es sinnvoll, die Argumente so anzuordnen, dass das, was der Leser im Gedächtnis behalten soll, gegen Ende des Textes zur Sprache gebracht wird oder dass gegen Ende des Textes nochmals zusammenfassend darauf fokussiert wird.

9.6 Einfache sprachliche Mittel des Argumentierens

Wie wird das Argumentieren nun sprachlich realisiert? Eine Möglichkeit besteht natürlich darin, wie im folgenden Beispiel einfach den Ausdruck »argumentieren« oder »Argument« zu verwenden, der das gewünschte kommunikative Ziel deutlich macht.[4]

---

3 Zu Argumentationsstrategien und argumentativen Gliederungsmustern sei auf die umfänglichen und hilfreichen Ausführungen in Bünting / Bitterlich / Pospiech (1996: 179ff) verwiesen.
4 Weitere Beispiele dazu s. Kap. 9.9.

9 Wie funktioniert das eigentlich, das Argumentieren?

Beispiel 1+2: »Argument«

> Folgende *Argumente* zeigen, daß Gene indirekt über Enzyme wirken: 1. Biochemische Reaktionen laufen vorwiegend im Plasma ab und nicht im Kern, dem Sitz der DNA. (...) (DWDS Medizin)
>
> Als letztes *Argument* gegen die These vom Einfluß der lateinischen Syntax weise ich darauf hin, daß die romanischen Sprachen, die mindestens ebenso sehr unter dem Einfluß der lateinischen Sprache und der lateinischen Schulgrammatik stehen, keinerlei Endstellung des Verbs kennen. (DWDS Sprachwissenschaft)

Wir argumentieren aber keineswegs nur dann, wenn dies sprachlich explizit gemacht wird. Vielmehr werden beim Argumentieren häufig unscheinbare sprachliche Mittel genutzt, denen man ihre argumentative Funktion auf den ersten Blick nicht ansieht. Kurz, es steht nicht überall dort »Argumentieren« drauf, wo »Argumentieren« drin ist.

Die sprachlichen Mittel, die für das Argumentieren in Frage kommen, sind äußerst vielfältig, und die deutsche Sprache stellt hierfür viele unterschiedliche Ausdrucksmöglichkeiten bereit. Dazu gehören

- logische Verknüpfungen mittels Konjunktionen und Subjunktionen (wie z. B. »zwar ... aber«),
- verschiedene Partikeln und Adverbien (wie z. B. »doch«) sowie
- charakteristische sprechhandlungsbezeichnende Verben (»begründen«, »erklären«, »erläutern«, »behaupten«, »gegenüberstellen«, »vergleichen« etc.) und
- eine Fülle von Ausdruckskombinationen (wie beispielsweise »eine konträre Position einnehmen«.)

Zwei Auszüge aus studentischen Seminararbeiten zeigen, dass auch schon mit einfachsten sprachlichen Mitteln argumentiert werden kann, beispielsweise mit schlichtem »zwar ... aber«:

Beispiel 3: aus einer Seminararbeit zur Arzt-Patient-Kommunikation

> Der Arzt greift *zwar* Vermutungen des Patienten auf, der Patient reagiert *aber* nur vage darauf, *woraufhin* der Arzt die mündliche Anamnese aufgibt und zur körperlichen Visite übergeht. Die Diagnose war *also* unzureichend.

Der Verfasser antizipiert einen fiktiven Einwand des Lesers, der beispielsweise lauten könnte »aber der Arzt greift doch Vermutungen des Patienten auf«. Er kennzeichnet diesen Einwand mittels »zwar« als zulässig, jedoch nicht geeignet, die eigene Position zu entkräften. Das Gegenargument wird durch »aber« markiert (»der Patient reagiert *aber* nur vage«), und die Beschreibung der Konsequenzen dieser missglückten Interaktion wird durch »woraufhin« eingeleitet (»woraufhin der Arzt ... aufgibt und zu ... überleitet.«). Den Abschluss der Argumentation bildet eine Schlussfolgerung: Mittels »also« wird das bisher Gesagte aufgegriffen und zum gefolgerten Sachverhalt (»unzureichende Diagnose«) ins Verhältnis gesetzt (»Die Diagnose war *also* unzureichend«).

Ein weiteres Beispiel zeigt ebenfalls einen Argumentationsversuch mit einfachen sprachlichen Mitteln:

Beispiel 4: aus einer Seminararbeit zu Grammatik-Vergleichen

> Die Kompetenzvermittlung wird in dieser Grammatik erreicht durch exakte Auflistungen von Regeln und Ausnahmen. *Dennoch bereitet* die Handhabung dieser Grammatik zuweilen *Schwierigkeiten, da* oft durch zu viele Informationen ein adäquates Zurechtfinden nicht (...) *gewährleistet* ist.

Nach einer Nennung der Vorteile der besprochenen Grammatik (»exakte Auflistungen von Regeln und Ausnahmen«) wird mittels »dennoch« ein Gegenargument angeführt (»Handhabung bereitet Schwierigkeiten«), an das sich eine mittels »da« eingeleitete Begründung anschließt (»*da* ... durch zu viele Informationen ein Zurechtfinden nicht ... gewährleistet ist«). Dem Leser werden also die einzelnen argumentativen Schritte transparent gemacht und nachvollziehbar aufbereitet. Ein interessantes Phänomen, das allerdings nicht zur Nachahmung geeignet ist, sei hier genannt, nämlich die Nachlässigkeit im Umgang mit Angaben zur Häufigkeit: »zuweilen« und »oft« beziehen sich auf ein- und dasselbe Phänomen, lassen den Leser jedoch im Unklaren, mit welcher Frequenz der Autor dies beobachtet.

9.7 Sprachliche Mittel des konzessiven Argumentierens

Beim konzessiven Argumentieren[5] versucht der Autor zu antizipieren, welche Argumente ein potentieller Leser haben könnte, um diese »vorbeugend« zu entkräften. Zu diesem Zweck nennt der Autor mögliche Einwände, spricht ihnen eine

---

5 Nach der rhetorischen Figur der »concessio«, also dem Eingeständnis der Wirkkraft eines Arguments, das im Argumentationsverlauf dann aber entkräftet wird und dadurch die eigene Argumentation stärkt.

gewisse Gültigkeit zu und zeigt gleichzeitig, dass sie seine Position, die im direkten Anschluss formuliert wird, nicht erschüttern können.[6] Charakteristisch hierfür sind Konstruktionen wie »zwar … aber« oder »zwar … doch«, also mit nachgestellter Konjunktion oder nachgestelltem Adverb.

- »zwar … aber / doch«

Zwei Beispiele sollen die Verwendung dieser grammatischen Mittel veranschaulichen:

Beispiel 1:

> Obwohl die Ethnologen im Verlauf der Geschichte der Disziplin das Ziel der Theorieentwicklung und -überprüfung nie ganz aus den Augen verloren, haben sie bis heute *nur eine vergleichsweise geringe Anzahl interkultureller Studien* durchgeführt. Interkulturelle Studien sind uns *zwar* seit den Gründerjahren der Ethnologie bekannt, haben *aber* bis heute nie eine dominierende Rolle eingenommen. (Ethnologie)

Der Verfasser formuliert die These, dass Ethnologen in der Geschichte ihrer Disziplin nur relativ wenige interkulturelle Studien durchgeführt hätten. Dann nennt er ein Gegenargument, das ein fiktiver Leser einwenden könnte, nämlich dass solche Studien doch schon »seit den Gründerjahren der Ethnologie« bekannt seien. Diesem wird das Proargument gegenübergestellt, das besagt, dass diese Studien bisher aber »nie eine dominierende Rolle eingenommen« hätten.

Beispiel 2:

> Nach den Messungen der Ozonsensoren an Bord des Satelliten (…) *ist das Ozonloch in erster Linie ein Effekt der Südhemisphäre*. Ozondefizite werden *zwar* auch über der Arktis gemessen, *doch* sind diese bei weitem nicht so dramatisch wie über der Antarktis. (Physik)

In diesem Beispiel lautet die These, dass das Ozonloch »ein Effekt der Südhemisphäre« sei. Das antizipierte Gegenargument (»Ozondefizite werden auch über der Arktis gemessen«) wird entkräftet durch die Aussage, die Ozondefizite dort seien »bei weitem nicht so dramatisch«.

---

6 Steinhoff (2007: 327ff) zeigt in seiner Untersuchung an zahlreichen Beispielen, dass konzessives Argumentieren typisch ist für wissenschaftliche Texte.

9.7 Sprachliche Mittel des konzessiven Argumentierens

Die Beispiele zeigen, dass nicht nur sprechhandlungsbezeichnende Verben und Ausdruckskombinationen für das Argumentieren von Bedeutung sind, sondern dass gerade durch die gezielte Verwendung von Konjunktionen und Adverbien eine klare argumentative Struktur entstehen kann.

Weitere Konstruktionen mit »zwar« zum Ausdruck konzessiver Argumentation	
Zwar ...,	jedoch trotzdem allerdings dennoch indessen gleichwohl

Des Weiteren gibt es eine Gruppe von Adverbien oder Modalwörtern, die in Kombination mit nachgestellten Konjunktionen oder Adverbien für konzessive Argumentationen genutzt werden können. Solche Modalwörter sind deshalb hilfreich, weil sie dem Leser den Grad der Gewissheit einer Aussage anzeigen.

Weitere Adverbien und Konjunktionen zum Ausdruck konzessiver Argumentation	
Sicherlich ..., Sicher ..., Natürlich ..., Zweifellos ..., Freilich ..., Gewiss ...,	aber doch jedoch

Ein Beispiel zur Veranschaulichung:

Beispiel 3:

> *Sicherlich* hat die Soziologie in anderen Bereichen sowohl methodisch als auch theoretisch und vor allem im Hinblick auf die Ansammlung empirischen Wissens viel geleistet, hat *aber* die Beschreibung der Gesamtgesellschaft gleichsam ausgespart.
> (DWDS Soziologie)

9 Wie funktioniert das eigentlich, das Argumentieren?

In den folgenden Abschnitten (Kap. 9.7 bis Kap. 9.9) werden weitere wichtige Verben, Ausdruckskombinationen und grammatische Mittel vorgestellt, die für das Argumentieren von Bedeutung sind.[7]

9.8 Begründen und Grund-Folge-Relationen

Wie wir oben schon gesagt haben, genügt es beim wissenschaftlichen Argumentieren nicht, Behauptungen aufzustellen. Vielmehr müssen Sie Ihre Aussagen begründen, erklären oder erläutern. Dem Begründen können die folgenden logischen Relationen zugrunde liegen:[8]

Ausdruck einer logischen Relation	
Wirkung → Ursache	Ursache → Wirkung
N liegt an D	N liegt D zugrunde
N resultiert aus D	N resultiert in D
N ergibt sich aus D	N führt zu D N ergibt A N ruft A hervor
N folgt aus D	N ist die Ursache für A
N ist / wird durch A verursacht	N verursacht A
N begründet sich aus D	N ist der Grund für A
N basiert auf D	N ist die Grundlage für A N ist die Basis für A

---

7 Die folgenden Redemittellisten sind teilweise an Graefen / Moll (2011) angelehnt, erweitert und überarbeitet.
8 Graefen / Moll (2011: 72)

N ist die Konsequenz von D	N hat A als Konsequenz / zur Folge N hat als Resultat / Ergebnis A N hat A zum Ergebnis / zum Resultat
N ist durch A bedingt	N ist die Bedingung für A

In wissenschaftlichen Texten wird auch nach Gründen für bestimmte Phänomene bzw. nach deren Konsequenzen gefragt. Solche Fragen können der Leserorientierung dienen und den Wissensabgleich zwischen Autor und Leser synchronisieren.

Nach Gründen und Konsequenzen fragen

Woran liegt es, dass ...?
Worauf basiert diese Annahme?
Woraus resultiert eine Veränderung?
Welches Phänomen liegt dieser Beobachtung zugrunde?
Welche Konsequenz hat diese Feststellung?
Was hat diesen Zustand verursacht?
Was kann durch diese Methode bewirkt werden?
Wie lässt sich dieses Phänomen begründen?
Worauf beruht diese Aussage?
Wie lässt sich diese Beobachtung erklären?
Wie ist diese Entwicklung zustande gekommen?
Worauf lässt sich diese Aussage zurückführen?
Was folgt aus dieser Situation?
Womit hängt diese Beobachtung zusammen?

Beim Begründen im Rahmen des Argumentierens geschieht aber mehr, als dass nur Gründe für ein Phänomen oder einen Sachverhalt bzw. deren Folgen genannt würden. Wir hatten schon weiter oben gesagt, dass Wissenschaftler begründen, weil sie damit ein Ziel erreichen wollen. Dieses Ziel besteht darin, dass der Hörer bzw. Leser die Beurteilung oder Einstellung des Sprechers zu einem Thema übernimmt. Ziel ist es also, Unverständnis oder Missverstehen zu beseitigen und im Idealfall zu einer Veränderung des Wissens beim Leser beizutragen.[9] Wieviel Aufwand Sie

---

9 Das Handlungsmuster des Begründens ist ausführlich dargelegt in Ehlich / Rehbein (1986). Thielmann führt es mit Blick auf wissenschaftliche Texte weiter aus (2009). Zum Begründen aus der Perspektive der Sprachvermittlung s. Graefen / Moll (2007).

betreiben müssen, um erfolgreich zu begründen, ist unterschiedlich: Die Begründungsaktivitäten sind umfangreicher, wenn zu erwarten ist, dass der Leser an bisher bekannten Wissensbeständen festhält oder wenn zu vermuten ist, dass er sich den neuen Ausführungen nicht widerspruchslos anschließen wird.

Ausdruckskombinationen für das Begründen		
Eine Begründung ist		*plausibel* *überzeugend* *stichhaltig* *nachvollziehbar* *akzeptabel* *zweifelhaft*
N		*fordert eine Begründung / Erklärung* *bedarf einer Begründung / Erklärung* *verlangt nach einer Begründung / Erklärung*
Zur Begründung von D geht F folgendermaßen vor: …		
Die Begründung für A ergibt sich aus D		
F will die Ursache für A		*erkennen* *ergründen* *nachverfolgen* *bestimmen* *entdecken*
Aus	*praktischen* *sachlichen* *methodischen* *theoretischen* *heuristischen*	*Gründen geht F folgendermaßen vor:*
Aus gutem Grund *Mit gutem Grund*		*geht F folgendermaßen vor:*
Der Grund für A ist in / bei D		*zu suchen* *zu finden*

9.8 Begründen und Grund-Folge-Relationen

Hierin liegt	die Ursache für A der Grund für A der Grund des / der G einer der Gründe für A
Im Grunde genommen handelt es sich bei D eher um A	
Der Einwand ist	zutreffend ernstzunehmen / ernst zu nehmen schwerwiegend

- **Grammatische Mittel mit begründender Funktion**

Die folgenden Ausdrücke können in Kausalsätzen vorkommen und eine Argumentation im Text realisieren:

> *weil, denn, da, zumal (da), wo doch, umso mehr als*

Dazu gehören auch die vorangestellten Adverbien, mittels derer man die vorangehende Aussage als Grund für die folgenden Ausführungen markieren kann:

> *deshalb, deswegen, daher, darum*

In wissenschaftlichen Texten findet man »darum«[10] selten. Häufiger wird »daher«, »infolgedessen« bzw. »aufgrund dessen«, »deshalb« und »deswegen« verwendet, um Grund-Folge-Relationen auszudrücken.

---

10 »Darum« ist Ihnen vielleicht aus Alltagsgesprächen vertraut, wo es eine andere Funktion übernehmen kann: Wenn ein Sprecher hier auf die Frage »warum« lapidar mit »darum« antwortet, macht er deutlich, dass er auf die Frage keine Antwort zu geben gewillt ist, also das Erfordernis des Begründens ignoriert. Aufgrund zu großer Nähe zu solchen alltäglichen Begründungs- oder vielmehr Nichtbegründungszusammenhängen ist die Verwendung von »darum« in wissenschaftlichen Texten nicht angemessen.

Beispiel: »daher«

> Der Begriff »Macht« gehört zum kategorialen Grundbestand unseres Verständigungssystems; *daher* ist es auch nicht verwunderlich, dass er einen philosophischen Problemfall darstellt. (Philosophie)

Auch Präpositionen können für die Zwecke des Begründens eingesetzt werden. Am häufigsten finden wir Formulierungen mit den folgenden Präpositionen:

> *wegen*   (meist mit Genitiv angeschlossen)
> *aufgrund*   (mit Genitiv)
> *aufgrund von* (mit Dativ, ohne Artikel)

Beispiele: »wegen« / »aufgrund«

> *Wegen* ihrer größeren Einfachheit greift man in der Pharmakokinetik bevorzugt auf die linearen Reaktionsdifferentialgleichungen zurück. (Mathematik)
>
> Gleichung (4b) wird *wegen* ihres einfacheren mathematischen Aufbaues in allen folgenden rechnerischen Untersuchungen verwendet. (Physik)
>
> Die Forschung auf diesem Gebiet wird enorm vorangetrieben und *aufgrund* des allgemeinen, auch wirtschaftlichen Interesses an der Regulation der Genexpression finanziell stark unterstützt. (Biologie)

9.9 Gegenüberstellen und Vergleichen

Wir haben bereits gesehen, dass Wissenschaftler nicht einfach Behauptungen aufstellen, um ihre Positionen zu vertreten, sondern dass sie auf verschiedene Verfahren zurückgreifen, um ihre Argumentation überzeugend darzulegen. Dazu gehört auch das Gegenüberstellen und Vergleichen. Man vergleicht Daten, Untersuchungsergebnisse, Positionen oder Entwicklungen. Dies geschieht nicht nur, indem das kommunikative Ziel explizit gemacht und an der sprachlichen Oberfläche erkennbar wird (»Im Folgenden will ich X mit Y vergleichen«), sondern auch mittels anderer Ausdrucksformen, die geeignet sind, Gemeinsamkeiten und Unterschiede herauszuarbeiten und Abgrenzungen vorzunehmen.

9.9 Gegenüberstellen und Vergleichen

Ausdruckskombinationen zum Gegenüberstellen und Vergleichen		
F	vergleicht A mit D unterzieht A1 und A2 einem Vergleich führt einen Vergleich von D1 und D2 durch unterscheidet zwischen D1 und D2 nimmt eine Gegenüberstellung von D1 und D2 vor	
F untersucht	die Beziehung zwischen D1 und D2 das Verhältnis zwischen D1 und D2 das Verhältnis von D1 zu D2	
F setzt A zu D ins Verhältnis N wird zu D ins Verhältnis gesetzt		
F macht einen Unterschied zwischen D1 und D2 F trifft eine Unterscheidung zwischen D1 und D2		
F grenzt A von D ab In Abgrenzung zu D ist für A N charakteristisch		
F kommt zu einem F gelangt zu einem	ähnlichen abweichenden anderen vergleichbaren	Ergebnis Resultat
Die Position von F	deckt sich mit D steht im Einklang mit D entspricht D	
N unterscheidet sich von D	darin, dass … in D durch A	
N und N sind	gleich unterschiedlich verschieden	unter dem Aspekt X in dem Aspekt X hinsichtlich G im Hinblick auf A

9 Wie funktioniert das eigentlich, das Argumentieren?

N1 und N2	gleichen sich sind vergleichbar unterscheiden sich	in der Eigenschaft X unter dem Gesichtspunkt X insofern als, … in dem Punkt, dass … bezüglich A in Bezug auf A hinsichtlich G
Der Vergleich von D und D	macht deutlich, dass … ergibt A führt zu dem Ergebnis, dass …	
Im Vergleich zu D erweist sich N als	stärker besser schwächer	
Zum Vergleich mit D wird N herangezogen Vergleicht man A mit D, so zeigt sich N		
N und N weisen einen wichtigen Unterschied auf Im Unterschied zu D ist N …		
Der Unterschied zwischen D und D	ist N liegt in D äußert sich in D liegt darin, dass …	
In Bezug auf A unterscheiden sich N und N	deutlich erheblich in keiner Weise	voneinander
N stimmt mit D überein N weist eine Übereinstimmung mit D auf		
N1 und N2 stimmen	hinsichtlich G überein in dem Aspekt X überein in D überein	
Eine Übereinstimmung mit D lässt sich	erkennen nachweisen feststellen	

9.9 Gegenüberstellen und Vergleichen

N1 und N2 weisen Gemeinsamkeiten auf Gemeinsam ist D1 und D2 N N1 und N2 haben nichts miteinander gemeinsam
N steht im Widerspruch zu D N steht im Einklang mit D
Der Eigenschaft X von D1 steht die Eigenschaft Y von D2 gegenüber

Grammatische Mittel des Gegenüberstellens und Vergleichens
Adverbien: *hingegen, dagegen, allerdings, jedoch, vielmehr*
Nebensatzeinleitende Subjunktionen: *während, wogegen, wohingegen*
Konjunktionen, die Hauptsätze verbinden können: *Auf der einen Seite ..., auf der anderen Seite* *Einerseits ..., andererseits ...* *Zwar ..., aber / doch / jedoch* *Zum einen ..., zum anderen*

Die Verwendung dieser grammatischen Mittel soll anhand einiger Beispiele veranschaulicht werden.

Beispiel 1:

Auch die Musik will keine ›Vertonung‹ im Sinne einer opernhaften Steigerung sein, *vielmehr* soll ihre Sprache auf die ursprüngliche Einheit von Wort, Klang und Tanz zurückgeführt werden. (DWDS Musikwissenschaft)

Beispiel 2:

Bei Säugern kreuzen Axone aus der ganzen Retina im Chiasma, *wohingegen* die ungekreuzten Axone immer nur dem temporalen (schläfennahen) Retinabereich entstammen. (DWDS Medizin)

Beispiel 3:

> *Einerseits* bekämpfen sich Reformgegner und -befürworter [...]. *Andererseits* existiert auch ein Zermürbungskrieg innerhalb der heterogenen Gruppe der Reformbefürworter [...]. (Ökonomie)

Betrachten wir »einerseits ... andererseits« noch etwas genauer: Diese Formulierung ist sinnvoll, wenn von verschiedenen, als gegensätzlich aufzufassenden Aspekten ein- und derselben Sache X die Rede ist (s. Beispiel 3 und das folgende Beispiel 4):

Beispiel 4:

> *Einerseits* stellt die mittelalterliche Universität eine rechtlich autonome Bildungsanstalt dar. *Andererseits* erweist sie sich als autoritätsgebunden und einer festen Lehrnorm verpflichtet.

Weniger geeignet ist das Ausdruckspaar, um zwei Gegenstände X und Y zu vergleichen. Diese fehlerhafte bzw. hinsichtlich der Leserorientierung unglückliche Verwendung findet sich häufig in studentischen Arbeiten, ist aber nicht zur Nachahmung empfohlen (s. Beispiel 5):

Beispiel 5:

> **Einerseits* ist die mittelalterliche Universität autoritätsgebunden. *Andererseits* ist die neuzeitliche Universität der Freiheit von Forschung und Lehre verpflichtet.

- **Gegensatz / Gegenteil / Widerspruch**

»Gegensatz / Gegenteil / Widerspruch« sind weitere hilfreiche Ausdrücke, um Relationen herzustellen und Dinge zueinander ins Verhältnis zu setzen. Aber auch wenn sie in der Bedeutung ähnlich sind, lassen sie sich nicht einfach gegeneinander austauschen. Anhand von Beispielen sollen die Bedeutungsunterschiede veranschaulicht werden.

»Gegensatz«
Als »Gegensatz« wird das Verhältnis von zwei einander gegenüberstehenden Polen bezeichnet. Nach Duden (2002) handelt es sich dabei um »das Verhältnis äußerster Verschiedenheit«, häufig verwendet in der Fügung *der Gegensatz von / zwischen D1 und D2 (ist N)*.

Beispiel 1:

> Die Spaltung des gesellschaftlichen Universums in Bereiche des Profanen und des Sakralen wiederholt sich psychologisch im *Gegensatz von* Leib und Seele bzw. Körper und Geist, im Antagonismus von Neigung und Pflicht, Sinnlichkeit und Verstand. (DWDS Philosophie)

Beispiel 2:

> Mit ihrem Verhalten führte sie den von Max Weber dargestellten *Gegensatz zwischen* Gesinnungsethik (»reine Linie«) und Verantwortungsethik (»Blick aufs Gegebene«) ad absurdum. (DWDS Philosophie)

Noch häufiger wird »Gegensatz« in argumentativen Textabschnitten mit der festen Fügung *im Gegensatz zu* verwendet.

Beispiel 3:

> *Im Gegensatz* dazu ist die Reaktion von Metalloxyallyl-Kationen mit Nucleophilen in polaren Lösungsmitteln regioselektiv. (Chemie)

Beispiel 4:

> *Im Gegensatz zu* Friedrich dem Großen und anderen historischen Gestalten der preußischen Geschichte, die in der Hitlerzeit zu propagandistischen Zwecken missbraucht wurden, war das bei Luise [Königin von Preußen, Gemahlin Friedrich Wilhelms III.] anscheinend nicht der Fall. (DWDS Geschichtswissenschaften)

9 Wie funktioniert das eigentlich, das Argumentieren?

Im Folgenden eine Zusammenstellung der möglichen Ausdruckskombinationen mit »Gegensatz«:

Ausdruckskombinationen mit »Gegensatz«		
Der Gegensatz von D1 und D2 (ist N) Der Gegensatz zwischen D1 und D2		
Im Gegensatz	dazu zu D ist / hat N ... zu D1 handelt es sich bei D2 um A hierzu weist N eine ganz andere Eigenschaft auf	
N steht im Gegensatz zu D N steht in einem deutlichen Gegensatz zu D N und N stehen im Gegensatz zueinander		
F versucht den Gegensatz		zu verstehen zu erklären zu überbrücken
Ein	klarer prinzipieller deutlicher	Gegensatz

»Gegenteil«
Von »Gegenteil« ist die Rede, wenn die Eigenschaften von zwei Elementen konträr und völlig entgegengesetzt sind. Zwei »Gegenteile« oder Gegenstücke stehen sich wie zwei Pole auf einer Skala gegenüber, wie beispielsweise in den Bedeutungen der Ausdrücke »heiß« und »kalt« oder »jung« und »alt«. Während also »Gegenteile« den Polen auf einer Skala entsprechen, bezeichnet der Ausdruck »Gegensatz«, wie oben erwähnt, das Verhältnis dieser beiden Pole, die »Polarität«. Die folgenden Beispiele zeigen, dass Ausdruckskombinationen mit »Gegenteil« auch zur Ankündigung entgegengesetzter Sachverhalte gut geeignet sind.

9.9 Gegenüberstellen und Vergleichen

Beispiel 1:

> Lassen wir Proudhon einmal beiseite, so ist evident, dass Hobbes kein Konsenstheoretiker der Macht ist, sondern *das genaue Gegenteil*, ein Konflikttheoretiker der Macht. (Soziologie)

Beispiel 2:

> Trotz ständiger Reformrhetorik haben aber die bisherigen Reformbemühungen keine wesentlichen Verbesserungen der wirtschaftlichen Situation gebracht. *Im Gegenteil*, die Meldungen über die wirtschaftliche Aktivität […] lässt nur wenig Hoffnung auf eine baldige Abkehr von den notorischen Engpässen aufkommen. (Ökonomie)

Beispiel 3:

> Sie [die Korrelationsfunktionen] weichen erheblich von den theoretischen Verläufen ab, […] so daß die Ursache für die Abweichung nicht bei der Mehrkanalanlage gesucht werden darf. Es liegt *im Gegenteil* sogar eine geringfügig bessere Übereinstimmung zwischen Theorie und Messung vor. (Physik)

Im Folgenden finden Sie eine Zusammenstellung von Ausdruckskombinationen mit »Gegenteil«:

Ausdruckskombinationen mit »Gegenteil«	
N ist das Gegenteil von D *N ist das Gegenteil von D, nämlich …*	
Im Gegenteil:	*N ist* *Bei D handelt es sich um …*
Das Gegenteil ist der Fall, …	
F	*ist vom Gegenteil überzeugt* *will A vom Gegenteil überzeugen*

9 Wie funktioniert das eigentlich, das Argumentieren?

»Widerspruch« / »widersprechen«
Das Verb »widersprechen« hat zwei unterschiedliche Bedeutungen:
a) Als sprechhandlungsbezeichnendes Verb sagt es aus, dass eine Person einer anderen Person widerspricht (»F1 widerspricht (der Annahme von) F2«).
b) Es kennzeichnet aber auch einen logischen Widerspruch, wenn eine Aussage oder eine Sache einer anderen Aussage widerspricht (»N steht im Widerspruch zu D«).

---

a) »widersprechen« als Sprechhandlung

F1 widerspricht (der Annahme von) F2
F erhebt Widerspruch gegen A
F zeigt einen Widerspruch zwischen D und D auf
Die Aussage X erregt / fordert Widerspruch
juristischer Sonderfall: *F legt Widerspruch gegen A ein*

Dass eine Person einer anderen widerspricht, ist gängige Praxis sowohl im Alltag als auch in der Wissenschaft, wie die folgende Verwendung von »widersprechen« als Sprechhandlung zeigt:

Beispiel 1:

Hannah Arendt *widersprach* ihrem Lehrer entschieden, aber freundlich.
(DWDS Soziologie / Politikwissenschaft)

---

b) »widersprechen« als logischer Widerspruch

N ist ein / kein Widerspruch
Zwischen den beiden Aussagen besteht ein Widerspruch
N steht im Widerspruch zu D
N stellt einen Widerspruch zu D dar
N widerspricht D
N duldet keinen Widerspruch
N ist ein Widerspruch in sich

einen Widerspruch auflösen
einen Widerspruch aufheben

9.9 Gegenüberstellen und Vergleichen

Häufig wird mittels »Widerspruch« / »widersprechen« auch ein logisches Verhältnis zum Ausdruck gebracht, das in seiner Bedeutung eine große Ähnlichkeit mit »Gegensatz« hat (s. die folgenden Beispiele):

Beispiel 2:

> Viertens steht das ganze Reformwerk, unabhängig von der wirtschaftlichen Verbesserung, *im Widerspruch zu* den Interessen einzelner politisch aktiver Gruppen. (Politik)

Beispiel 3:

> Dies entspricht genau dem Gottschaldtschen Verständnis von »Dialektik«, wobei nicht immer von *Widersprüchen* bzw. Gegensätzen im Sinne von These und Antithese ausgegangen werden muss. (Psychologie)

Beispiel 4:

> Diese Auffassung *widerspricht* aber grundsätzlich der von Pawlow bzw. Sokolov eingeführten Definition. (DWDS Medizin)

Wenn Unvereinbarkeit und Nicht-Austauschbarkeit ausdrückt werden sollen, ist »Widerspruch« allerdings nicht einfach durch »Gegensatz« austauschbar, wie das folgende Beispiel zeigt:

Beispiel 5:

> Die Dreyfus-Brüder berufen sich nicht auf eine philosophische Aussage, die zeigt, daß die harte Künstliche Intelligenz *ein Widerspruch in sich* ist, sondern [...]. (DWDS Informatik)

9.10 Weitere sprachliche Mittel des Argumentierens

- **Auseinandersetzung und Streit**

Zu Beginn dieses Kapitels haben wir schon gesehen, dass Wissensgewinnung häufig mit Kontroversen und Auseinandersetzungen zwischen Wissenschaftlern verbunden ist. Hierzu im Folgenden eine Sammlung von Formulierungen:

Ausdruckskombinationen zum Thema »Auseinandersetzung« und »Streit«		
Die Aussage Die Position	von F ist	angreifbar diskussionswürdig strittig bestreitbar widerlegt
In der Diskussion	sind zwei Positionen erkennbar werden zwei Positionen herausgearbeitet werden zwei entgegengesetzte Positionen deutlich treten zwei Positionen hervor	
Eine Position	wird	ausgefochten verteidigt verfochten
T (N)	ist Gegenstand von Kontroversen ist Gegenstand heftiger Kontroversen wird kontrovers diskutiert wurde schon 1980 widerlegt richtet sich gegen A setzt sich gegen T (A) durch	
N	ist	umstritten nicht umstritten nicht unumstritten strittig
N	hat	D etwas entgegenzusetzen D nichts entgegenzusetzen
N	wurde von F schon 1980 kontrovers diskutiert	

A	hat F schon 1980 kontrovers diskutiert
F	setzt sich mit D auseinander wendet sich gegen A wendet ein, dass … bringt einen Einwand (gegen A) vor entkräftet einen Einwand erhebt schwerwiegende Einwände gegen A ist ein Verfechter / Vertreter von T äußert Bedenken gegen A setzt sich einem Angriff aus setzt sich einem Vorwurf aus verteidigt sich gegen einen Vorwurf widerlegt das Argument / den Einwand hat an D etwas auszusetzen
F1	teilt den Standpunkt von F2 wirft F2 / T einen Fehler vor
Der Auffassung von F ist entgegenzuhalten, dass … Eine Behauptung wird durch A ad absurdum geführt Unter den FF (D) setzt sich die Erkenntnis durch, dass … Eine polemische Darstellung von D In der Auseinandersetzung mit D kommt F zu dem Schluss, dass …	

- **Argumentieren / Argumentation**

Auch wenn in wissenschaftlichen Texten regelmäßig argumentiert wird, ohne dass das kommunikative Ziel explizit genannt würde, gibt es doch einige Formulierungen, in denen »Argument« oder »argumentieren« vorkommt:

Ausdruckskombinationen zum Wortfeld »argumentieren« / »Argumentation«		
F	bringt ein Argument vor legt ein Argument vor legt seine Argumente für T dar formuliert ein Argument für / gegen führt ein Argument an führt seine Argumentation aus führt A als Hauptargument ein führt seine Argumente für / gegen A ins Feld weist ein Argument zurück ignoriert ein Argument	
Ein Argument Ein Gegenargument	wird durch A	bestätigt bekräftigt entkräftet entwertet
Ein	stichhaltiges schlagendes	Argument

- **Kritik / Dissens**

Kritik zu äußern, ist meistens eine heikle Angelegenheit. Dies gilt auch für wissenschaftliche Texte: Kritisieren ist sprachliches Handeln »für Fortgeschrittene«. Zu Studienbeginn scheut man sich, Kritik zu üben, weil man das Fachgebiet noch nicht überblickt und vielleicht befürchtet, zentrale Positionen übersehen zu haben. Das Kritisieren wissenschaftlicher Positionen fällt auch deshalb schwer, weil dabei oftmals das Ergebnis jahrelanger Forschungsarbeit und das Renommee von Autoritäten eines Faches angegriffen werden könnten. Das bedeutet nicht, dass Sie auf Kritik verzichten müssen. Sie sollte aber immer begründet und sachbezogen sein – und darf nie persönlich werden. Gegebenenfalls greift man auch zu Formulierungen, die einen harschen Ton abmildern können.[11]

---

11 Eine Sammlung von Formulierungen zur Abmilderung von Kritik und zur Einschränkung von Allgemeingültigkeiten findet sich in Kap. 10.2.5. Auch Steinhoff (2007: 372ff) zeigt in seiner Untersuchung anschaulich, wie Kritikintensivierung und Kritikabmilderung in wissenschaftlichen Texten und in Seminararbeiten umgesetzt werden.

9.10 Weitere sprachliche Mittel des Argumentierens

Ausdruckskombinationen zur Wortfamilie »Kritik« / »kritisieren«		
F1	verteidigt sich gegen Kritik verwehrt sich gegen Kritik	von F2 aus dem Forschungsbereich X
	übt Kritik	an den Ausführungen von F2
F1 weist die Kritik von F2 / an seinen Ausführungen zurück F übt Kritik an T F gibt der Kritik an D Raum		

Weitere Ausdruckskombinationen zum Thema »Kritik« und »Dissens«		
N	ist	unvollständig vage unsystematisch für den Sachverhalt irrelevant
N	wird nicht ist nicht	begründet belegt ausreichend / gesondert berücksichtigt
F	übersieht verkennt	die Tatsache, dass …
F bleibt vage in den Ausführungen F begnügt sich mit D F beschränkt sich auf A N hat bislang nur wenig Beachtung / Berücksichtigung gefunden N wurde bislang / bisher nicht ausreichend untersucht Die Position von F lässt sich angesichts von D nicht halten Die Position von F erscheint zweifelhaft Leider wird auch N von F / bei F nicht ausreichend belegt Gegen A wäre einzuwenden, dass …		

Weitere Ausdrucksmittel, die zur Abmilderung von Kritik eingesetzt werden können, sind
- *m. E.* und
- *soweit ich sehe.*

Beide kennzeichnen die Position des Verfassers als subjektiv und damit als nicht zwangsläufig allgemeingültig. Bei »soweit ich sehe« wird außerdem noch Bescheidenheit signalisiert: Der Verfasser bringt zum Ausdruck, dass er es durchaus für möglich hält, etwas übersehen oder einen Gegenstand nicht gänzlich durchdrungen zu haben (s. Kap. 10.2.5).

- **These / Annahme / Vermutung**

Im Rahmen einer Argumentation wird als Ausgangspunkt häufig eine »These« oder eine »Annahme« formuliert. Eine »These«, in wissenschaftlichen Texten meist als Kurzform für »Hypothese« verwendet, ist ein Leitsatz, der meist einer Argumentation vorangestellt wird, diese aber auch zusammenfassend abschließen kann, wie das folgende Beispiel zeigt:

Beispiel:

Einem alten, in der Universitätsgeschichte jahrhundertelang gepflegten, inzwischen aber nahezu vollständig abgelegten Brauch folgend, wird die Zusammenfassung dieser Arbeit in Form von *Thesen* gegeben. (Schiewe 1996: 277)

Wenn Sie eine reine »Vermutung« formulieren, hantieren Sie mit ungesicherten Wissensbeständen und bewegen sich im Bereich des Spekulativen. Eine »Annahme« dagegen ist stärker fundiert; ihr liegt eine theoretisch begründete Vermutung zugrunde.

Ausdruckskombinationen zu »These« / »Annahme« / »Vermutung«	
Ausgangspunkt der Argumentation ist die Annahme / These, dass … *Gegen diese Annahme spricht N*	
Aus einer Annahme / Vermutung	*leitet sich N ab* *ergibt sich N*
Einer Theorie liegen Annahmen zugrunde *Eine Theorie basiert auf der Annahme, dass …* *In einer Theorie wird von der Annahme X ausgegangen*	

9.10 Weitere sprachliche Mittel des Argumentierens

Es besteht Grund zu der Annahme / Vermutung, dass …		
Es ist davon auszugehen, dass …		
Es wird behauptet, dass …		
F	stellt Annahmen / Vermutungen an über A	
	formuliert Thesen / Annahmen / Vermutungen	
	setzt sich mit einer These / Annahme / Vermutung auseinander	
	geht von der Annahme aus, dass …	
Eine Beobachtung	legt die Annahme / Vermutung nahe, dass …	
	beruht auf einer (falschen) Annahme	
	bestätigt die Annahme / Vermutung	
Eine Annahme	bestätigt sich	
Eine Vermutung	wird durch A bestätigt	
	ist naheliegend	
	wird belegt durch A	
	ist gültig für A	
	ist gültig in Bezug auf A	
Eine Annahme	ist	(nicht) haltbar
Eine These		(nicht) plausibel
Eine Vermutung		gut / schlecht nachvollziehbar
		sinnvoll
		unklar
		reduktionistisch

10 Warum denn so pingelig?
Sachlichkeit – Objektivität – Verständlichkeit – Präzision

10.1 Sachlichkeit, Objektivität und sachbezogene Darstellung
10.2 Sprachliche Mängel, die Verständlichkeit und Präzision beeinträchtigen
    10.2.1 Nachlässiger Umgang mit Ausdruckskombinationen
    10.2.2 Strukturen von Mündlichkeit in schriftlichen Texten
    10.2.3 Nachlässiger Umgang mit Verweisen, Bezugnahmen und Verknüpfungen
    10.2.4 Nachlässiger Umgang mit den kleinen Zeichen
10.3 Abschwächungen, Relativierung und vorsichtige Kritik
10.4 Wie werden verständliche Sätze gebaut?
10.3 Formulierungen überarbeiten

Es gibt keine private Wissenschaft. Erkenntnisse, die nicht den anderen Angehörigen einer Wissensgemeinschaft zugänglich gemacht werden, sind wertlos. Wissenschaft ist nämlich eine »kommunikative Veranstaltung« (Harald Weinrich). Dies hat entscheidende Auswirkungen auf die Form, in der wissenschaftliche Erkenntnisse mitgeteilt werden.

Wissenschaftliche Texte müssen sachlich, objektiv und präzise und darüber hinaus noch verständlich und leserfreundlich sein. In diesem Kapitel erfahren Sie, welche sprachlichen Merkmale zu einer guten Qualität wissenschaftlicher Texte beitragen und wie sie entsteht. Sie erfahren aber auch, wo Gefahren lauern und wie häufige Fehler zu vermeiden sind. Eine Fehlerquelle ist beispielsweise die Nähe zur mündlichen und alltäglichen Sprechweise. Es gibt aber auch den umgekehrten Fall: Gerade wenn man sich besonders »wissenschaftlich« ausdrücken will, können unfreiwillig komische Effekte entstehen.

Das Kapitel enthält auch noch andere nützliche Informationen, z. B. Hinweise darauf, wie man Sätze baut oder wie man Aussagen in ihrer Gültigkeit abschwächt, ohne dabei trivial zu werden. Nicht zu unterschätzen sind auch Fragen der Zeichensetzung und Typographie. Dass diese Zeichen klein sind, heißt nicht, dass sie unwichtig und nebensächlich sind, ganz im Gegenteil: Sie tragen wesentlich zur Eindeutigkeit und Verständlichkeit bei und die richtige Verwendung zeigt, dass man seine Leser respektiert. Ein schlampiger Umgang mit den »kleinen Zeichen« kann die Beurteilung eines an sich guten Textes negativ beeinflussen. Das Kapitel schließt mit einem wichtigen Hinweis: Wissenschaftliche Texte entstehen nicht in einem Wurf, sie sind immer Ergebnis von Überarbeitungen.

> O-Ton »Warum denn so pingelig? Das tötet ja die Kreativität.«

Wenn Sie wissenschaftlich arbeiten und schreiben, sollten Sie sich sachlich, objektiv und präzise ausdrücken und einen sorgfältigen Umgang sowohl mit den Inhalten als auch mit der Sprache pflegen, mit der Sie diese Inhalte zum Ausdruck bringen. Vielleicht stöhnen Sie jetzt auf, weil Sie damit Langeweile und Pedanterie assoziieren, die Sie in Ihren geistigen Aktivitäten hemmt. Sachlichkeit und Präzision machen einen Text aber keinesfalls langweilig, im Gegenteil: Eigene Gedanken, neue Ideen und weiterführende Überlegungen sind nur dann überzeugend, wenn die Leser sie verstehen und leicht nachvollziehen können. Um gleich einem Missverständnis vorzubeugen: Wissenschaftliches Schreiben beschränkt sich keineswegs auf das Einhalten von Normen und Konventionen. Wir wollen hier auch keinem Formendogmatismus huldigen. Wenn man sich aber noch einmal kurz vor Augen führt, welchen Zweck wissenschaftliches Arbeiten und Schreiben erfüllt, sieht man, dass die Normen und Konventionen durchaus motiviert sind und auch einen Sinn haben.

Wir haben schon in den ersten Kapiteln gesehen, dass der Zweck wissenschaftlicher Tätigkeit das Konservieren von bestehendem und das Entwickeln und Verbreiten von neuem Wissen ist. Harald Weinrich (1994a) hat dies sogar zu einem ethischen Prinzip erhoben und spricht von einem Veröffentlichungs-, Rezeptions- und Kritikgebot (s. Kap. 2.2). Wer wissenschaftlich arbeitet, geht die Verpflichtung ein, vorhandenes Wissen zur Kenntnis zu nehmen, neues Wissen in bestehendes Wissen einzuarbeiten und die Ergebnisse der eigenen Forschungsarbeit öffentlich zu machen. Wissenschaft ist also eine von Grund auf »kommunikative Veranstaltung« (Weinrich1994b: 158). Aus dieser Zweckbestimmung lassen sich die Funktionen und Merkmale wissenschaftlicher Texte ableiten. Damit Wissenschaft als »kommunikative Veranstaltung« gelingt und der Austausch mit anderen Mitgliedern Ihrer Wissensgemeinschaft funktionieren kann, müssen Ihre Texte sachlich, objektiv und präzise sein. Die Verpflichtung zu Sachlichkeit, Objektivität und Präzision gilt sowohl beim Recherchieren und Dokumentieren als auch bei der sprachlichen Ausgestaltung.

> O-Ton »Was kann ich tun, damit mein Text wissenschaftlich klingt?«

Wenn Sie noch wenig Schreibroutine haben, fragen Sie sich wahrscheinlich, wie man wohl den »richtigen Ton« für einen wissenschaftlichen Text findet. Die Antworten darauf sind meist recht pauschal und sehr vage. Befragt man Studenten dazu, so werden häufig Merkmale wie »sachlich«, »trocken«, »viele Fremdwörter«,

»lange und komplizierte Sätze« und »Passiv« genannt. Folgt man diesen vermeintlichen »Idealen«, wird man beim Schreiben wissenschaftlicher Texte aber nicht weit kommen. Sie müssen sich an die wissenschaftliche Schreibweise Schritt für Schritt annähern. Dies gelingt am besten dann, wenn Sie sich an überzeugenden Vorbildern orientieren und geeignet erscheinende Formulierungen übernehmen. Aber schon zu Beginn Ihres Arbeitsprozesses gilt:

→ **Arbeiten Sie sorgfältig und präzise – sowohl beim Lesen als auch beim Exzerpieren und Formulieren.**

10.1 Sachlichkeit, Objektivität und sachbezogene Darstellung

Wie mittels unpersönlicher Konstruktionen sachlich-neutral und objektiv formuliert werden kann und wie der persönliche Standpunkt angemessen zum Ausdruck kommt, haben Sie schon in Kapitel 6 gesehen. Dort bekommen Sie auch Antwort auf die Frage, ob und wie das Wort »ich« im wissenschaftlichen Text sinnvoll verwendet werden kann.

Wesentliches Merkmal des wissenschaftlichen Textes ist die sachbezogene Darstellung der Inhalte. Diese müssen nachvollziehbar, deutlich und verständlich präsentiert werden, denn Sie wollen die Aufmerksamkeit Ihrer Leser direkt und ohne Umwege auf den Gegenstand lenken, dem das Erkenntnisinteresse gilt.

- *Subjektive* oder *emotionale* Ausführungen, Behauptungen, Gefühlsäußerungen sowie *Spekulationen* entsprechen nicht dem Standard des wissenschaftlichen Arbeitens. So kann beispielsweise ein subjektiver Kommentar wie »Es gefällt mir gut, wie F A ausführt« in einem Essay oder einem journalistischen Text durchaus vorkommen. Wenn Sie Wissenschaft betreiben wollen, ist es aber völlig nebensächlich, ob Ihnen etwas gefällt oder nicht. Hier geht es darum, dass Sie sachlich belegen und begründen.
- Auch das *Erzählen* hat in einem wissenschaftlichen Text nichts zu suchen. Narration und Fiktion haben zweifellos ihre Berechtigung, sind allerdings anderen Textarten vorbehalten, denken Sie beispielsweise an literarische Erzählungen oder an Reiseberichte. (Exemplarisch hier eine Passage aus einer studentischen Seminararbeit, in die sich narrative Elemente verirrt haben: »Um eine erste Definition zu erhalten, habe ich mich zunächst einmal in Wörterbüchern umgesehen, und es war wie immer reizvoll und äußerst unterhaltsam, die Gebrüder Grimm zu konsultieren.«)

- In manchen Anleitungen zum wissenschaftlichen Schreiben werden Sie auch aufgefordert, auf *Metaphern* zu verzichten. Das ist irreführend, denn die Wissenschaftssprache ist reich an Metaphern, sowohl im Bereich der Fachterminologie (z. B. »Kernschmelze«, »Wortstamm«, »Sprachfamilie«) als auch bei der Formulierung wissenschaftlicher Verfahren und Vorgehensweisen (z. B. »einen Blick auf etwas werfen«, »einen Gegenstand beleuchten« etc.). Allerdings gilt es zu unterscheiden zwischen wissenschaftlich ausgearbeiteten Metaphern und solchen, die eher in der Alltagssprache Verwendung finden. Auch dazu ein Beispiel aus einer studentischen Seminararbeit: »Der Stein des Anstoßes war eine Publikation von Eco.« Auch wenn wir diese Metapher aus dem Alltag kennen, so ist sie für einen wissenschaftlichen Text nicht präzise genug. Eine alternative Formulierung könnte etwa lauten: »Die Kontroverse / Debatte wurde durch eine Publikation von Eco ausgelöst.« Achten Sie also auch bei der Verwendung von sprachlichen Bilden darauf, ob sie für die Textart funktional sind und überprüfen Sie Ihre Formulierung auf Präzision und Eindeutigkeit, damit die Leser Ihren Ausführungen problemlos folgen können.
- *Fachausdrücke* (oder Fachtermini) sind ein unverzichtbarer Bestandteil des wissenschaftlichen Textes (s. Kapitel 3.2). Beim Schreiben müssen Sie Fachausdrücke korrekt und präzise verwenden. Dies ist eine wichtige, mit etwas Sorgfalt und Aufmerksamkeit aber recht einfach zu bewältigende Aufgabe, denn die Bedeutung eines Terminus und seine korrekte Verwendungsweise lassen sich meist leicht in Fachlexika nachschlagen und überprüfen. Schwieriger ist es dagegen, diese Fachtermini so in Formulierungen einzubetten, dass beides zusammen einen klaren und verständlichen Text ergibt.

10.2 Sprachliche Mängel, die Verständlichkeit und Präzision beeinträchtigen

Die Ursachen für mangelnde Verständlichkeit und Präzision in wissenschaftlichen Texten sind vielfältig. Viele missglückte Formulierungen lassen sich allerdings vermeiden, wenn Sie wissen, worauf Sie achten müssen. Wir wollen Ihnen deshalb im Folgenden typische Problembereiche beim wissenschaftlichen Formulieren vor Augen führen und exemplarisch zeigen, welche Alternativen es gibt.

10.2.1 Nachlässiger Umgang mit Ausdruckskombinationen

Es gibt eine Fülle von Ausdruckskombinationen und Fügungen, die charakteristisch für wissenschaftliche Texte sind. Diese Formulierungen der alltäglichen Wissenschaftssprache (s. Kapitel 3.3) sind vermeintlich trivial, weil man sie aus der Gemeinsprache gut zu kennen glaubt. In der Wissenschaft erfahren sie aber eine besondere Verwendung und deshalb sollte man sich ihrer mit besonderer Sorgfalt bedienen. Die Beispiele unten zeigen, dass dies nicht immer ganz einfach ist.

- **Beliebter, aber missglückter Nominalstil**

Missglückte oder schlimmstenfalls unsinnige Formulierungen entstehen oft dadurch, dass einzelne Ausdrücke nicht präzise miteinander kombiniert werden. Möglicherweise hat man nicht sorgfältig gelesen, erinnert sich nur ungefähr an geeignet erscheinende Ausdrücke und führt die Formulierung dann nachlässig aus. Dies geschieht vor allem dann, wenn häufig verwendete Nomen (z. B. »Ausdruck«, »Blick«, »Aspekt«) mit den passenden Verben (z. B. »betrachten«, »beleuchten«) kombiniert werden sollen. Solche Ausdruckskombinationen finden sich vor allem in den Textabschnitten, in denen ein Verfahren vorgestellt oder eine Vorgehensweise angekündigt wird. Im Folgenden sehen Sie einige Beispiele mit missglückten studentischen Formulierungen, denen Alternativen zur Seite gestellt werden: Die zentralen Wörter, die fehlerhaft kombiniert wurden, werden aufgegriffen und in passende Ausdruckskombinationen integriert.

Beispiel 1: Missglückte Ausdruckskombination (studentische Formulierung)

> Ich will den *Ausdruck* im Folgenden noch besser *durchleuchten*.

Hier soll offenbar das wissenschaftliche Verfahren präsentiert werden, das zur Untersuchung eines bestimmten Ausdrucks zum Einsatz kommt, nämlich »einen Ausdruck durchleuchten«. Das Verb »durchleuchten« wurde vermutlich gewählt, weil es große Ähnlichkeit zu anderen Metaphern mit »Licht« und »Beleuchten« aufweist, die in wissenschaftlichen Texten häufig verwendet werden. Aus der Medizin ist die Durchleuchtung auch das gängige Verfahren bei Röntgenuntersuchungen. Für die vom Autor beabsichtigte Vorgehensweise (»einen Ausdruck untersuchen«) ist es allerdings nicht angemessen.

10.2 Sprachliche Mängel, die Verständlichkeit und Präzision beeinträchtigen

Formulierungsmöglichkeiten und Alternativen zu Beispiel 1

Ausdruck

einen Ausdruck	genauer betrachten näher betrachten präziser beschreiben genauer untersuchen einer genaueren Analyse / Betrachtung unterziehen
sich mit einem Ausdruck	intensiver befassen beschäftigen auseinandersetzen
sich eines Ausdrucks intensiver annehmen	
beleuchten	
F beleuchtet	A einen Zusammenhang näher / genauer
N wird hinsichtlich bestimmter Aspekte	genauer / näher beleuchtet
Im Folgenden sei die Frage	

Beispiel 2: missglückte Ausdruckskombination (studentische Formulierung)

> Als Letztes soll *ein Blick auf die Sicht* der Linguisten *geworfen* werden, um eine fachspezifischere Definition zu erhalten.

Wissenschaftliche Verfahren werden sprachlich häufig unter Verwendung der Ausdrücke »Blick« und »Sicht« beschrieben. Hier ist allerdings eine sinnentleerte Kombination entstanden: »einen Blick auf die Sicht werfen«. Der Leser kann unschwer nachvollziehen, dass der Verfasser »einen Blick auf etwas werfen« will; dass der zu beobachtende Gegenstand aber wiederum ein Gegenstand des Sehens sein soll (»die Sicht der Linguisten«), führt zu einer Metaphern-Überdosis aus dem Wortfeld des Sehens und Erkennens.

10 Warum denn so pingelig?

Formulierungsmöglichkeiten und Alternativen zu Beispiel 2		
Blick		
F	wirft einen Blick auf A	
	nimmt A in den Blick	
Sicht		
F wirft einen Blick auf	die Position den Standpunkt die Ausführungen die Einschätzungen	von D

Auch das Wort »Aspekt« (s. Beispiel 3) ist in seiner Bedeutung ursprünglich mit dem »Sehen« verbunden. Heute wird es verwendet, wenn es um die Perspektive geht, aus der man einen Gegenstand betrachtet. Dieser Ausdruck kommt in wissenschaftlichen Texten häufig vor, ist aber auch höchst fehleranfällig, wie das folgende Beispiel zeigt:

Beispiel 3: missglückte Ausdruckskombination (studentische Formulierung)

> Ein wichtiger *Aspekt* im Bereich des Fremdsprachenerwerbs *ist* den Fehlern *zuzuordnen*.

Hier lässt sich nur noch schwer nachvollziehen, was der Verfasser sagen möchte. »Einen Aspekt einer Sache zuzuordnen« geht an der Bedeutung des Ausdrucks »Aspekt« vorbei, und so hinterlässt die Formulierung den Eindruck einer Aneinanderreihung wissenschaftlich klingender, aber sinnentleerter Worthülsen. Die folgenden Alternativen sind denkbar:

10.2 Sprachliche Mängel, die Verständlichkeit und Präzision beeinträchtigen

Formulierungsmöglichkeiten und Alternativen zu Beispiel 3	
Fehler	*spielen eine wichtige Rolle beim Fremdsprachenerwerb*
	sind von großer Bedeutung beim Fremdsprachenerwerb
Beim Fremdsprachenerwerb ist es wichtig,	*auch den Aspekt der Fehleranalyse zu betrachten*
	einen Blick auf das Thema ›Fehler‹ zu werfen

- **Simplifizierungen und Verkürzungen**

Das auf den ersten Blick unauffällig erscheinende Beispiel 4 zeigt mangelnde Präzision durch Simplifizierung:

Beispiel 4: missglückte Ausdruckskombination (studentische Formulierung)

> Partikeln *bilden eine Besonderheit* der deutschen Sprache.

Die feste Fügung »N stellt eine Besonderheit dar« wird zur Ausdruckskombination »N bildet eine Besonderheit« abgewandelt, was für den Leser zwar noch verständlich, aber als Formulierung unpräzise ist. Das Verb »bilden« fordert eine andere Ergänzung (z. B. »eine Gruppe bilden«). Eine solche Ergänzung vermisst man hier jedoch, weil der intendierte Sachverhalt verkürzt dargestellt wird, so dass die Aussage an Präzision und damit an Aussagekraft verliert. Die folgenden Alternativen sind denkbar:

Formulierungsmöglichkeiten und Alternativen zu Beispiel 4	
Partikeln	*bilden eine besondere Ausdrucksgruppe innerhalb der deutschen Sprache*
	stellen eine Besonderheit der deutschen Sprache dar
Bei den Partikeln handelt es sich um eine besondere Ausdrucksgruppe der deutschen Sprache	

Das folgende Beispiel zeichnet sich ebenfalls durch eine Verkürzung aus:

Beispiel 5: missglückte Ausdruckskombination (studentische Formulierung)

> Zu Beginn werden die physiologischen und neurologischen *Merkmale des Kindes gezeigt*.

Auch hier ist die Formulierung nicht vollständig, denn höchstwahrscheinlich sollte von den »physiologischen und neurologischen Merkmalen *der Krankheit* des Kindes« die Rede sein.

- **»Verwissenschaftlichung«**

Zu beobachten ist allerdings auch die gegenläufige Tendenz: So gibt es Versuche, schlichte Nomen, wie zum Beispiel »Problem«, »Frage«, »Punkt«, die auch in der Alltagssprache Verwendung finden, mit Attributen »aufzupeppen«, von denen man denkt, dass sie besonders wissenschaftlich klingen. Die Angst, sich »unwissenschaftlich« auszudrücken, kann aber auch zu misslungenen Ausdruckskombinationen führen:

Beispiel 6:

> *Das ausschlaggebendste Problem* ist die schlechte Datenlage.

Wenn ein Superlativ beibehalten werden soll, kommt als korrekte Ausdruckskombination einzig »das größte Problem« in Frage. Es wäre aber auch möglich, die Formulierung dadurch »wissenschaftlicher« zu gestalten, dass eine Alternative zum alltagssprachlichen Universalverb »sein« gesucht wird:

Formulierungsmöglichkeiten und Alternativen zu Beispiel 6	
Problem	
Das größte Problem	besteht in der schlechten Datenlage
	stellt die schlechte Datenlage dar
ausschlaggebend	
N	ist ausschlaggebend für ist von ausschlaggebender Bedeutung für spielt eine ausschlaggebende Rolle bei D / für A

Auch der Versuch, schlichte Nomen oder Verben zu vermeiden und sie durch wissenschaftlich klingende Ausdrücke zu ersetzen, kann zu misslungenen Formulierungen führen. So ist es beispielsweise völlig korrekt und ausreichend, »einen Überblick zu geben«, anstatt – wie in studentischen Texten häufiger zu lesen ist – »einen Überblick darzustellen«.

Sie sehen, dass beim Schreiben Ausdrücke beliebt sind, die als besonders »wissenschaftlich« gelten. Wenn allerdings deren Bedeutung nicht bekannt ist, nur vage erinnert oder zum Teil auch ignoriert wird, kommt es zu unschönen oder fehlerhaften Formulierungen, die das Textverstehen erheblich beeinträchtigen können.

- **Vermischung, Verschränkung und Neukombination**

Missverständlichen Formulierungen entstehen auch, wenn feste Ausdruckskombinationen vermischt beziehungsweise verschränkt werden. Die Beispiele unten zeigen in der linken Spalte fehlerhafte Ausdruckskombinationen. Die rechte Spalte listet Fügungen, die vermutlich Vorbild waren, aber nachlässig imitiert wurden. Die Besonderheit besteht in diesem Fall darin, dass offenbar Teile aus ungenau erinnerten Formulierungen miteinander kombiniert und vermischt werden. Dadurch entstehen unpräzise Neukombinationen oder Doppelungen.

Missglückte Formulierungen durch Verschränkung und Neukombination	
Studentische Formulierung	Fügungen, die vermutlich intendiert waren
Ein weiterer Grund liegt darin begründet, dass (…)	*ein Grund für A ist N / ist, dass …* *ein Grund für A besteht in D / besteht darin, dass …*
	N ist durch A begründet *N liegt in D begründet*
Weiterhin wird sich die Überlegung stellen, ob (…)	*es wird sich die Frage stellen, ob …* *F stellt sich die Frage, ob …*
	F stellt Überlegungen an
Allerdings soll noch einmal auf den Anfang zurückgegriffen werden.	*an den Anfang zurückgehen* *auf den Anfang zurückkommen*
	auf ein Hilfsmittel / einen Gedanken zurückgreifen
Nach meiner Ansicht bin ich der Auffassung, dass (…)	*meiner Meinung nach / meiner Auffassung nach*
	der Ansicht sein *der Auffassung sein*
Die folgenden exemplarischen Beispiele illustrieren (…)	*die folgenden Beispiele illustrieren / zeigen*
	N illustriert / zeigt exemplarisch
Und so komme ich abschließend zu folgender Schlussfolgerung.	*abschließend zu einer Einsicht / Auffassung kommen / gelangen*
	zu einer Schlussfolgerung kommen / gelangen

Bei den letzten drei Beispielen handelt es sich um Ausdruckskombinationen, die unerwünschte Doppelungen oder Redundanzen enthalten. Ursache hierfür mag eine Kombination aus Nachlässigkeit einerseits und Übereifer bei der Suche möglichst wissenschaftlich klingender Formulierungen andererseits sein.

10.2.2 Strukturen von Mündlichkeit in schriftlichen Texten

Die Unterscheidung, ob eine Formulierung wissenschaftssprachlich angemessen ist oder eher der Alltagssprache bzw. dem mündlichen Gebrauch angehört, fällt nicht immer leicht. Die folgende Tabelle zeigt in der linken Spalte einige der klassischen Fehlgriffe bei der Verwendung von alltagssprachlichen Ausdrücken in wissenschaftlichen Texten. In der rechten Spalte sind Alternativen für den schriftlichen Sprachgebrauch aufgeführt:

Unangemessene Formen von Mündlichkeit in schriftlichen Texten	
Studentische Formulierung	Alternativen für die Schriftlichkeit
Die Autoren sehen *ganz klar* bei den Ärzten die Verantwortung für den Gesprächsverlauf.	Die Autoren sehen die Verantwortung für den Gesprächsverlauf *eindeutig / uneingeschränkt / ausschließlich* bei den Ärzten.
	Die Autoren *sind zu der Auffassung gelangt*, dass die Verantwortung für den Gesprächsverlauf *ausschließlich* bei den Ärzten liegt.
Schauen wir uns *vielleicht erst mal* die Beispiele an, bevor *es an* die konkrete Analyse *geht*.	Schauen wir uns *zunächst / in einem ersten Schritt / als erstes* die Beispiele an, …
	…, bevor wir *mit der Analyse beginnen / zur Analyse übergehen*.
Das jeweils oberste Ziel beider Aktanten lässt sich *vielleicht* folgendermaßen beschreiben: (…)	*Ich schlage vor / Eine Möglichkeit besteht darin*, das jeweils oberste Ziel beider Aktanten folgendermaßen zu beschreiben:
Im Folgenden müsste also *erst mal überhaupt klargestellt werden*, was Jugendsprache eigentlich ist.	Im Folgenden müsste also *zunächst / in einem ersten Schritt / als erstes* …
	… *geklärt / herausgearbeitet / festgestellt werden*, was Jugendsprache eigentlich ist.
Es ist *halt wirklich* nicht einfach zu sagen, ob es sich hier überhaupt um ein Lehnwort handelt.	Es ist *tatsächlich / in der Tat* nicht einfach zu sagen, ob …
	Es ist *keineswegs* einfach zu sagen, ob …
	Es ist *eine schwierige Aufgabe / eine große Herausforderung* zu sagen, ob …

10 Warum denn so pingelig?

Die kursiv markierten Ausdrücke in den Beispielen der linken Spalte sind in der mündlichen Kommunikation durchaus üblich. Folgende Phänomene sind zu beobachten:
- Teilweise werden Buchstaben oder Silben weggelassen (»mal« statt »einmal«).
- Zahlreiche Partikeln werden verwendet (kleine Wörter wie z. B. »vielleicht«, »erst«, »halt«, »ganz«, »überhaupt«). Sie dienen in der gesprochenen Sprache dazu, Annahmen, Einstellungen, Bewertungen und Erwartungen der Sprecher und Hörer in der jeweiligen Gesprächssituation zu verdeutlichen. Was für das Mündliche gängige Praxis ist, muss aber in der schriftlichen Kommunikation nicht funktionieren. Hier sind andere sprachliche Mittel erforderlich, um Verständlichkeit zu erzielen.
- Verbalisierungen wie »bevor es an die Analyse geht« oder »erst mal etwas klarstellen« sind der Alltagssprache vorbehalten: Sie funktionieren im Mündlichen oder beispielsweise in journalistischen Texten. Den Ansprüchen wissenschaftlicher Texte genügen sie aber nicht.
- Wenn in einem wissenschaftlichen Text die Leserorientierung zur Ankündigung der nächsten Arbeitsschritte mit vagen Formulierungen vollzogen wird (»schauen wir uns *vielleicht* erst mal die Beispiele an«), dann signalisiert dies Unsicherheit und mangelnde Souveränität. Achten Sie also auf Präzision und Klarheit auch bei der Beschreibung der wissenschaftlichen Vorgehensweise.

Wir haben gesehen, dass Vagheit und Lässigkeit in mündlichen Gesprächssituationen durchaus angemessen sind. Auch emotional gefärbte Verallgemeinerungen können problemlos formuliert werden. Grund dafür ist die Kopräsenz von Sprecher und Hörer, denn im gemeinsamen Wahrnehmungsraum gelten andere Verfahren der Verständnissicherung, als sie für wissenschaftliche Texte erforderlich sind: In mündlichen Kommunikationssituationen ist es beispielsweise möglich, Rückfragen zu formulieren, wenn der Hörer etwas nicht verstanden hat oder nicht sicher ist, was mit einer Äußerung gemeint ist. In schriftlichen Kommunikationssituationen ist das Nachfragen nicht möglich, oder zumindest nur mit großer zeitlicher Verzögerung. Deshalb ist beim schriftlichen Formulieren dort, wo es um Genauigkeit der Informationen geht, eine größere sprachliche Präzision erforderlich.

→ Manche der oben problematisierten Formulierungen mögen in einem Referat oder in einer mündlichen Präsentation zu vertreten sein. Im geschriebenen Text sollten Sie allerdings mit präzisen, sachlichen und eindeutigen Ausdrücken arbeiten.

In Kap. 4.2.2 und 4.2.3 haben Sie gesehen, dass auch Dozenten mitunter alltagssprachlich formulieren. Sie haben dort aber auch feststellen können, dass es der wissenschaftlichen Lehre dient, wenn etwa eine fachliche Definition auf das Alltagsverständnis ›heruntergebrochen‹ wird (»der Fahrstuhl ist voll und da kommt noch einer rein, der nicht ganz so schlank ist«) oder wenn es darum geht, neues Wissen einzuordnen (»und ich erzähl Ihnen das nur, weil ich überzeugt bin, dass das also in den nächsten Jahren noch an Bedeutung zunehmen wird und dass Sie wenigstens mal was gehört ham«). Selbstverständlich erleben Sie Ähnliches von Dozenten auch im Seminar. Dies heißt aber nicht, dass derselbe Dozent, der die Dinge in der Vorlesung oder im Seminar so gut ›herunterbricht‹, sie in einer wissenschaftlichen Arbeit von Ihnen so gesagt haben möchte.

10.2.3 Nachlässiger Umgang mit Verweisen, Bezugnahmen und Verknüpfungen

Im Deutschen gibt es eine relativ überschaubare, aber wichtige Gruppe von kleinen Wörtern, die es ermöglichen, einen direkten Verweis auf etwas zu machen oder einen Bezug innerhalb eines Textes oder einer Rede herzustellen. Diese Wörter dienen der Leserorientierung und spielen in wissenschaftlichen Texten eine bedeutende Rolle. Zu dieser Ausdrucksgruppe gehören beispielsweise Demonstrativ- und Personalpronomina wie »dies« / »das«, »dieser« / »diese« / »dieses« sowie »ich« / »du« / »er«, »sie« und »es«, Adverbien wie »jetzt«, »hier«, »da«, »daher«, »deshalb« und »dagegen«, »so« und damit zusammengesetzte Wörter wie »somit«, »insoweit«, »insofern« und mit Präpositionen zusammengesetzte Ausdrücke wie »dabei« / »hierbei«, »damit« / »hiermit«, »dafür« / »hierfür«, »davon« / »hiervon« etc. Wenn diese Wörter nicht sorgfältig verwendet werden, kommt es leicht zu Missverständnissen oder zu unklaren Aussagen, wie die folgenden Beispiele aus studentischen Textproduktionen zeigen:

Beispiel 1: Ungenauigkeiten bei Verweisen und Verknüpfungen

> Partikeln bilden eine Besonderheit der deutschen Sprache, denn wie Weydt es passend ausgedrückt hat, können *sie* vom Sprecher getrost weggelassen werden, *diese* tun *dies* jedoch nicht (vgl. Weydt 2010:11).

Sogar wenn es dem Leser noch gelingt, das erste »sie« auf die »Partikeln« zu beziehen, bleibt unklar, worauf »*diese* tun *dies* jedoch nicht« verweist. Der Leser darf spekulieren, wie dieser Satz zu verstehen ist. Ähnlich unklar bleibt die Leserorientierung auch im nächsten Beispiel:

Beispiel 2: Ungenauigkeiten bei Verweisen und Verknüpfungen

> Gleichzeitig wurde festgestellt, dass Stil ein Teil der Sprachwissenschaft ist, was *hier* sehr wohl untersucht und analysiert wird, und genau *da* liegt der Unterschied.

Möglicherweise verweist »*hier*« auf die zuvor genannte »Sprachwissenschaft«. Es kann aber genauso gut sein, dass der vorliegende wissenschaftliche Text gemeint ist. Und wo nun »genau der Unterschied liegt«, auf den mittels »*da*« verwiesen werden soll, kann selbst von der wohlmeinendsten Leserschaft nicht mehr rekonstruiert werden.

→ **Achten Sie auf einen sorgfältigen und präzisen Einsatz der o. g. kleinen Wörter, wenn Sie innerhalb Ihres Textes sprachlich verweisen und Bezüge herstellen möchten oder wenn Sie Übergänge formulieren, Absätze miteinander verknüpfen und logische Relationen herstellen wollen.**

10.2.4 Nachlässiger Umgang mit den kleinen Zeichen

Ein verständlicher Text zeichnet sich auch und nicht zuletzt durch einen sorgfältigen Umgang mit den nichtalphabetischen Zeichen aus. Für die Verwendung von Punkt, Komma, Gedanken- und Bindestrich, Leerzeichen und Schrägstrichen sowie für die Gliederungen haben sich Normen entwickelt, die Sie kennen und anwenden sollten. Die Auto-Korrekturfunktionen der Textverarbeitungsprogramme erledigen dies nicht automatisch für Sie. Diese häufig vernachlässigten kleinen Zeichen haben die Funktion, einen Text übersichtlich und leicht lesbar zu machen. Wer hier unsauber arbeitet, ist nicht etwa »cool und lässig«, sondern schlicht wenig leserfreundlich und demonstriert höchstens seine Unkenntnis vorhandener sprachlicher Regelwerke. Zur Veranschaulichung einige Beispiele aus studentischen Seminararbeiten (linke Spalte) und eine überarbeitete Fassung (rechte Spalte):

10.2 Sprachliche Mängel, die Verständlichkeit und Präzision beeinträchtigen

Nachlässiger Umgang mit den kleinen Zeichen	
Studentische Fassung	**Überarbeitete Fassung**
Ludwig- Maximilian Universität München	Ludwig-Maximilians-Universität München
Fakulät für Sprach und Literaturwissenschaft	Fakultät für Sprach- und Literaturwissenschaft
APK –EinThema für den DaF-Unterricht	APK – Ein Thema für den DaF-Unterricht
Gliederung 3. 2.1 Arzt-Patient – Kommunikation 3.2. 2 APK für DaF/ DaZ	Gliederung 3.2.1 Arzt-Patient-Kommunikation 3.2.2 APK für DaF / DaZ
»Der Arzt sollte nicht nur Experte für Diagnoseerstellung[…], sondern ebenso für die Interaktion und für den Gesprächsprozess sein.« (Sator/ Spranz-Fogasy 2011:391)	»Der Arzt sollte nicht nur Experte für Diagnoseerstellung […], sondern ebenso für die Interaktion und für den Gesprächsprozess sein.« (Sator / Spranz-Fogasy 2011: 391)

Beide Spalten sehen für Sie eigentlich gleich aus? Dann müssen Sie Ihr Auge für diese Kleinigkeiten schärfen und auf eine konsequente Umsetzung der Regeln für die Verwendung dieser Zeichen achten. Die wichtigsten Punkte seien im Folgenden zusammengefasst:[1]

- Wörter werden durch ein **Leerzeichen** (Spatium) voneinander getrennt, und zwar durch nicht mehr und nicht weniger als eines.
- Satzzeichen stehen ohne Leerzeichen direkt hinter dem letzten Wort. Dem Satzzeichen folgt ein Leerzeichen. Ein Satzzeichen genügt (also nicht Satzendpunkt mit Ausrufezeichen oder Abkürzungspunkt kombinieren).
- Nach Überschriften und Aufzählungen steht kein Satzendpunkt.
- Als **Auslassungszeichen** werden immer drei Punkte verwendet (nicht manchmal zwei, manchmal vier). Sie folgen einem Spatium. Stehen sie am Ende eines Satzes, ist der Satzendpunkt der dritte der drei Punkte. Auslassungen in Zitaten

---

1 Ausführliche Hinweise zum Umgang mit nichtalphabetischen Zeichen finden sich in Duden Band 1 (^{26}2014), Duden (^{5}2007) sowie bei Graefen (2011).

werden durch eckige oder runde Klammern gekennzeichnet. Diese umschließen die Auslassungspunkte direkt ohne Spatium.
- Der **Bindestrich** verbindet zwei Wörter miteinander und steht ohne Spatium zwischen ihnen. Wenn er als Ergänzungs- und Auslassungsstrich verwendet wird, schließt er sich direkt an den ersten Teil des Wortes an, dann folgt ein Spatium, dann das »und« (»Sprach- und Literaturwissenschaft«).
- Der **Gedankenstrich** ist länger als der Bindestrich. Er steht immer zwischen zwei Spatien und kennzeichnet Einschübe (dann steht er vor und nach dem Einschub) oder gedankliche Zäsuren und Schlussfolgerungen (dann wird er nur einmal verwendet).
- Bei Aufzählungen werden auf ein- und derselben Gliederungsebene immer dieselben **Aufzählungsstriche** oder -zeichen verwendet. Nach einem Aufzählungszeichen folgt ein Spatium.
- Der **Schrägstrich** kann die Zusammengehörigkeit von Wörtern oder Zahlen kennzeichnen und dient zur Nennung alternativer Bezeichnungen. Er steht in der Regel ohne Spatien zwischen zwei Wörtern; gemäß Duden 2007 ist allerdings auch eine Schreibung mit Leerzeichen möglich.
- **Einrückungen** (z. B. bei Aufzählungen, Gliederungen oder Inhaltsverzeichnissen) sollten immer mit Tabulatoren, nicht mit Leerzeichen vorgenommen werden.
- **Klammern** umrahmen Wörter, Sätze oder Teilsätze und stehen ohne Spatium vor dem ersten und letzten Zeichen des umklammerten Elements.
- Doppelte oder einfache **Anführungszeichen** umrahmen Zitate oder Hervorzuhebendes und schließen sich ohne Spatium direkt an das erste und das letzte Zeichen an.

10.3 Abschwächungen, Relativierung und vorsichtige Kritik

Wir haben gesehen, dass Präzision und Eindeutigkeit beim wissenschaftlichen Schreiben wichtig sind. Es gibt aber immer wieder Situationen, in denen sich Autoren nicht festlegen möchten und in denen sie zu Formulierungen greifen, mit denen Aussagen abgeschwächt oder relativiert werden. Anstatt beispielsweise eine direkte Aufforderung zu formulieren,

10.3 Abschwächungen, Relativierung und vorsichtige Kritik

Beispiel 1:

> *Man muss* eine andere Untersuchungsmethode wählen.

werden erfahrene Wissenschaftler vermutlich zu einer weniger direkten Formulierung greifen, die beispielsweise so aussehen könnte:

Beispiel 2:

> *Es empfiehlt sich*, eine andere Untersuchungsmethode zu wählen.

Abschwächung, Einschränkung und die Relativierung von Gültigkeiten können erwünscht oder angemessen sein,
- wenn Forschungsergebnisse noch nicht endgültig gesichert oder Untersuchungen noch nicht abgeschlossen sind,
- wenn signalisiert werden soll, dass zwar große, aber keine hundertprozentige Gewissheit bezüglich eines Gegenstands vorliegt,
- wenn Pauschalisierungen und Verallgemeinerungen vermieden werden sollen,
- wenn vorsichtig Kritik an Untersuchungen oder anderen Wissenschaftlern geübt werden soll,
- wenn der Autor Bescheidenheit signalisieren will,
- wenn die Leserorientierung diskret vollzogen werden soll, der Autor also keinen autoritären Eindruck erwecken will.

Die deutsche Sprache verfügt über ein erfreulich breites Ausdrucksspektrum, um Abschwächungen und die Einschränkungen von Allgemeingültigkeit auszudrücken. Dazu gehören u. a. die folgenden sprachlichen Mittel:
- Modalverben (z. B. »können«, »dürfen« etc.)
- Formen des Konjunktiv II (z. B. »könnte«, »dürfte« etc.)
- Sprechhandlungsverben, welche die Allgemeingültigkeit des Gesagten einschränken (z. B. »vermuten«, »glauben«, »annehmen«, »schätzen«, »vorschlagen«, »scheinen«)
- Unpersönliche Konstruktionen (»Es kann / darf« + Infinitiv (häufig Passiv))
- Partikeln und Adverbien (wie z. B. »offenbar«, »wohl«, »eher«, »vermutlich«, »kaum«, »fast«, »anscheinend«, »eventuell«, »wahrscheinlich«)
- Feste Ausdruckskombinationen (»Soweit ich das überblicken kann«).

10 Warum denn so pingelig?

Im Folgenden sehen Sie einige der geläufigsten Formulierungsmöglichkeiten, um Gültigkeiten einzuschränken:

Formulierungen zur Einschränkung der Allgemeingültigkeit		
Meines Erachtens / meiner Auffassung nach (s. Kap. 6.1.3)		
Soweit	ich sehe ich das überblicke ich das überblicken kann sich das sehen / überblicken lässt mir bekannt ist	
	ich das beurteilen kann	
N	scheint	N2 zu sein sicher / klar
Es	scheint	sicher, dass ...
N ist	vermutlich höchstwahrscheinlich anscheinend	N2
Es	ist zu bezweifeln, kann bezweifelt werden, lässt sich bezweifeln, steht zu bezweifeln	dass ... ob ...
N	ist zu bezweifeln lässt sich bezweifeln kann bezweifelt werden	
N Das	ist	fraglich zweifelhaft ungewiss
	mag	fraglich zweifelhaft	sein
	mag auf den ersten Blick einleuchten, aber ...	

10.3 Abschwächungen, Relativierung und vorsichtige Kritik

Es	ist	fraglich, ob ...[2] zweifelhaft, ob ... ungewiss, ob ...	
	mag	fraglich zweifelhaft	sein, ob ...
	mag auf den ersten Blick einleuchten, dass ..., aber ...		
Es	empfiehlt sich liegt nahe		

Formulierungen zur diskreten Leserorientierung		
N	mag an dieser Stelle ausreichend sein, um ... soll genügen, um ... dürfte hinreichend deutlich gemacht haben, dass ...	
Als (Zwischen-)Ergebnis Es	soll kann	festgehalten werden, dass ...
Das vorhergehende Kapitel Die vorliegende Untersuchung	müsste dürfte sollte	deutlich gemacht haben, dass ... A deutlich gemacht haben
Es	müsste dürfte sollte	deutlich geworden sein, dass ...

Sie müssen in wissenschaftlichen Texten auch häufig unterscheiden, ob es sich um gesicherte Wissensbestände oder um Vermutungen handelt. Anhand der Aussage »bei D handelt es sich um A« soll in der Tabelle unten exemplarisch gezeigt werden, welche sprachlichen Möglichkeiten es gibt, um die graduellen Unterschiede hinsichtlich der Verbindlichkeit einer Aussage zum Ausdruck zu bringen (von »sicher« zu »unsicher«).

---

[2] »Fraglich« ist nicht zu verwechseln mit »fragwürdig«: Letzteres enthält eine moralisch abwertende Komponente und kennzeichnet Methoden oder Vorgehensweisen, z.B. »Die Vorgehensweise von F ist fragwürdig.«

10 Warum denn so pingelig?

Gesicherte Aussagen oder Vermutungen formulieren			
Sicher ↑ ↓ unsicher	Bei D handelt es sich um A		
	Bei D handelt es sich	mit an Sicherheit grenzender Wahrscheinlichkeit aller Wahrscheinlichkeit nach höchstwahrscheinlich vermutlich möglicherweise	um A
	Bei D könnte es sich auch um A handeln		
	Man könnte bei D1 auch von einem D2 sprechen		

Anstelle pauschalisierender Angaben wie »nie«, »immer«, »völlig« lassen sich auch Quantifizierungen und Häufigkeiten mithilfe eines fein differenzierten Ausdrucksspektrums unterscheiden:

Formulierungen zu Quantifizierung und Häufigkeit
im Großen und Ganzen *im Wesentlichen* *im Allgemeinen* *in gewisser Hinsicht* *in großem / hohem Maße* *in erheblichem Umfang* *eine große / erhebliche Zahl* *weitreichend* *weitgehend* *beträchtlich* *hinreichend* *in weiten Teilen* *überwiegend* *in der Regel* *meistens* (häufiger: *meist*) *in den meisten Fällen* *häufig* *oft* *mitunter* *von Zeit zu Zeit* *selten* *in den seltensten Fällen*

Auf den Unterschied zwischen »weitreichend« (i. S. von »beachtlich«, »erheblich«) und »weitgehend« (i. S. von »umfangreich«, »nahezu vollständig«) sei anhand zweier Beispiele hingewiesen:

»weitreichend« / »weitgehend«

Beispiel 1:

Die Strukturen des Deutschen Bundes und seiner Gliedstaaten haben die Krise im wesentlichen überdauert, dennoch ergaben sich *weitreichende* Folgewirkungen, die in den kirchlichen Raum übergriffen. (DWDS Kirchengeschichte)

Beispiel 2:

Eine auffällige Hypertrophie des Hypothalamus existiert sowohl bei Knorpelfischen als auch bei Teleosteern, bei denen sich große laterale Auswölbungen (…) entwickeln, deren Funktion *weitgehend* unbekannt ist. (DWDS Neurowissenschaft)

10.4 Wie werden verständliche Sätze gebaut?

Wie wir schon in 4.1.3 gesehen haben: Gemessen an dem, was wissenschaftliche Autoren mit ihren Texten erreichen möchten, schreiben sie so einfach wie nur irgend möglich.[3] Dasselbe gilt für Sie: Sie werden dann wissenschaftlich gut schreiben, wenn Sie sich darüber Rechenschaft ablegen, was Sie tun, also ob Sie z. B. darstellen, abwägen oder kritisieren wollen (s. Kap. 5). Wenn Sie so vorgehen, können Sie gar nicht anders, als Gedanken zu haben. Und die sprachliche Form des Gedankens ist der Satz; die sprachliche Erscheinungsform des klaren Gedankens der verständliche Satz. Sie werden niemals einen verständlichen Satz zu Papier bringen, wenn ihm kein klarer Gedanke vorausgegangen ist.

Aber auch wenn Sie eigentlich recht klare Gedanken haben, kann sich in Ihren Text so allerhand einschleichen, was Sie gar nicht wollten und was Ihnen vielleicht auch nicht auffällt. Die Gründe hierfür sind vielfältig: Sie haben in einem Satz das Subjekt in den Plural gesetzt und vergessen, das Finitum anzugleichen; Sie haben

---

3 Sicher haben Sie manchmal den Eindruck, dass jemand unnötig kompliziert schreibt. So etwas dürfen Sie auch durchaus rügen, z. B. in einer Seminararbeit. Sie müssen dabei aber den Nachweis antreten, dass das dort Gesagte tatsächlich einfacher hätte gesagt werden können.

irgendwo eine Präposition geändert und nun stimmt der Kasus nicht mehr. Oder Sie haben, um ganz präzise zu sein, Ihr Subjekt so stark mit Attributen angereichert, dass Ihr Leser es kaum noch findet.

Wir beschränken uns hier auf zwei sehr häufige Problembereiche, nämlich den Zusammenhang von Subjekt und Prädikat sowie Attribution im Nominalstil.

- **Subjekt und Prädikat**

Subjekt und Prädikat drücken einen Gedanken aus. Damit dies gelingt, müssen sie aufeinander bezogen sein, und dies grammatisch wie inhaltlich. Stimmt der grammatische Bezug nicht (etwa: »die restlichen Teilnehmer hatte die Aufgabe (...)«), ist dem Leser keine inhaltliche Sinnentnahme mehr möglich. Das Prädikat muss aber auch – und dies ist äußerst wichtig – inhaltlich auf das Subjekt bezogen sein. Es muss dem Subjekt zukommen können. Wir betrachten dies an einigen Beispielen:

Beispiel 1:

> Die Whole-Part-Hypothesis vertritt die Auffassung, dass (...)

Kommentar: Menschen stellen Hypothesen auf und vertreten Auffassungen. Aber haben Sie schon einmal eine Hypothese eine Auffassung vertreten sehen?

Beispiel 2: aus der sprachwissenschaftlichen Analyse eines Transkriptausschnitts

> Eine detaillierte Auskunft darüber, zu welchem spezifischen Thema sie anruft, wird bis dahin nicht genannt (...).

Kommentar: Nachdem Auskünfte nicht genannt, sondern nur gegeben werden können, ist hier offenbar Folgendes passiert: Der Autor brauchte am Schluss des Satzes ›halt noch ein Verb‹. Was Sie aber brauchen, sind nicht irgendwelche Verben, sondern Prädikate, die den von Ihnen gewählten Subjekten zukommen.

Beispiel 3:

> Nicht nur die mündliche, sondern auch die schriftliche Kommunikation beruht auf einem Kommunikationsmodell.

Kommentar: »Beruhen auf« ist ja nichts anderes als »sich von etwas herleiten, sich einer Sache verdanken«. Oder anders: Dasjenige, worauf etwas beruht, ist die Ursache von demjenigen, was beruht. Das Prädikat »auf einem Kommunikationsmodell beruhen« kann dem Subjekt »Kommunikation« niemals zukommen. Denn dann würde Kommunikation ja von Kommunikationsmodellen verursacht. Wissenschaft macht aber keine Wirklichkeit, sondern versucht, sie – z. B. über Modelle – zu beschreiben, zu erklären und zu verstehen.

- **Attribution, Nominalstil**

In folgendem Beispiel werden Sie problemlos den nun schon oft verhandelten Nominalstil (s. o. und Kap. 3.2) erkennen. Sie sehen deutlich, dass die unterstrichenen Substantive Ableitungen von Verben sind, die eine Menge weiterer Bestimmungen (kursiv gedruckt) bei sich führen. Diese Bestimmungen sind Attribute.

Beispiel 4:

> Die Erweiterung *des Anwendungsbereiches von Magnesium-Druckgusslegierungen im Automobilbau* erfordert die Entwicklung *neuer Legierungen*, aber auch die *umfassende* Beurteilung *vorhandener Legierungen unter verschärften Beanspruchungsbedingungen*. Unter *derartigen* Bedingungen ist auch der Einsatz *bei höheren Temperaturen* zu verstehen, bei dem ein Kriechen *des Werkstoffs* zum Versagen *des Bauteils* führen kann. (Regener et al. 2003, 721)

Um zu verstehen, was hier sprachlich passiert, fragen wir uns erst einmal, worum es hier eigentlich geht. Es gibt Menschen, die möchten, dass Magnesium-Druckgusslegierungen im Automobilbau verstärkt zum Einsatz kommen. Menschen, die einen solchen Willen ausbilden (es sind typischerweise Materialwissenschaftler), können hierfür zwei Wege beschreiten: Sie können neue Legierungen entwickeln, oder sie können zeigen, dass bekannte Legierungen besser sind, als man bisher dachte, also zum Beispiel höhere Temperaturen vertragen. Wer den zweiten Weg gehen möchte – und das sind die Autoren dieses Aufsatzes – muss also z. B. bekannte Legierungen daraufhin testen, ob sie auch bei höheren Temperaturen als bisher stabil bleiben, das heißt sich nicht verformen (»kriechen«).

In dem obigen Beispiel fällt nun auf, dass die Handlungen, die Materialwissenschaftler vornehmen, durch Ableitungen aus Verben benannt sind. In den resultierenden Formulierungen verschwinden aber nicht nur die Materialwissenschaftler; es werden auch Objekte in Attribute überführt:

10 Warum denn so pingelig?

        Subjekt   direktes Objekt
[Materialwissenschaftler] erweitern [den Anwendungsbereich von Magnesium-Druckgusslegierungen im Automobilbau].

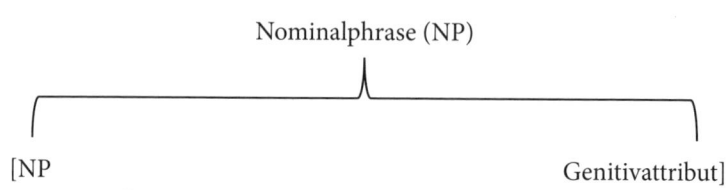

Nominalphrase (NP)

[NP   Genitivattribut]
[Die Erweiterung] [des Anwendungsbereiches von Magnesium-Druckgusslegierungen im Automobilbau]

Wie Sie sehen, wird aus dem *Gedanken* »Materialwissenschaftler erweitern den Anwendungsbereich« eine verknappte Formulierung, die selber als Satzglied (Subjekt oder Objekt) auftreten kann. Diese Formulierung kommt dadurch zustande, dass das Verb des Ausgangsgedankens (»erweitern«) in ein deverbales Substantiv überführt (»Erweiterung«) und aus dem vormaligen direkten Objekt ein Genitivattribut zu der Nominalphrase (NP) »die Erweiterung« wird. Das Resultat ist kein Satz, sondern eine komplexe Nominalphrase.

Am nächsten Beispiel sehen wir, wie selbst Adverbiale in Attribute überführt werden können:

        Subjekt   direktes Objekt   Adverbial
[Materialwissenschaftler] beurteilen [vorhandene Legierungen] [unter verschärften Beanspruchungsbedingungen]

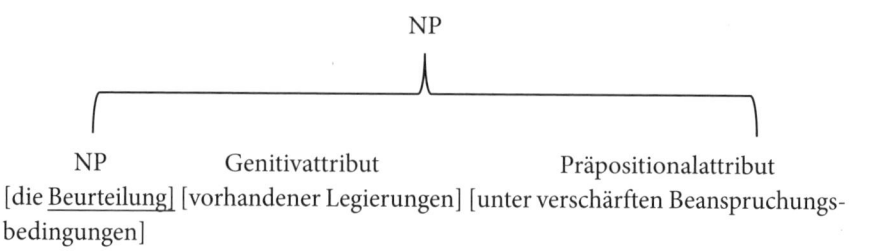

NP

NP   Genitivattribut   Präpositionalattribut
[die Beurteilung] [vorhandener Legierungen] [unter verschärften Beanspruchungsbedingungen]

Die Tücken solcher Formulierungen im Nominalstil liegen darin, dass man sie nur dann sinnvoll schreiben kann, wenn ihnen ein Gedanke vorausgeht, der ihnen dann auch wieder durch den Leser zu entnehmen ist (s. Kap. 3.2).

→ Der »Lackmustest« für Ihre eigenen Formulierungen könnte so aussehen, dass Sie prüfen, ob sich aus Ihrer Formulierung wieder ein vollständiger Gedanke mit Subjekt, Prädikat und Objekt entnehmen lässt.

10.3 Formulierungen überarbeiten

Wie wir gesehen haben, können sprachliche und formale Nachlässigkeiten einen Text schwer verständlich machen. Dadurch wird das Lesen mühsam, und der Autor zieht sich vermutlich den Unmut seiner Leser zu. Achten Sie beim sprachlichen Überarbeiten Ihres Textes also auf die folgenden Punkte:

- Überprüfen Sie Fügungen und feste Ausdruckskombinationen auf Präzision und inhaltliche Logik hin.
- Achten Sie darauf, dass bei Nominalisierungen Nomen und Verb zusammenpassen.
- Prüfen Sie, ob beim Formulieren von Ausdruckskombinationen versehentlich Simplifizierungen oder Verkürzungen vorgenommen wurden.
- Prüfen Sie, ob beim Formulieren von Ausdruckskombinationen versehentlich Vermischungen, Verschränkungen und fehlerhafte Neukombinationen entstanden sind.
- Vermeiden Sie Redundanzen und unlogische Doppelungen beim Formulieren von Ausdruckskombinationen.
- Verwenden Sie Fachtermini präzise, eindeutig und trennscharf.
- Fürchten Sie sich nicht vor schlichten Nomen und Verben und vermeiden Sie wissenschaftlich klingende »Leerformen«.
- Überprüfen Sie Ihren Text auf Elemente der Mündlichkeit und der Alltagssprache.
- Vermeiden Sie Behauptungen und Verallgemeinerungen und prüfen Sie, ob die Verbindlichkeit oder Unverbindlichkeit einer Aussage sprachlich präzise gekennzeichnet ist.
- Vermeiden Sie emotionale und subjektive Formulierungen und achten Sie darauf, dass alle Aussagen, die Sie als gesichert treffen, auch belegt sind.

- Überprüfen Sie, ob alle Verweise und Bezugnahmen sprachlich präzise ausgeführt sind (mittels Demonstrativ- und Personalpronomina, Adverbien, Präpositionen, Konjunktionen).
- Prüfen Sie, ob Ihre Sätze verständlich sind, und entflechten Sie gegebenenfalls Konstruktionen, die zu komplex sind.
- Prüfen Sie abschließend Orthographie, graphische Gestaltung und die Verwendung nichtalphabetischer Zeichen.

Literaturverzeichnis

Bünting, Karl-Dieter / Bitterlich, Axel / Pospiech, Ulrike (1996) Schreiben im Studium: ein Trainingsprogramm. Berlin: Cornelsen

Clahsen, Harald, Meisel, Jürgen M., Pienemann, Manfred (1983) Deutsch als Zweitsprache: Der Spracherwerb ausländischer Arbeiter. Tübingen: Narr

Duden (2002) Das große Wörterbuch der deutschen Sprache. 10 Bände. Berlin: Bibliographisches Institut

Duden (^{5}2007) Komma, Punkt und alle anderen Satzzeichen. Mannheim u. a.: Dudenverlag

Duden Bd. 1 (^{26}2014) Die deutsche Rechtschreibung. Mannheim u. a.: Dudenverlag

DWDS – Digitales Wörterbuch der deutschen Sprache, Teilkorpus »wissenschaftliche Texte« des Kernkorpus' 20./21. Jahrhundert (**www.dwds.de**, letzter Zugriff 27.08.2016)

Ehlich, Konrad / Rehbein, Jochen (1977) Wissen, kommunikatives Handeln und die Schule. In: Goeppert, Herma C. (Hg.) Sprachverhalten im Unterricht. Zur Kommunikation von Lehrer und Schüler in der Unterrichtssituation. München: Fink

Ehlich, Konrad / Rehbein, Jochen (1986) Muster und Institution: Untersuchungen zur schulischen Kommunikation. Tübingen: Narr

Ehlich, Konrad (1983) Text und sprachliches Handeln. Die Entstehung von Texten aus dem Bedürfnis nach Überlieferung. In: Assmann, Aleida / Assmann, Jan / Hardmeier, Christoph (Hgg.) Schrift und Gedächtnis. Beiträge zur Archäologie der literarischen Kommunikation. München: Fink, 24–43

Ehlich, Konrad (1993) Deutsch als fremde Wissenschaftssprache. In: Jahrbuch Deutsch als Fremdsprache Bd. 19. München: iudicium, 13–42

Ehlich, Konrad (1995) Die Lehre der deutschen Wissenschaftssprache: sprachliche Strukturen, didaktische Desiderate. In: Kretzenbacher, Heinz Leo / Weinrich, Harald (Hgg.) Linguistik der Wissenschaftssprache (= Akademie der Wissenschaften zu Berlin. Forschungsbericht 10). Berlin: de Gruyter, 325–352

Ehlich, Konrad (1996) Wissenschaftskommunikation und Weiterbildung. In: Jahrbuch Deutsch als Fremdsprache 22, 171–190

Einstein, Albert (1905) Zur Elektrodynamik bewegter Körper. In: Annalen der Physik, 4. Folge, 17, 891–921

Esselborn-Krummbiegel, Helga (^{4}2014) Von der Idee zum Text. Eine Anleitung zum wissenschaftlichen Schreiben. Paderborn: Schöningh

Fischer, Almut / Moll, Melanie (2002) Der Sprachkurs »Wissenschaftssprache Deutsch«: Ein Angebot speziell für ausländische Studierende. In: Redder, Angelika (Hrsg.) »Effektiv studieren«. Texte und Diskurse in der Universität. (OBST-Beiheft Osnabrücker Beiträge zur Sprachtheorie). Duisburg: Gilles & Francke, 41–54

Fuchs, Harald P. / Schank, Gerd (1975) (Hgg.) Texte gesprochener deutscher Standardsprache III. München: Hueber

Graefen, Gabriele (2002) Schreiben und Argumentieren. Konnektoren als Spuren des Denkens. In: Perrin, Daniel / Böttcher, Ingrid / Kruse, Otto / Wrobel, Arne (Hgg.) Schreiben. Wiesbaden: Westdeutscher Verlag GmbH, 47–62

Graefen, Gabriele / Thielmann, Winfried (2007) Der wissenschaftliche Artikel. In: Auer, Peter / Bassler, Harald (Hgg.) Der Stil wissenschaftlichen Schreibens. Frankfurt a. M. / New York: Campus, 67–97

Graefen, Gabriele / Moll, Melanie (2007) Das Handlungsmuster Begründen: Wege zum Unterricht »Deutsch als Fremdsprache«. In: Redder, Angelika (Hrsg.) Diskurse und Texte. Festschrift zum 60. Geburtstag von Konrad Ehlich. Tübingen: Stauffenburg, 491–502

Graefen, Gabriele / Moll, Melanie (2011) Wissenschaftssprache Deutsch: lesen –verstehen – schreiben. Frankfurt / Main u. a.: Lang

Graefen, Gabriele (2009) Muttersprachler auf fremdem Terrain? Absehbare Probleme mit der Sprache der Wissenschaft. In: Lévy-Tödter, Magdalène / Meer, Dorothee (Hrsg.) Hochschulkommunikation in der Diskussion. Frankfurt / Main u. a.: Lang, 263–280

Graefen, Gabriele (2011) Schriftsprache Deutsch. Kleiner Lehrgang (nicht nur) für ausländische Studierende an deutschen Hochschulen. Ludwig-Maximilians-Universität München, Institut für Deutsch als Fremdsprache. http://www.daf.uni-muenchen.de/media/downloads/schriftsprache_gg.pdf (letzter Zugriff: 09.09.2015)

Graefen, Gabriele (2014) Schwer zu begreifen, was ein Begriff ist. Die ›Alltägliche Wissenschaftssprache‹ im Studienverlauf. In: Boócz-Barna Katalin / Kertes Patrícia / Palotás Berta / Perge Gabriella / Reder Anna (Hrsg.) Aktuelle Fragen der Fremdsprachendidaktik. Festschrift für Ilona Feld-Knapp. Budapest: UDV – Ungarischer Deutschlehrerverband, 61–73

Hägi, Sara / Scharloth, Joachim (2005) Ist Standarddeutsch für Deutschschweizer eine Fremdsprache? Untersuchungen zu einem Topos des sprachreflexiven Diskurses. In: Linguistik online 24, 3/2005, 44–70

Helmedag, Fritz (2013) Monetäre (Un-)Ordnung als Ursache von Finanzmarktkrisen. In: Busch, Ulrich / Krause, Günther (Hgg.) Theorieentwicklung im Kontext der Krise (= Abhandlungen der Leibniz-Sozietät der Wissenschaften, Bd. 35). Berlin: trafo Wissenschaftsverlag, 179–193

Hoffmann, Ludger (2003) Funktionale Syntax: Prinzipien und Prozeduren. In: Hoffmann, Ludger (Hg.) Funktionale Syntax. Die pragmatische Perspektive. Berlin / New York: de Gruyter, 18–121

Jakobs, Eva-Maria (1997) Plagiate im Kontext elektronischer Medien. In: Antos, Gerd / Tietz, Heike (Hgg.) Die Zukunft der Textlinguistik. Tübingen: Niemeyer, 157–172

Janich, Nina (2010) Werbesprache: Ein Arbeitsbuch. Tübingen: Narr

Knorr, Dagmar / Verhein-Jarren, Annette (2012) Schreiben unter Bedingungen von Mehrsprachigkeit. Einleitung und Überblick. In: Knorr, Dagmar / Verhein-Jarren, Annette (Hgg.) Schreiben unter Bedingungen von Mehrsprachigkeit. Frankfurt u. a.: Lang, 1–8

Korpus Graefen (1996) 20 Wissenschaftliche Artikel aus verschiedenen Fächern. WiTKoM – Wissenschaftliche Texte Korpus München. Beschreibung des Korpus in: Graefen, Gabriele (1997) Der Wissenschaftliche Artikel: Textart und Textorganisation. Frankfurt a. M.: Lang

Korpus Moll (o. J.) Zusammenstellung von 18 wissenschaftlichen Artikeln und Monographien aus verschiedenen Fachbereichen sowie von 20 studentischen Seminararbeiten aus dem Bereich der Geisteswissenschaften.

Korpus Thielmann (o. J.) 22 Wissenschaftliche Artikel in deutscher und englischer Sprache aus verschiedenen Fächern. Beschreibung des Korpus in: Thielmann, Winfried (2009) Deutsche und englische Wissenschaftssprache im Vergleich: Hinführen – Verknüpfen – Benennen. Heidelberg: Synchron-Verlag

Kuhn, Thomas S. (1962) The Structure of Scientific Revolutions. Chicago: University of Chicago Press

Metzler Lexikon Sprache (1993) (hrsg. von Helmut Glück) s. v. Definition. Stuttgart u. a.: Metzler

Moll, Melanie (2003) Komplexe Schreibsituationen an der Hochschule. In: Hoppe, Almut / Ehlich, Konrad (Hgg.) Mitteilungen des Deutschen Germanistenverbandes: Propädeutik des Wissenschaftlichen Schreibens / Bologna-Folgen, Heft 2–3/2003, 232–249

Popper, Karl Raimund (1934 trans. 1959 ND 2002) The Logic of Scientific Discovery. London / New York: Routledge

Regener, Doris / Schick, Elfrun / Heyse, Hartmut (2003) Mikrostrukturelle Veränderungen von Magnesium-Druckgusslegierungen nach langzeitiger thermischer Beanspruchung. In: Materialwissenschaft und Werkstofftechnik 34, 721–728

Roll, Heike (2003) Jugendliche Aussiedler sprechen über ihren Alltag. Rekonstruktion sprachlichen und kulturellen Wissens. München: iudicium

s. v. Morphologie (2015) http://flexikon.doccheck.com/de/Morphologie (letzter Zugriff 9.9.2015)

Schiewe, Jürgen (1996) Sprachenwechsel, Funktionswandel, Austausch der Denkstile. Die Universität Freiburg zwischen Latein und Deutsch. Tübingen: Niemeyer

Simonyi, Károly (1990) Kulturgeschichte der Physik. Budapest: Akadémiai Kiadó

Steinhoff, Torsten (2007) Wissenschaftliche Textkompetenz. Sprachgebrauch und Schreibentwicklung in wissenschaftlichen Texten von Studenten und Experten. Tübingen: Niemeyer.

Thielmann, Winfried (1999) *Begründungen* versus *advance organizers* – Zur Problematik des Englischen als *lingua franca* der Wissenschaft. In: Deutsche Sprache 4/99, 370–378

Thielmann, Winfried (1999) Fachsprache der Physik als begriffliches Instrumentarium – exemplarische Untersuchungen zur Funktionalität naturwissenschaftlicher Begrifflichkeit bei der Wissensgewinnung und -strukturierung im Rahmen der experimentellen Befragung von Natur (= Arbeiten zur Sprachanalyse, 34). Frankfurt/M: Lang

Thielmann, Winfried (2002) Zum quantitativen Vorgehen in der Linguistik und in den Naturwissenschaften – ein kritischer Vergleich. In: Jahrbuch DaF 2001, 331–349

Thielmann, Winfried (2009) Deutsche und englische Wissenschaftssprache im Vergleich. Hinführen – Verknüpfen – Benennen. Heidelberg: Synchron

Thielmann, Winfried (2011) »*I can't find any opinion in that* Leitartikel« – zur komparativen Betrachtung von Textarten. In: Hornung, Antonie (Hg.) Lingue di cultura in pericolo – Bedrohte Wissenschaftssprachen. Tübingen: Stauffenburg, 181–190

Thielmann, Winfried (2014) »Marie, das wird nichts« – sprachliche Verfahren der Wissensbearbeitung in einer Vorlesung im Fach Maschinenbau. In: Fandrych, Christian/Meißner, Cordula/Slavcheva, Adriana (Hgg.) Gesprochene Wissenschaftssprache. Korpusmethodische Fragen und empirische Analysen. Heidelberg: Synchron

Toulmin, Stephen (1996) Der Gebrauch von Argumenten. Weinheim: Beltz

Trautmann, Caroline (2004) Argumentieren. Funktional-pragmatische Analysen praktischer und wissenschaftlicher Diskurse. Frankfurt/M. u.a.: Lang

Weinrich, Harald (1985) Sprache und Wissenschaft. In: Merkur 39, 496–506

Weinrich, Harald (1994a) Sprache und Wissenschaft. In: Kretzenbacher, Heinz L./Weinrich, Harald (Hgg.) Linguistik der Wissenschaftssprache. Berlin: de Gruyter, 3–14

Weinrich, Harald (1994b) Wissenschaftssprache, Sprachkultur und die Einheit der Wissenschaft. In: Kretzenbacher, Heinz L./Weinrich, Harald (Hgg.) Linguistik der Wissenschaftssprache. Berlin: de Gruyter, 155–172

Zifonun, Gisela/Hoffmann, Ludger/Strecker, Bruno (Hgg.) (1997) Grammatik der deutschen Sprache. Band 1–3. Berlin u.a.: de Gruyter

LINDNER · Grundriß der Festkörperphysik